대니 보일

Danny Boyle: Interviews
edited by Brent Dunham

copyright © 2011 by University Press of Mississippi
All rights reserved

Korean translation edition © 2012 by Maumsanchaek
Published by arrangement with University Press of Mississippi,
3825 Ridgewood Road, Jackson, MS 39211. Website:www.upress.state.ms.us
Through Bestun Korea Agency, Seoul, Korea.
All rights reserved.

이 책의 한국어 판권은 베스툰 코리아 에이전시를 통하여
저작권자인 University Press of Mississippi와
독점 계약한 마음산책에 있습니다.
저작권법에 따라 한국 내에서 보호를 받는 저작물이므로
어떠한 형태로든 무단 전재와 무단 복제를 금합니다

■ 이 도서의 국립중앙도서관 출판시도서목록(CIP)은
e-CIP 홈페이지(http://www.nl.go.kr/ecip)에서 이용하실 수 있습니다.
(CIP제어번호: CIP2011005487)

대니 보일

브렌트 던햄 엮음
백한진 옮김

마음산책

대니 보일

1판 1쇄 인쇄 2011년 12월 25일
1판 1쇄 발행 2012년 1월 5일

엮은이 | 브렌트 던햄
옮긴이 | 백한진
펴낸이 | 정은숙
펴낸곳 | 마음산책

편집 | 심재경 · 배윤영 · 이승학 · 강윤정   디자인 | 정은화 · 이혜진
영업 | 권혁준 · 이연실   관리 | 박해령

등록 | 2000년 7월 28일(제13-653호)
주소 | 서울시 마포구 서교동 395-114 (우 121-840)
전화 | 대표 362-1452 편집 362-1451   팩스 | 362-1455
홈페이지 | http://www.maumsan.com
전자우편 | maum@maumsan.com

ISBN 978-89-6090-121-6 03680

관객들은 인물들이 만들어져가는 것을 보려고
영화관에 앉아 있는 게 아니에요.
영화를 통해 흥분과 속도감을 느끼고 싶어하죠.

차례

일러두기

1 이 책의 원서인 『Danny Boyle: Interviews』(University Press of Mississippi)에는 28편의 인터뷰가 실려 있었으나, 원서에 포함되지 않은 인터뷰 4편을 추가해 총 32편을 실었다. 추가한 인터뷰 「인도에서 스릴러영화를」과 「진퇴양난」은 〈About.com Guide〉에 실린 레베카 머레이의 기사를, 「최상의 영화 마술」은 〈www.ropeofsilicon.com〉에 실린 브래드 브러벳의 기사를, 「운명의 돌」은 〈The Boston Phoenix〉에 실린 피터 커프의 기사를 수록한 것이다.

2 인터뷰 순서는 1995년부터 시간순으로 구성하였다.

3 인명 표기는 '외래어 표기법'에 따랐다. 단, 관용적으로 쓰는 이름과 크게 동떨어진 경우 절충하여 실용적 표기를 따랐다.

4 영화의 우리말 제목은 국내 개봉 제목, 비디오나 DVD 출시명을 따랐으나 영화의 원제와 크게 동떨어진 경우 직역하여 합리적인 제목을 사용하였다. 미개봉과 미출시작은 원제를 직역하거나 관용적으로 사용하는 작품명을 '외래어 표기법'에 맞게 표기하였다. 또한 영화의 원제는 「필모그래피」와 「찾아보기」에서 병기하였다.

5 영화와 텔레비전 프로그램 제목, 잡지와 신문 등의 매체, 노래 제목은 〈 〉로, 편명은 「 」로, 책의 제목은 『 』로 표기하였다.

6 옮긴이 주는 글줄 상단에 맞추어 표기하였다.

삶은 인정하기 힘들 정도로
불쾌하게 어디서나 고동치고 있거든요.
싫든 좋든 삶은 어디까지나 삶이죠.
삶은 본질적으로 하나의 승리라고 생각해요.

"모두들 그러더군요. 이제는 아버지가 당신 잔디밭에서 양을 키울 수 있을 거라고요!"

아카데미 최우수감독상을 수상했다고 하면 대부분의 사람들은 이보다 좀 더 나은 혜택을 기대했으리라. 그만큼 대니 보일은 다른 종류의 사람이었다. 철학적으로나 독창적인 면에서 할리우드로부터 가장 멀리 떨어져 있는 주류 감독 중 한 사람인 그는, 지난 10년간 장르의 규칙을 허물고 뻔한 기대들을 뛰어넘으며 다양한 작품들을 만들어왔다.

드디어 2008년, 그의 최고 걸작 〈슬럼독 밀리어네어〉로 오스카아카데미 8개 부문과 영국 아카데미BAFTA 7개 부문, 골든글로브 4개 부문에서 상을 거머쥐었고, 대부분의 감독들은 꿈도 못 꿀 경이로운 상업적인 성공 또한 이루어냈다. DVD로나 출시될 뻔했던, 스타 한 명 나오지 않는 '외국어 영화'로 전 세계인의 관심과 공감을 얻는다는 것은 거의 불가능한 일에 가깝다. 그런데 노동자 계급 출신의 이 아일랜드계 영국인 감독이 바로 그 불가능한 일을 해낸 것이다.

영화감독으로서의 경력은 15년밖에 안 되지만, 감독이 되기까지의 여정은 그보다 훨씬 길었다. 그는 웨일스에 있는 뱅거대학교에 다닐 때 드라마에 관심을 갖게 되었다고 말한다. 하지만 영화계로 바로 진출하는 것은 현실적으로 쉽지 않았다. "영화 쪽으로는 들어갈 수가 없었어요. 당시만 해도 영국 영화 산업은 여전히 울타리가 높았고, 매우 배타적이었거든요."

반면에 연극 쪽은 신참들에게 훨씬 더 개방적이었다. 그는 조인트 스톡 극단Joint Stock Theatre Company과 로열 코트 극장Royal Court Theatre에서 다양한 연출 경험을 쌓은 후, 사람들이 꺼리던 텔레비전 쪽으로 자리를 옮겨 아일랜드 독립투쟁이 한창이던 1987년, BBC 북아일랜드 방송국에서 프로그램을 제작하기 시작한다. 그러다가 1994년, 프로듀서 앤드루 맥도널드, 시나리오 작가 존 호지와 팀을 이뤄 첫 장편영화 〈쉘로우 그레이브〉를 연출하고, 칸영화제에 출품하여 큰 인기를 얻는다. 하지만 이것은 시작에 불과했다.

인터뷰 모음집의 기능을 생각해보면 모든 예술가들에게 적용할 수 있는 통합된 이론이란 없다는 사실이 자명해진다. 어떤 의미에서는 예술가 스스로가 자신을 제시하는 방식을 결정하기 때문이다. 예술가란 개성적이고 독창적인 존재이기에 그들에 대한 이해 역시 그만큼 다양하다. 데이비드 린치의 인터뷰를 읽어보면 그가 그의 영화만큼이나 지독하게 모호하다는 것을 잘 알 수 있다. 라스 폰 트리에의 영화를 보았다면 언론을 대하는 그의 논쟁적인 태도에 고개를 끄덕일 것이다. 심지어 어떤 감독들은 자신만의 신화를 만들고 홍보하기 위해 인터뷰를 이용하기도 한다. 아마도 히치콕이 그런 면에서는 가장 악명이 높지 않을까? 그렇다면 대니 보일에게는 어떤 방식으로 접근할 수 있을까? 정확히 말하자면 그는 우리가 어떤 방식으로 자신에게 접근하도록 허용할까?

대니 보일은 감독으로서 아주 흥미로운 표본이다. 영화감독을 상업성과 예술성이라는 두 극단으로 분류해본다면, 그 사이에는 아주 다양한 스펙트럼이 존재할 것이다. 어떤 감독들은 할리우드 스튜디오에 고용되어 부여받은 연출 업무를 수행하는 데 만족하는 반면, 또 다른 감독들은 지독히 독립적으로 작업하며 상업 영화의 지평을 넓히려 부단히 노력한다. 보일은 이러한 두 극단의 한가운데 있는 감독으로 〈슬럼독 밀리어네어〉가 이 점을 가장 극명하게 보여준다. '올해의 가장 기분 좋은 영화'로 불릴 만큼 대중적인 이 영화는 주류 관객이 받아들일 수 있는 영화의 지평을 넓혔다. 물론 〈슬럼독 밀리어네어〉는 그러한 섬세한 균형을 유지한 최초의 영화도 아니고, 보일 역시 그런 영화를 만든 최초의 감독도 아니다.

그렇다면 무엇이 그를 진정 독특하게 만드는 것일까? 작품을 대하는 태연함, 예술가적인 아집의 부재, 잘못은 인정할 줄 알고 칭찬은 겸손히 받아들이는 태도 등이 바로 그것이다. 브라이언 리비가 인터뷰에서 지적하듯이 "이런 모든 재능에도 불구하고 보일에 대한 최고의 찬사는 그가 여전히 겸손한 젊은이라는 것이다." 이기주의와 협잡이 만연한 영화 산업 내에서 이런 사람을 발견한다는 것은 거의 은총에 가까운 일이다. 자신의 자아가 스토리를 앞지르는 것을 거부하며, 장르와 지역의 경계를 넘어 감동을 주는 영화를 만들고자 노력하는, 그리고 언제나 자신의 출신을 잊지 않는 예술가를 우리는 발견한 것이다.

그의 경력을 관통하는 한 가지 중요한 특성으로, 예술성보다는 오락성을 우선시하는 태도를 들 수 있다. 최근 에드윈 페이지가 시도했던 텍스트 분석을 제외하고는 학계나 평단에서 그의 영화를 심각하게 받아들이지 않는 경향이 있는데, 그것은 아마도 그의 이러한 태도에 기인했으리라. 대부분의 신예 감독들이 예술가로 이름을 알리는 데 집착하는 것과는 대조적으로, 보일은 처음부터 자신을 '상업적인 마인드를 가진 감독'으로 자랑스럽게 밝혀왔다. "영화는 대중적인 매체예요. 우리는 독특한 영화들을 더 많이 만들어야 하지만, 그렇다고 대중성을 피할 필요는 없죠." 그의 작품들을 보면 그가 매번 이러한 노력을 해왔음이 분명해진다.

대니 보일은 자신이 영향을 받은 감독이나 작품에 대해 일일이 열거하지 않는다. 우리는 인터뷰를 통해 당시 영국에서 제한 상영 중이던 〈시계태엽 오렌지〉를 보고 그가 큰 감명을 받았다는 사실과 가장 좋아하는 영화가 〈지옥의 묵시록〉이라는 정도만 알 수 있을 뿐이다. 그리고 〈트레인스포팅〉에서는 마틴 스코시즈의 스타일에서 영향받았다고 주장하지만, 그런 비교도 그다지 타당하게 들리지 않는다. 예술

〈트레인스포팅〉 촬영 현장

가로서의 가장 큰 영감은 음악에 대한 열정에서 비롯했다고 본인도 인정하기 때문이다.

맨체스터 부근에서 자라며 그 도시의 다양한 음악적 원천과 맺은 강한 유대 관계가 그에게 큰 흔적을 남긴 것으로 보인다. "저에게 가장 큰 영향을 준 것은 음악이에요. 뛰어난 음악과 걸출한 록스타들을 배출한 이 지역 출신이라는 게 자랑스러워요." 이러한 점은 당장 〈트레인스포팅〉만 봐도 잘 알 수 있다. 이 영화의 오프닝이 영화사에 남을 만한 명장면이 된 이유는 그 장면에 사용된 이기 팝의 노래 덕분이라고 해도 과언이 아니다. 두 장짜리 사운드트랙은 엄청난 인기를 끌었고, 〈베니티 페어〉가 선정한 '가장 위대한 영화 사운드트랙' 순위에서 7위를 기록하기도 했다. 사이먼 해튼스톤은 음악에 대한 보일의 열정을 다음과 같이 요약한다. "등장인물들이 때로는 사운드트랙의 배경처럼 느껴지기도 한다." 보일은 영화에 활력과 생기를 불어넣기 위해 음악을 가장 효과적으로 사용하고 있는 것이다.

보일은 친절하고 비협조적이며 진실한 모습으로 인터뷰에 응해주었다. 코언 형제 같은 감독들은 극히 드문 인터뷰에서조차 특유의 장난기 넘치고 냉소적이며 비협조적인 태도로 일관하는 반면, 보일은 매 인터뷰를 첫 인터뷰처럼 응하면서 작품에 대한 끝없는 열정으로 모든 질문에 충실히 대답한다. 그리고 자존심이나 엘리트 의식, 언론에 대한 불신감 없이 인터뷰 진행자를 끝까지 존중하고 배려한다. 심지어 〈트레인스포팅〉 이후 대부분의 인터뷰에서 속편에 대해 매번 똑같은 질문을 받으면서도 전혀 귀찮아하는 기색 없이 항상 진지하게 대답을 했다.

어떤 감독들은 초기 성공작 때문에 많은 피해를 보는 것이 사실이다. 보일 역시 팬들과 평론가들이 항상 또 다른 〈트레인스포팅〉을 요구하는 것이 성가실 만도 하다. 하지만 그는 그런 과도한 기대를 수긍하는 편이다. 그렇다고 그들의 기대대로 비슷한 작품을 만들려고 하지도 않는다. 심지어는 속편을 만들 수 있을 만큼 오래 살리라고 믿지도 않는다. 아마도 보일은 당장 내일 자신의 경력이 끝난다 하더라도 그다지 걱정하지 않을 것이다. 대부분의 사람들은 근처에도 가보기 힘든 아카데미상을 수상했다는 사실에 누구보다 만족하고 있기 때문이다.

초기 인터뷰들은 대부분 보일과 맥도널드, 호지, 이들 세 명의 관계에 집중한다. 몇몇 인터뷰는 세 명을 한 팀으로 인터뷰하기도 한다. 하지만 〈비치〉 이후 세 사람이 각자의 길을 가게 된 뒤에는 주로 보일 자신과 작가 알렉스 갈란드, 배우 킬리언 머피 같은 최근의 협력자들에게 관심을 두고 있다. 그의 사생활에 대한 질문이 드문 이유는 그가 가장 말썽 없이 살아가는 감독 중 하나이기 때문이다. 아마도 〈밀리언즈〉에 대한 인터뷰가 그나마 감독의 개인사와 작품의 관계를 가장 심도 깊게 다룬 인터뷰일 것이다.

따라서 대부분의 질문들은 주로 그의 영화 작업 자체를 다루고 있다. 보일의 영화 속에 등장하는 많은 세트 장면들은 영화에 무관심한 사람들에게조차 '도대체 저건 어떻게 한 거지?' 하는 궁금증을 불러일으킨다. 현실에서 경험하기 힘든 이미지들을 보여주는 것이 영화의 가장 큰 매력임을 누구보다 잘 아는 보일은 이런 점에서 타의 추종을 불허한다.

〈28일 후〉에서는 어떻게 런던의 거리를 텅 비게 만들었을까? 뭄바이의 슬럼가에서는 어떻게 촬영했을까? 또 이완 맥그리거가 변기 속으로 들어가는 장면은 어떻게 만든 것일까? 보일의 영화가 내용도 없이 이런 눈속임들로만 가득 차 있다는 말이 아니다. 인터뷰 진행자들 또한 그런 의도로 질문하지 않는다. 인터뷰는 진행자에 따라 그보다 깊고 심각한 질문들을 다룬다. 영화에서 마약 사용을 묘사하는 데 따르는 사회적 책임, 신앙에 대한 생각들과 어린 시절의 관계, 〈쉘로우 그 레이브〉가 반영하고 있는 90년대 초 영국의 상황, 〈28일 후〉 배후에 있는 21세기적 징후 같은 것들에 대한 질문 말이다. 보일은 이런 질문들을 애써 에둘러가려 하지도 않고, 가식적인 용어들을 써가며 질문을 더욱 복잡하게 만들지도 않는다. 그는 이런 질문들의 타당성을 충분히 인식하고 있기 때문에 최대한 명확하면서도 사려 깊게 답하려고 애쓴다.

보일은 언제나 겸손한 모습을 보여주었다. 하지만 그의 영화 외적인 활동이나 관심 분야를 들여다보면, 그의 겸손함이 훨씬 더 진심 어리다는 데에 동의할 것이다. 최근에는 〈슬럼독 밀리어네어〉의 제작자 크리스천 콜슨과 함께, 영화에 출연했던 아역 배우들의 이름으로 신탁 기금을 마련하여 아이들을 착취했다는 비난을 잠재우기도 했다. 인도의 하층민들을 그릇되게 묘사했다는 이유로 그들을 몰아세우는 평론가들도 있지만, 실상 아역 배우들에게 주어졌던 유일한 조건은 학업을 마칠 때까지 출연료를 비롯해 어떠한 돈도 만질 수 없도록 한 것뿐이다. 이런 일들로 인해 대니 보일의 인도주의적인 면모가 대중에게 알려졌지만, 사실 이것이 처음은 아니었다.

2004년에는 〈선데이 타임스〉에 우즈베키스탄의 무이낙Muynak에서 벌어지는 환경 파괴와 그로 인한 가난에 대해 글을 기고하기도 했고, '최전방의 작가들Authors in the Front Line' 시리즈에 참여하여 레드카펫의 화려함에서 가장 멀리 떨어져 있는 사람들에 대한 연민과 우려를 표명하기도 했다. 그리고 2005년부터는 영국의 자선단체 '드라마틱 니드 Dramatic Need'의 이사로 활동하며 남아프리카공화국의 불우한 어린이들을 위한 예술 프로그램을 지원하는 일도 맡고 있다. 2008년 11월 〈타임스〉에 실린 '드라마틱 니드'에 대한 기고문에서 프로그램의 수혜자들을 소개하며 그는 다음과 같이 썼다. "예술은 비극적인 환경 속에 사는 어린아이들에게 삶의 의욕이자 삶을 표현할 수 있는 수단이 되어줄 것이다."

우리는 이 책에 실린 인터뷰들을 통해 대중적으로 많이 알려진 작품과 덜 알려진 작품에 동등한 관심을 기울이며 대니 보일의 경력을 가능한 한 솔직하게 제시하려고 노력했다. 성공작보다 실패작에서 더 많은 것을 배울 수 있다는 말도 있듯이, 그의 실패담과 불운한 작품들, 그리고 취약했던 순간들을 통해 그에 대해 더 많은 것을 알게 될지도 모른다. 하지만 보일의 경우에는 그러한 극단적인 위기의 순간은 없었던 것으로 보인다. 두어 편의 실패작이 있긴 했지만 경력이 끝날 정도로 심각하지는 않았다.

여기에 실린 기사와 인터뷰들은 두 가지 기준에서 선별되었다. 당연히 글과 질문의 수준이 가장 중요했고, 보일의 15년간 경력을 얼마만큼 철저하고 일관되게 보여주느냐가 그다음이었다. 〈쉘로우 그레이브〉보다는 〈슬럼독 밀리어네어〉에 대한 인터뷰를 더 많이 실을 수밖에 없었던 점은 이해해주리라 믿는다. 데뷔작을 들고 영화제를 돌아다니는 신인 감독과 아카데미 최우수감독상을 수상한 감독 사이에는 상당한 차이가 있기 때문이다. 그러나 책 전반적으로는 보일의 11개 작품을 각각 동등하게 제시하고 있다. 심지어는 〈비치〉 이후 과도기라고 할 수 있는 기간에 만든 두 편의 BBC 텔레비전 영화만 특별히 할애한 장_章도 있다.

이 책은 대니 보일이 첫 장편영화 〈쉘로우 그레이브〉에 대해 이야기하는 것으로 시작한다. 보일은 작가 로넌 베넷과의 대화에서 내러티브의 목적, 인물 묘사의 전략, 예술가의 책임 등과 같은 까다로운 질문에 능수능란하게 대답한다. 〈쉘로우 그레이브〉가 그의 데뷔작이라는 점을 생각하면 무척 놀라운 모습일 수도 있지만, 그는 이미 텔레비전과 연극에서 10여 년간 경험을 쌓은 신인 아닌 신인 감독이었다. 가령 세부적인 인물 묘사가 부족하다는 비판에 대해서는, 관객들에게는 그런 점이 중요하지 않다며 단호하게 반대한다. "관객들은 인물들이 만들어져가는 것을 보려고 영화관에 앉아 있는 게 아니에요. 영화를 통해 흥분과 속도감을 느끼고 싶어하죠."

이미 보일은 자신이 일했던 시각 매체들 사이의 차이에 대해서 정확히 인식하고 있었다. 연극에서 가능했던 것들이 텔레비전에서는 그렇지 않았으며, 영화 또한 텔레비전과는 전혀 다른 매체였다. "텔레비전 드라마를 하면서 배운 것들이 도움이 될 거라고 생각할지 모르지만 실제로는 영화에 그다지 적합하지 않아요. 스케일에 대한 감각이 완전히 다르죠." 영화 이전의 경험 덕분에 그는 다른 신인 감독들보다 확실히 유리한 점이 있었다. 그 기간의 시행착오들이 영국의 연극계와 방송계 밖의 사람들에게는 거의 알려지지 않았지만 말이다.

〈쉘로우 그레이브〉는 작품성이나 흥행 면에서 어느 정도 성공을 거두었다. 1994년 칸영화제의 경쟁부문에 출품되어 상영 횟수를 늘려야 했을 만큼 좋은 반응을 불러일으켰고, 영국 아카데미에서는 최우수영국영화상을 수상했다. 그리고 런던비평가협회상London Critics' Circle Film Awards에서는 신인 감독으로 선정됐다.

하지만 실제로 그를 영국 영화의 구원자로 자리매김하게 해준 것은 다음 작품 〈트레인스포팅〉이었다. 1996년 보일은 프로듀서 앤드루 맥도널드, 시나리오 작가 존 호지와 함께 어빈 웰시가 쓴 에든버러의 마약중독자들에 대한 소설을 영화화한다. 〈쉘로우 그레이브〉를 히트작이라고 한다면, 〈트레인스포팅〉은 하나의 문화적인 현상이었다. 영화는 국내외적으로 대단한 반향을 불러일으키며 90년대 영화의 아이콘으로 자리 잡는다. 호지의 시나리오는 영국 아카데미상을 수상했고 오스카 후보로도 올랐으며, 영화는 영국 엠파이어어워드Empire Awards의 최우수감독상, 최우수남우주연상, 최우수신인배우상 그리고 최우수작품상을 수상했다. 〈LA 타임스〉의 평론가 케네스 투란은 "무자비하면서도 생기 넘치고, 세속적이면서도 웅변적이다. 참혹한 밑바닥 생활에서도 웃음을 찾아내며, 그런 모순된 삶에도 어떤 생명력이 있다는 점을 명확히 보여준다"라고 평했다.

〈트레인스포팅〉은 단순히 마약 사용을 묘사했다기보다 '재미있게' 묘사했다는 이유로 많은 논란을 불러일으켰다. 미국의 밥 돌 상원의원은 1996년 대통령 선거 유세에서 이 영화를 지목하며 사회에 해악을 끼친다고 비난했다. 그럼에도 불구하고 전 세계 모든 계급의 사람들이 이 스코틀랜드 영화를 보러 몰려들었는데, 〈롤링스톤〉의 피터 트레버스가 이런 상황을 가장 잘 요약했다. "〈브레이브하트〉하고는 다르네!"

연속해서 두 편의 히트작을 만들어내긴 했지만, 보일에게는 그때까지 이 두 편이 전부였다. 이런 점 때문에 인터뷰를 통해 여러 작품을 비교하는 것이 힘들었던 게 사실이다. 하지만 〈트레인스포팅〉이 〈쉘로우 그레이브〉와 거의 같은 천으로 재단한 영화라는 점 때문에 두 작품을 비교할 수 있었다. 키스 호퍼는 적은 제작비가 스타일 면에서 두 영화의 유사함을 만들어냈다고 주장한다. 보일도 이것을 인정한다. "저예산 영화에서 미학적인 고려는 예산 문제와 분리될 수 없어요."

두 영화가 양식 면에서 긴밀히 연관되어 있긴 하지만, 영화의 소재 측면에서는 〈트레인스포팅〉이 훨씬 더 자극적이었다. 〈쉘로우 그레이 브〉가 살인이라는 전통적인 설정을 이용한 데 비해 〈트레인스포팅〉은 영화에서 다루기가 무척이나 까다로운 마약을 소재로 삼았다. 보일은 아주 조심스럽게 자신의 접근 방식을 설명한다. "현대사회에서 마약에 대해 설교하는 것은 별 의미가 없다고 봐요. (…) 우리가 그들보다 더 잘 안다고 주장하면서 가르치려 들면 되겠어요? 그러면 정작 그들은 소외시키고, 마약은 저주받은 것이라고 생각하는 나이 든 세대나 만 족시켜주는 꼴이 되잖아요."

〈쉘로우 그레이브〉와 〈트레인스포팅〉은 보일의 '원투펀치'였다. 두 편의 영화로 대니 보일은 영국 영화 산업의 부활은 물론, 자신의 재능 을 온 세상에 알리게 된다. 미래는 밝았고, 다음 작품에서는 더욱 거칠 고 자유분방한 그림을 그릴 태세였다. 그러나 바로 그때, 브라이언 리 비가 지적하듯이 그는 "곧바로 길을 잃어버렸다."

이완 맥그리거와 카메론 디아즈가 출연한 〈인질〉은 두 편의 연이은 실패작의 신호탄이 된다. 미국을 배경으로 한 이 변덕스런 로맨틱코미 디로 미국 시장에 진출하려던 보일은 괴상한 인물들이 나오는 기이한 이야기로 관객과 평단을 당황하게 만들며 '3년 차(2년 차가 아닌) 슬럼 프'에 빠지고 만다. 하지만 끔찍한 악평에도 불구하고 그는 〈인질〉을 자신이 아끼는 영화 중 하나로 특별하게 생각한다.

벤 톰슨은 인터뷰에서 영화의 단점들을 언급하며 보일의 '팀'이 어 떤 어려움에 빠진 것은 아닌지 의문을 던진다. 보일도 그런 문제들을 충분히 인식하고 또 기꺼이 인정한다는 인상을 풍기지만, 영화를 홍보하는 입장에서 무척 조심스럽게 답한다. "다시 보니까 이 영화의 좋은 점 하나가 눈에 들어오더군요. 바로 형식의 자유로움이에요. 다른 사람들도 그것을 느낄 수만 있다면 이해하기 어려운 부분조차 즐길 수 있으리라 믿어요. 데이비드 린치의 영화와는 다른 방식으로요. 그의 영화보다는 가볍죠. 하지만 꽤 자유로워요. 그리고 그런 점을 정당화하자면, 남녀가 사랑에 빠진다는 게 원래 그렇잖아요." 〈인질〉의 실패에도 불구하고 보일과 그의 팀은 할리우드에 남아 이제까지 만든 영화 중 가장 스케일이 큰 〈비치〉를 다음 작품으로 준비한다.

보일의 영화 경력을 초기의 성공과 최근의 부활, 두 시기로 나눌 수 있다면 〈비치〉가 바로 그 둘을 가르는 분기점이 될 것이다. 보일과 맥도널드, 호지는 이 작품으로 스케일이 큰 할리우드 영화에 도전한다. 이전 세 영화를 합한 것보다 훨씬 더 큰 예산의 영화로, 당시 가장 인기 있는 배우 레오나르도 디카프리오를 주연으로 태국 현지에서 촬영했다. 독립영화 작가에서 할리우드의 전문적인 감독으로 성장하는 자연스러운 과정으로 볼 수도 있지만, 보일은 결국 비싼 수업료를 지불하고 자신은 이런 종류의 연출에 맞지 않는다는 뼈아픈 사실을 깨닫는다. 재능이 부족하다거나 할리우드 시스템에서 일할 만한 능력이 없다는 얘기가 아니다. 단지 더 작은 스케일의 영화에서 자신이 훨씬 더 뛰어나다는 사실을 알게 된 것이다. "다시는 그런 큰 예산의 영화는 안 하기로 마음먹었어요. 저는 큰 규모의 영화를 그렇게 잘하는 편이 아니에요."

그는 〈비치〉를 통해 작업의 지평을 넓히고, 더 멀리 나아가고자 했다. 이완 맥그리거 대신에 레오나르도 디카프리오를 캐스팅한 것이(이

영화 〈비치〉의 한 장면

완 맥그리거가 출연하기로 분명히 구두로 합의한 상태였음에도 불구하고)
영화의 흥행 때문이었느냐는 질문에는 예술가로서의 도전이었을 뿐이
라고 답한다. "사람들은 디카프리오를 선택한 게 단지 영화의 흥행 때
문이라고 생각합니다. 글쎄요, 가장 안전한 길로 가려 했다면 〈트레인
스포팅 2〉를 만들었을 거예요. 속편을 만들자는 제안이 많았거든요.
그리고 이완 맥그리거와 함께 〈비치〉를 만드는 건 너무 쉬워 보였고
요."

〈비치〉는 후에 〈28일 후〉와 〈선샤인〉에 참여하며 보일의 중요한 동
료가 되는 알렉스 갈란드의 소설을 각색한 것으로, 5000만 달러라는
제작비에 비해 미국 내에서 3900만 달러만을 벌어들이며 평론가들의
혹평을 받는다. 사실 실패작으로 여겨지긴 했지만 전 세계적으로 1억
400만 달러의 수익을 올렸다.

톰 채리티는 영화 개봉에 앞서 가진 보일과 맥도널드, 호지, 갈란드,

네 명과의 인터뷰에서 좀 더 전형적인 주제에 집중한다. 도시환경에 대한 불만족과 그로 인한 낙원으로의 도피라는 영화의 주제, 원작에서 수정된 부분들, 암울한 소설로 주류 할리우드 영화를 만들게 된 과정 등이 그것이다. 이런 질문에 대해 보일은 말한다. "또 하나 그들(할리우드 제작사)에게 중요한 것이 있다면 영화가 궁극적으로 구원의 여정이어야 한다는 점이에요. 감상적인 해피엔딩만 있다면 어떤 종류의 지저분한 이야기라도 다 받아들일 자세가 되어 있죠. 그리고 그들은 인물이나 이야기를 '완성'하는 데에 미쳐 있어요."

영화를 좀 더 구미에 맞게 만들려고 시도했음에도 불구하고(보일은 실제로 원작의 결말보다 영화의 결말을 더 선호했다), 결국 관객들의 기대에 부응하는 데는 실패하고 만다. 하지만 보일은 앞으로의 작업 방향을 결정짓는 중요한 교훈을 하나 얻는데, 할리우드로부터 가능하면 멀리 떨어져 있어야 한다는 것이었다.

보일은 그러한 교훈에 따라 〈비치〉에서 받은 상처를 달래며 좀 더 친근하고 편안한 영역으로 자신을 이끈다. 바로 텔레비전이었다. 데니스 림의 표현대로 "구원받기 위해 할리우드를 배회하는 대신에" 영국으로 돌아가 2001년 BBC 방송국에서 〈스트럼펫〉과 〈천국에서 알몸으로 청소하기〉라는 두 편의 영화를 만든다.

이번엔 존 호지를 대신해서 연극 연출가 시절의 오랜 동료 짐 카트라이트가 두 영화의 대본을 썼다. 보일이 처음으로 디지털카메라를 이용해 제작한 영화들로, 그 분야의 가장 존경받는 촬영감독 앤서니 도드 맨틀이 촬영을 맡았다. 영국 출신으로 덴마크에 거주하고 있는 도드 맨틀은 영화계의 심술쟁이 라스 폰 트리에를 비롯해 어떠한 책략도 쓰지 않고 군더더기 없는 영화를 만드는 것을 기치로 삼는 영화 집단

'도그마 95$^{Dogme\ 95}$'의 감독들과 작업해온 뛰어난 카메라맨이다.

보일은 처음으로 예전 동료들과 떨어져 홀로 영화를 만들었다. 사이먼 해튼스톤은 〈가디언〉에 쓴 글에서 이들 삼총사의 예술적 집단성을 강조하며 'BHM(Boyle/Hodge/Macdonald) 영화'라는 용어를 쓴 적이 있다. 그렇다면 'BHM 영화'가 'B 영화'로 된다면 어떤 일이 벌어질까?

이들의 분리는 원만하고 우호적이었다. 맥도널드는 후에 〈28일 후〉와 〈선샤인〉의 프로듀서로 돌아왔고, 호지는 〈트레인스포팅〉의 속편을 작업 중인 것으로 알려졌다. 어쨌든 보일에게는 새롭게 시작할 수 있는 기회였다. 〈비치〉의 압박감에서 벗어나 새 작가와 새 매체로 작업하면서, 감독으로서의 두 번째 시기를 아주 작고 단순한 모습으로 시작한 것이다. 루퍼트 스미스와의 인터뷰에서 그는 의식적으로 변화를 찾고 있었다고 말한다. "이 두 영화의 전체 예산은 〈비치〉의 음식값에도 못 미칠 거예요. 하지만 제 작업의 지평을 넓혀줄 즉흥적인 어떤 것이 있으리라 기대했죠."

그는 BBC에서 영화를 만들며 디지털카메라가 자신을 자유롭게 해준다는 것을 발견한다. '필름 대 디지털'이라는 여전히 유효한 논쟁 속에서 보일은 필름을 완전히 저버린 것도 아니고, 그렇다고 디지털 미디어의 전도사 역할을 자임하지도 않는다. 그는 특정한 내러티브에 어울리는 두 매체의 고유한 성질들을 잘 알고 있고, 어떤 매체를 선택할 것인가는 전적으로 다루고자 하는 내용에 근거해야 한다는 점 또한 잘 알고 있다.

다음 영화인 〈28일 후〉는 우연찮게도 디지털 비디오^{DV}의 미학적 특성과 딱 맞아떨어졌다. 보일은 다시 한 번 앤서니 도드 맨틀과 작업하며, 새로운 배우와 장르로 결합된 장편영화를 들고 나타났다. 특정 장르화를 의식적으로 거부해온 그에게는 첫 번째 본격 장르영화이기도 했다. 보일과 시나리오 작가 알렉스 갈란드는 좀비영화의 거장 조지 로메로의 영화나 존 윈덤의 소설 『트리피드의 날』의 영향을 인정한다. 그러나 좀비영화로 불리는 것에 대해서는 부정적이다. "괴물들에 관한 영화가 아니에요. 바로 현재의 우리에 관한 영화라고요!"

영화는 작품성과 흥행 면에서 대단한 성공을 거둔다. 800만 달러의 제작비로 전 세계에서 8200만 달러를 벌어들인 것이다. 유명한 스타도 없이 저예산의 제작비로, 그것도 영국에서 디지털카메라로 촬영한 영화였기에 결과는 더욱 예상 밖이었다. 보일이 본래의 자신으로 돌아왔다는 말은 진부한 표현이기도 하거니와 그가 성취한 것을 과소평가하는 것이기도 하다. 그는 드디어 새 영역에 발을 들여놓았으며, 바야흐로 두 번째 전성기를 맞게 된 것이다.

〈28일 후〉가 그의 이전 어떤 작품들과도 다르다는 사실은, 그가 짧지만 보람 있는 공백기를 보내고 더욱 강하고 확신에 찬 예술가로 돌아왔음을 의미한다. 그리고 보일은 다시 한 번 장르를 바꿔 공상과학 영화 〈선샤인〉을 만든다. 데니스 림은 다양한 장르와 내러티브를 다루는 능력을 빗대어 그를 "전문적인 카멜레온"이라고 칭한다.

〈28일 후〉와 관련된 인터뷰들은 영화에 영향을 준 명백한 전례들("요즘 시대에는 어떤 것도 홀로 존재할 수 없어요. 참조해야 할 이전의 것들이 항상 존재하죠"), 영화에 등장하는 바이러스와 에이즈, 탄저병, 사스 등과의 관계, 그리고 영화제작에 쓰인 진보적인 디지털 비디오기술과 같은 다양한 주제를 다루고 있다. 보일은 샌디 헌터와의 인터뷰에서 디지털 비디오를 사용한 이유를 매우 사려 깊은 방식으로 설명한다. "보통 영화들과는 질감에서 차이가 났으면 했어요. 세상의 종말을 다루기 때문에 완전히 다른 색조를 사용할 수 있었죠. 사람도 없고 자동차도 없는 세상이 어떤 모습일지는 아무도 모르잖아요."

영화의 오락성을 중시하는 입장에도 불구하고 그의 영화들은 종종 뚜렷한 사상과 문화적인 성찰로 가득하다. 〈28일 후〉 역시 공포영화로 위장한 현대적인 우화이자 현대인의 포스트모던한 경험의 산물이다. "지난 20여 년 동안 영국에서는 사회가 더 이상 유지될 수 없을 정도로 개인주의가 팽배해졌어요. 꿈들을 너무나 잘 팔아서 이제는 그걸 배달할 능력을 넘어서버린 거죠. 사람들은 돈도 없으면서 저걸 꼭 가져야 한다고, 가고 싶은 데는 갈 수 있다고 착각하죠. 그러면서 긴장과 갈등이 쌓여가고 어느새 폭력이 들어오게 돼요. 이런 것들이 우리가 다루었던 주제예요."

2001년 9월 11일 바로 그날, 〈28일 후〉는 한창 촬영 중이었다. 갑자기 영화에 나오는 이미지들이 지나치게 시의적절해졌고, 민감한 부분들을 들어내야 하는 것은 아닌지 고민하기 시작했다. 프로듀서 앤드루 맥도널드는 그런 생각에 반대했다. "바로 그런 장면이 이 영화를 단순한 장르영화 이상으로 만들어주니까요."

보일은 어둡고 피비린내 나는 묵시록 〈28일 후〉의 다음 작품으로 사람들이 전혀 예상치 못했던 장르를 선택한다. 가족영화를 택한 것이다. 2005년에 개봉된 〈밀리언즈〉는 아마도 그의 영화 중 가장 개인적인 영화일 것이다. 이 영화는 영국 파운드화로 가득 찬 커다란 돈가방을 발견하게 된 두 어린 형제의 이야기다. 가상의 설정인 영국의 유로화 통합을 눈앞에 두고, 아이들은 그 전에 어떻게 해야 돈을 다 써버릴 수 있을지 고민에 빠진다. 주인공 데미안(알렉스 에텔 분)은 대부분의 시간을 상상 속의 친구인 가톨릭 성상들과 대화를 하며 보내는 소년이다.

영화의 종교적인 내용은 부모님, 특히 어머니에 대한 존경의 표시로 보일은 영화를 부모님께 헌정했다. 아일랜드 가톨릭 가정에서 자라난 보일은 아들이 신부가 되길 바랐던 어머니로부터 큰 영향을 받았다. 어떤 신부가 만류하지 않았더라면 정말로 신부가 되었을지도 모른다. 영화는 엄밀한 의미에서 종교적인 영화는 아니다. 어린이들의 순수함과 인류애에 대한 신뢰에 기반을 두고 있을 뿐이다. 아직은 탐욕에 물들지 않은 어린 데미안은 그 돈을 자기 자신보다는 다른 사람들을 위해 쓰길 바란다.

보일은 이 영화를 통해 처음으로 영화의 형식적인 면보다는 좀 더 의미 있고 개인적인 주제들, 즉 자신과 부모님의 관계, 어린이와 신앙에 관한 생각들, 그리고 아역 배우들과 일하며 느꼈던 해방감에 대해 이야기할 기회를 맞는다. 보일은 브렌던 맥디벳과의 대화에서 〈밀리언즈〉가 종교적인 신앙을 다루고 있긴 하지만, 영화의 주제는 그보다 좀 더 복잡하다고 설명한다. "엄격한 의미의 종교적 신앙 같은 건 아니에요. 그보다는 인간에 대한 믿음으로부터 선함이 나올 거라는, 우리의 개인적인 신앙과 더 관계가 있어요." 제프리 오버스트리트와의 인터뷰에서는 이런 생각을 더욱 확장한다. "저에게 신앙이란 상상력과 연관된 거예요. 도약할 수 있게 만드는 바로 그 힘 말이에요. 엄격하게 종교적인 의미에서의 신앙 말고요." 솔직하고 자연스럽게 말하기에는 무척 부담스러운 생각이다. 그 점이 아역 배우들과 그들의 상상력을 빌려 이야기를 꾸려가려 했던 이유이기도 하다.

〈밀리언즈〉와 그의 첫 번째 영화 〈쉘로우 그레이브〉를 관련짓는 질문들도 종종 나온다. 두 영화 모두 돈가방이 이야기의 기폭제 역할을 하기 때문이다. 보일은 그동안 영국에 불어닥친 변화들을 이 두 영화가 반영한다고 말한다. "각 영화를 만들 당시 영국의 상황을 반영한다고 생각해요. 〈쉘로우 그레이브〉는 냉소적인 시기에 만들었어요. 〈월스트리트〉의 주인공 고든 게코가 주장하듯 '탐욕은 좋은 것'이라는 사고방식이 널리 퍼져 있던 때죠. 반면에 〈밀리언즈〉는 토니 블레어 시대에 만들었는데, 영국 노동당이 나라를 위해 뭔가 좋은 일을 하려고 노력하던 때예요. 영국에서는 보기 드문 시기였어요."

〈밀리언즈〉는 상업적으로 큰 성공을 거두지는 못했지만(제한된 개봉관 수를 그 이유로 들 수 있다) 평론가들은 영화를 따뜻하게 받아들였다. 로저 에버트는 〈밀리언즈〉를 2005년도 톱10 영화로 선정하며 다음과 같이 말했다. "모든 것이 잘 풀려가는, 마법의 나라에나 있을 법한 영화가 한 편 있습니다. 영화 속 인물들 말고 영화를 만든 사람들이 그런 나라에 살고 있죠. 그들은 어마어마한 위험을 무릅쓰고 아이들과 돈, 범죄자, 성인들이 등장하는 세련되고 기발한 영화를 만들었습니다." 아마도 이런 호의적인 평가 덕분에 보일은 용기를 내어 예전에는 감히 발을 내딛기조차 두려웠던 우주로 나아갈 수 있었을 것이다.

90년대 중반, 〈트레인스포팅〉의 성공 직후 보일은 〈에일리언 4〉 연출을 제안받는다. 그는 한동안 고민하다 거절했다. "나는 내가 뭘 하려는지도 몰랐고, 영화의 중요한 부분인 특수 효과를 어떻게 처리해야 하는지도 몰랐어요. 그래서 결국 물러섰죠."

그로부터 10년 후, 보일은 결국 공상과학영화로 다시 돌아온다. 하지만 감독으로서의 역량과 진보된 기술에 대해 더 많은 자신감을 갖춘 상태였다. 알렉스 갈란드가 시나리오를 쓴 〈선샤인〉은 영화의 분위기와 스타일, 장르에서 또 한 번의 중요한 변화를 보여준다. 〈비치〉 다음으로 많은 제작비가 들어간 영화지만, 이번에는 보일이 원하는 방식대로 일할 수 있었다.

영화는 다양한 국적의 경험 많은 배우들과 함께 영국에서 촬영했다. 많은 예산이 드는 공상과학영화였지만, 〈비치〉 이래로 그가 갈고 닦아온 '할리우드가 빠진' 제작 방식을 이번에도 고수했다. 〈28일 후〉에 출연했을 때만 해도 거의 무명에 가까웠던 킬리언 머피가 이번에는 좀 더 카리스마 있는 모습으로 돌아왔다. 〈배트맨 비긴즈〉〈나이트 플라이트〉〈플루토에서 아침을〉〈보리밭을 흔드는 바람〉 등의 작품에서 좋은 연기를 보여준 후였다. 하지만 영화는 흥행 면에서 그다지 좋은 결과를 낳진 못한다. 영국에서는 300만 달러라는 초라한 성적을 거두었다. 하지만 박스 오피스 모조Box Office Mojo에 따르면, 미국에서 단 461개의 영화관에서만 개봉되었던 것이 전체 흥행에 결정적 영향을 미친 것으로 보인다.

〈선샤인〉에 대한 인터뷰를 보면 보일에게 〈선샤인〉은 분명히 하나의 도전이었던 듯싶다. 그는 그런 도전에서 얻은 것들과 다시는 그런 도전을 하고 싶지 않다는 두려움, 두 가지 점을 모두 시인한다. 케빈 폴로위가 두 번 다시 하고 싶지 않은 장르가 무엇이냐고 질문하자 보일은 바로 대답한다. "우주를 다룬 영화요. 다시는 안 할 거예요." 〈28일 후〉의 경우처럼 그는 〈2001 스페이스 오디세이〉나 〈에일리언〉 같은 위대한 고전들의 그림자 속에서 일하는 압박감과 그러한 장르에 자신만의 족적을 남기는 어려움에 대해서 토로한다. "훌륭한 고전 공상과학 영화들의 높은 수준에 도달하기는 정말로 어려워요. 실제로 도전해보기 전까진 얼마나 어려운 일인지 모르죠. 무중력상태와 고립된 우주선 속에서 보여줄 만한 다른 장면들은 거의 없고……."

〈선샤인〉은 보일이 CG를 본격적으로 사용한 첫 영화이기에 인터뷰에서는 어쩔 수 없이 영화의 기술적인 면과 제한된 공간에서 소규모 캐스팅으로 작업한 경험 등에 중점을 둘 수밖에 없었다. 하지만 인터뷰 도중 〈선샤인〉뿐만 아니라 그의 작품 전체를 관통하는 한 가지 중요한 사항을 알게 된다. 바로 극단의 미학이다.

보일은 앰버 윌킨슨과의 인터뷰에서 영화예술의 모든 측면에 있어서 자신이 가지고 있는 극단에 대한 취향을 설명한다. "항상 극단을 강조해야 해요. 〈트레인스포팅〉은 중립적이고 약간 지루한 영화가 될 수도 있었지만, 우리는 위험을 감수하면서까지 극단적으로 웃기고, 극단적으로 불편한 영화로 만들었어요. 그러면 웃기는 것과 불편한 것이 서로 충돌하죠. 상당히 위험한 도전이에요. 하지만 저는 그런 걸 정말 좋아해요."

특히 〈선샤인〉에서는 우주에 내재한 아름다움과 폭력성이라는 두 가지 상반된 요소를 극단적으로 이용한다. 고요하고 차가운 우주선 내부와 거대한 태양의 맹렬함이 서로 정면으로 충돌하는 장면이 그렇다. "사람들은 더 이상 영화관에 갈 필요가 없어졌어요. (…) 영화관에서만 볼 수 있는 큰 이벤트가 되려면 영화는 최대한 자동차 충돌 사고 같은 것이 되어야만 해요. 극단적인 아름다움과 폭력을 담아내야 하죠." 그의 다음 프로젝트에서는 확실히 이러한 극단의 미학이 필수적이었다. 모든 것을 바꾼 바로 그 영화 말이다.

작품마다 대니 보일은 반복을 거부하고 새로운 도전을 기꺼이 받아들였다. 미지의 공상과학 세계로의 도전은 상업적으로 실패했지만, 1년 후 사회의 극단적인 약자를 다룬 영화 한 편으로 보일은 모든 것을 돌려놓는다.

〈슬럼독 밀리어네어〉는 비카스 스와루프의 소설 『Q&A』를 사이먼 뷰포이(영화 〈풀 몬티〉의 작가)가 각색한 작품으로, 뭄바이의 심장부에서 촬영되었다. 뭄바이라는 대도시의 혼란 때문에 보일은 세부적인 사항에 덜 집착하고, 생동감을 포착하기 위해 끊임없이 작품을 알아서 흘러가게 내버려둘 수밖에 없었다. 대개의 경우 변수가 제거된, 철저히 통제된 환경에서 영화를 만들게 되지만, 뭄바이에서는 거의 불가능했다. "이곳은 통제된 환경이 아니에요. (…) 이런 상황에 처하면 기존의 작업 방식에 대해서 즉각적으로 다시 생각하게 되죠. 뭄바이를 통제하거나 바꾸길 바란다면 그냥 집에 가서 쉬는 편이 나을 거예요. 돈이나 낭비하게 될 테니까요."

예측 불가능하고 이국적인 제작 환경에 비해 영화의 스토리 자체는 훨씬 친근한 편이다. 많은 작가들이 〈슬럼독 밀리어네어〉와 찰스 디킨스 소설의 유사성을 지적하지만, 보일의 영화에는 항상 창의성과 개성을 위한 공간이 남아 있다. 물론 당당하게 경의를 표하는 것도 포함해서 말이다. 보일은 캐서린 브레이에게 디킨스와의 명백한 관련성을 털어놓는다. "고전적인 이야기예요. (…) 디킨스의 그림자를 피해갈 순 없어요. 그의 소설은 완벽한 우화거든요. 인생의 기복, 경미한 히스테리, 정략, 우연, 좋은 형제와 나쁜 형제, 다가갈수록 점점 더 멀어지는 아름다운 소녀, 전부 다 나오죠."

또한 그는 서구의 어느 도시보다도 인도가 영화의 배경으로 적절했다고 말한다. 현재의 인도는 다른 어느 곳보다 디킨스 당시의 런던과 흡사하기 때문이다. "런던이라는 도시가 출현하고, 성장하고, 매일 변화해갈 때 디킨스가 느꼈을 법한 것들을 인도에서는 여전히 느낄 수 있어요."

　등장인물들을 객관적으로 다루고자 했던 좋은 의도에도 불구하고, 인도의 하층민들을 묘사한 방식에 대해 의문과 비판이 일어났다. 인도의 몇몇 비평가들은 영화를 영감을 주는 약자 이야기가 아니라 외부인이 지어낸 진부하고 착취적인 우화로 보았다. 주연 배우들의 어린 시절을 연기한 두 아역 배우를 둘러싼 논란도 있었다. 그들이 받은 보상에 대해 의문이 제기됐을 때였다. 보일은 주인공을 '슬럼독'이라고 부른 데에는 어떠한 나쁜 의도도 없었다고 설명한다. 단순히 '언더독underdog, 약자'이라는 용어에 대한 말장난이었을 뿐이라는 것이다.

　보일이 아카데미 최우수감독상을 수상했을 때 공동 연출을 맡았던 인도인 감독 러블린 탄단을 언급하지 않은 점을 두고도 작은 항의 시위가 있었다. 그러나 실상 보일은 영화에 대한 그녀의 기여를 앞장서서 칭찬하기도 했는데, 탄단 스스로는 그런 칭찬을 하지 말아달라고 했다.

　이러한 부정적인 반응에도 불구하고 영화는 엄청난 성공을 거둔다.

이 영화로 골든글로브와 영국 아카데미에서 최우수감독상을 받은 직후 보일은 영국의 래드클리프에 있는 고향 마을을 방문해 지역 사교 클럽에서 트로피를 자랑했다. 그는 아카데미상을 받으면 다시 돌아오겠노라 약속했고, 수상 직후 약속한 대로 다시 한 번 세인트메리 가톨릭 사교클럽에 들른다. 그는 아버지와 누이, 친구들, 친지들이 함께한 자리에서 황금빛 오스카 트로피를 돌렸고, 레모네이드를 들이켜며 자신의 모험담을 들려주었다.

텔레비전과 영화판의 치열한 경쟁 속에서 20여 년을 보낸 보일은 여전히 어떠한 허영심도 자신을 망치게 내버려두지 않는다. "영국 아카데미와 골든글로브 트로피들을 들고 여기 왔을 때 어떤 사람이 제게 이런 말을 했어요. '도대체 당신 같은 사람이 어떻게 영국 아카데미상을 수상할 수 있지?' 이게 바로 여러분이 제게 해야 할 말이에요."

이 책에 실린 모든 인터뷰는 미시시피대학교 출판부와 〈인터뷰〉 시리즈 기준에 따라 원본에서 축약하거나 편집하지 않았음을 밝힌다. 그중 세 편의 인터뷰는 팟캐스트와 비디오 인터뷰를 나의 능력이 닿는 한 그대로 옮겨 적었다.

이 책을 즐겁게 만들도록 도와준 분들께 감사의 말을 전하고 싶다. 가장 먼저, 미시시피대학교 출판부의 레일라 솔즈베리와 빌레리 존스에게 진심으로 감사한다. 이들은 내가 이 프로젝트를 마칠 수 있도록 끝없는 신뢰와 인내심을 가지고 도움을 주었다. 그리고 자신들의 글을 사용할 수 있게 허락하고 지원해주신 작가분들께 깊은 감사의 마음을 전한다. 〈Film4.com〉의 캐서린 브레이, 밴시티 극장의 톰 채리티, 플래시포인트 아카데미의 피터 홀리, 〈FILMdetail.com〉의 앰브로즈 헤론, 키스 호퍼, DC 필름 소사이어티의 마이클 키리오글로, 〈리치몬드 리뷰〉의 모니카 마우러, 〈LookingCloser.org〉의 제프리 오버스트리트, 〈AOL/무비폰〉의 케빈 폴로위, 〈타임아웃 시카고〉의 행크 사틴과 루퍼트 스미스, 그리고 〈EyeForFilm〉의 앰버 윌킨슨이 그분들이다.

또한 책을 만드는 과정에 큰 도움을 준 출판사 관계자분들께도 감사드린다. 〈타임 아시아〉의 멜즈 바버라, 〈인디펜던트〉의 조안나 천디, 〈PureMovies.com〉의 댄 히긴스, 〈타임아웃 런던〉의 클레어 호젬과 닉 블랜드, 〈인디펜던트 필름 쿼터리〉의 니콜 홀랜드, 골웨이 필름센터의 디클랜 기븐스, 〈Total Sci-fi Online〉의 맷 맥앨리스터, 〈베리 타임스〉의 이안 새비지, 〈Salon.com〉의 브리타니 스텐지, 그리고 〈사이트 앤드 사운드〉의 롭 윈터와 브렌다 페르난데스에게 고마움을 전한다.

『보통 영웅들 : 대니 보일의 영화들』의 작가 에드윈 페이지에게는 지도와 격려에 특별히 감사의 말씀을 드린다. 그리고 엄청난 지원을 아끼지 않은 BFI British Film Institute 국립도서관의 사라 커런트와 행정과 교정을 맡아 도와준 로버트 쿤츠에게도 고마움을 전한다.

브렌트 던햄

〈풀롱 그의 피에로〉(1994)

담백하고
비열하고 잔인한

interviewer / 로넌 베넷

대니 보일은 자신의 새 영화 〈쉘로우 그레이브〉에 담긴 '아이디어'들에 대해 이야기하기를 꺼린다. 거만하고 자의식적이며 관객들을 가르치려 드는 행위라고 여기기 때문이다. 급진적인 조인트 스톡 극단에서 시작해서 나중에는 로열 코트 극장에서 에드워드 본드나 하워드 바커 등의 극작가들과 작업한 연극 연출가 출신으로서는 예상 밖의 태도다.

나는 작가로서 정반대의 입장이다. 소설이나 희곡을 쓸 때 플롯의 구성보다는 탐구하고자 하는 주제나 관념에서 시작하는 편이다. 〈쉽게 만날 수 없는 남자〉(안젤라 포프 감독, 1994년 11월 채널4 방영)에서는 아일랜드 노동자 짐과 영국 중산층 여자 샬럿의 만남을 통해 아일랜드와 영국의 충돌이라는 주제를 다루어보고 싶었다. 〈줄맨드라미〉(1993년 9월 BBC2 방영)에서는 아일랜드의 폭력적인 저항운동을 정치

Ronan Bennett, Lean, Mean, and Cruel, *Sight and Sound 5*, no. 1, 1995. Reprinted with permission.

적 의식이 결여된 난잡한 자기파괴적 행위보다는 영국 정부를 협상 테이블로 끌어내기 위한 특정한 정치적 목적을 띤 것으로 그렸다.

물론 그러한 아이디어들이 최종 결과물에도 잘 반영되리란 보장은 없다. 글을 쓰기 시작하면 부족한 재능과 기술에 대한 대가를 반드시 지불하게 된다. 처음에는 흥미롭게 보였던 것들이 몇 장면만 지나면 터무니없고 불필요하게 느껴진다. 이야기를 구성해가면서 또 다른 제약들도 맞닥뜨린다. 작품의 주제를 어딘가 심어놓으려면 효과적으로 스릴과 서스펜스를 사용해야 하는데, 영화에서는 주제나 관념이 소설이나 희곡에서보다도 훨씬 더 손상되거나 가려지기 쉽다. 영화 한 편에서 질문과 대답을 모두 하는 것은 시간적으로 불가능할 뿐만 아니라 주의하지 않으면 드러내고자 하는 주제를 스릴과 서스펜스가 아예 덮어버릴 수도 있기 때문이다.(이것은 내가 나의 작품에 자주하는 비판이기도 하다.)

대니 보일이 지적하듯이 작품에 담긴 아이디어를 비평하는 것은 확실히 위험한 발상이다. 작가 스스로가 작품에 이런저런 아이디어들을 담았다고 주장할 수도 있겠지만, 그것은 사실이 아닐뿐더러 결국 자기 자신을 속이게 될 뿐이다. 자신의 작품에 지적인 품위가 있다고 착각하고, 관객들이 좋아하는 '저급한' 영화들에 대해서는 그릇된 우월감에 빠지기 십상이기 때문이다.

대니 보일은 무엇보다도 〈쉘로우 그레이브〉를 재미있게 봐주기를 바란다. 〈쉘로우 그레이브〉는 흥미진진하고 긴박하고 재치 있으며, 영국 영화답지 않게 뻔뻔하기까지 한 저예산 독립영화다. 힘 있는 연출은 이야기를 속도감 있게 효율적으로 진행시키고, 강한 색깔을 사용한 미술은 풍자적인 폭력, 비현실적인 인물들과 더불어 영화에 만화 같은 분위기를 더해준다.

이 영화는 에든버러의 깔끔한 아파트에 함께 사는 세 명의 부유한 20대 후반 젊은이들(케리 폭스, 크리스토퍼 에클리스턴, 이완 맥그리거 분)에 대한 이야기다. 그들은 하숙인(키스 알렌 분)을 들이는데, 얼마 지나지 않아 그는 약물 과용으로 자신의 방에서 사망한다. 죽은 그의 방에서 돈가방을 발견한 세 사람은 시체를 몰래 처리한 뒤 돈가방을 차지하기로 결심한다. 그런데 문제가 발생한다. 〈블러드 심플〉국내에 〈분노의 저격자〉로 알려져 있음이나 〈시에라마드레의 황금〉에서처럼 부정한 재물이 젊은이들의 우정과 도덕성을 갉아먹기 시작한 것이다.

대니 보일은 관객들이 영화의 결말에 충격을 받을 것이라고 말하지만 그다지 예측하기 어려운 결말이 아니었다. 이 영화의 진짜 문제는 영화 한가운데 놓여 있는 차갑고 잔인한 공허함이다. 관객들이 동정할 만한 인물이 없어 탐욕스런 세 명이 서로를 파괴해가는 과정에 감정적으로 반응하기가 어렵다.

이런 의견에 대해 대니 보일은 발끈한다. 바트 심슨 세대를 위해 이전의 '젠체하는' 영화나 드라마들에 등을 돌렸다고 주장하는 듯하다. 그는 비판을 잘 받아들이고, 자신을 방어하려는 모습은 보이지 않는다. 하지만 영화에 아이디어가 없다는 나의 주장만큼은 확실하게 거부하며 이렇게 말한다. "당신은 속물이에요, 끔찍한 속물."

이 영화는 어떻게 시작되었습니까?

존 호지가 시나리오 초고를 썼어요. 존은 의사예요. 그리고 제작을 맡은 앤드루 맥도널드도 함께 시나리오 작업을 했어요. 채널4의 데이비드 액션이 관심을 보여서 그에게 시나리오가 건너갔고, 그들은 감독을 물색하기 시작했죠. 앤드루가 대략 20명의 감독들에게 시나리오를 보냈는데 이야기가 잔인하고 비정하다는 이유로 대부분 거절했어요. 하지만 저는 정말 흥미진진한 영국풍 시나리오라고 생각했어요. 빌리 와일더의 영화처럼 깔끔하고 상스러우면서도 진정 영화다운, 그런 시나리오 말이에요. 꼭 해야겠다고 생각했죠.

오디션에 갔을 때 충실한 내러티브와 플롯이 〈블러드 심플〉을 떠올리게 한다고 말했는데 그게 마음에 들었나 봐요. 그러고는 채널4에 들어가 그들과 함께 시나리오 작업을 시작했어요. 내가 시도하려는 것들과 캐스팅하고 싶은 배우들에 대해서도 이야기했고요. 척척 진행됐죠. 채널4에서는 내가 15만 파운드의 글래스고 영화기금Glasgow Film Fund을 받아낼 수만 있다면 85만 파운드를 투자하겠다면서 할 수 있겠느냐고 물었죠. 당연하다고 말하고 100만 파운드로 어떻게 영화를 제작할지 구상하기 시작했어요.

시나리오에서 수정하거나 빼야 할 부분들이 있진 않았나요?

전혀 없었어요. 존은 영화가 어떻게 만들어져야 하는지 머릿속에 명확한 그림을 가지고 있어서 거의 돈을 안 들이고도 제작할 수 있도록 시나리오를 써놨죠. 스토리의 80퍼센트가 아파트 내부에서 벌어지는 이유가 바로 그거예요. 최대한 장소를 적게 사용했고, 그 장소들조차 아주 단순한 공간이었어요.

아파트의 느낌은 이 영화의 중요한 부분이었어요. 외부 공간이 아닌 실내 공간을 이용해서 영화적인 표현을 시도해야 했죠. 그래서 예산의 많은 부분을 들여 글래스고의 창고 건물에 엄청나게 큰 세트를 세웠어요. 폴란스키의 초기 영화처럼 억압적이고 밀실공포증을 불러일으키는 실내 공간을 생각할 수도 있었겠죠. 영국에서 익숙한 공간이기도 하니까요. 하지만 에든버러에는 작은 문을 통해 넓은 실내로 들어가는 특이한 구조의 신도시 아파트들이 있어요. 관객들이 이런 크고 섹시한 공간을 보고 매력을 느끼길 바랐죠. 그래서 일반적인 거주 공간의 중화된 파스텔 색조보다는 무언가 환기할 수 있는 강렬한 색깔들을 선택했어요.

시나리오 작가들은 종종 훌륭한 시나리오를 감독이나 제작자가 엉망으로 만든다고 비난합니다. 잦은 의견 충돌과 갈등이 있다 해도 저는 그런 공동 작업이 큰 도움이 된다고 생각하는 편인데요, 〈쉘로우 그레이브〉는 어땠나요?

아주 큰 도움이 됐어요. 우리는 더 복잡한 이야기 구성을 원했고 채널 4도 그랬어요. 그들의 방식은 본보기가 될 만했어요. 좋은 의견들을 계속해서 제안했지만 그것을 받아들일지는 우리에게 맡겼죠. 시나리오에 이미 목적지가 분명했고 시속 100마일로 그곳을 향해 달려가도록 쓰여 있었기 때문에, 제가 보기엔 단지 그 궤도를 어떻게 조절하느냐 하는 문제만 남아 있었어요. 존은 깔끔하고 흥미진진하게 글을 써요. 대화들을 읽어보면 바로 영화를 보고 있다는 느낌이 들죠.

제 책임이기도 하지만, 전에는 작가들과 그다지 좋은 경험을 하지 못했어요. 저는 시나리오에 대한 생각을 작가에게 미리 얘기하고 작가가 그것에 동의할 때만 함께 일해야 한다고 생각해요. 만약 서로의 생각이 완전히 다르면 같이 일해선 안 돼요. 제 생각을 전달했고 그들도 제 생각이 옳다고 판단해서 저에게 일을 준 거예요. 그러고 나면 객관적인 시각을 완전히 버리고 함께 여행을 떠나는 거죠.

우리는 한 팀으로 일했어요. 앤드루와 존, 나, 이렇게 세 명이 창조적인 면에서 항상 동등해야 한다는 것이 저의 바람이었어요. 그래서 심지어는 세 명이 똑같은 수수료와 지분을 받았죠. 연출가에게 주어지는 자존심과 권한을 어느 정도 희생하면 얼마나 자유로워지는지 그때 알았어요.

세 사람 사이에 수수료와 지분을 정하는 것이 중요했나요?

앤드루는 나중에 참여하는 사람들을 포함해서 모두를 똑같이 대우할 거라고 처음부터 확실히 밝혔어요. 그리고 모두에게 동등하게 지불했죠. 일한 시간이 다르기 때문에 실제로 받은 금액은 다를 수밖에 없지만요. 촬영감독이 짐꾼보다 더 받는 건 당연하니까요. 하지만 비율로 봤을 때 모두 동등하게 받았어요.

〈쉘로우 그레이브〉는 아주 적은 예산의 영화였고, 이렇게까지 성공할 줄은 결코 예상하지 못했어요. 상쾌하고 재미있는 저예산 영화를 만들고 싶었죠. 그런 영화에서는 내러티브가 가장 중요해요. 내러티브가 우리의 신이었어요.

인물들은 덜 중요했다는 말로 들리는군요. 영리하게 구성한 이야기이긴 한데, 인물들은 어떤가요? 연극적인 전통 때문인지 인물과 대화에 너무 많이 치중한다는 것이 영국 영화에 대한 비판 중 하나입니다. 이 영화는 그런 편견을 뒤집어놓았어요.

반드시 그렇지는 않아요. 배우들은 합류하자마자 우리의 작은 신들이 되어버리죠. 배우는 당연히 자기가 연기하는 인물의 완전함을 추구하기 때문에 일단 리허설을 시작하면 극 중 인물에 대해서 함께 많은 작업을 할 수밖에 없어요. 그리고 배우가 캐스팅되어 대본을 읽는 순간 그 인물에 대해서 이전에 했던 생각은 완전히 잊어버려요. 배우의 연기에 확신이 생기면 그 이후로는 그 인물에 대해서 다른 방식으로는 볼 수가 없죠.

극 중 인물들이 대략적으로만 묘사된 것 같다는 생각이 들더군요. 알렉스는 건방진 놈, 크리스토퍼는 고독하고 예민한 괴짜, 그리고 여자 의사…… 인물들이 불충분하게 묘사된 채 등장하여 불쾌한 인상을 받았는지 영화에 몰입하기 힘들었습니다.

전 동의할 수 없군요. 거기에는 다른 차원들도 있다고 생각해요. 저는 지식인들이 좋아할 만한 그럴듯한 인물들을 만들면서 경력의 대부분을 쌓아온 사람이에요. 하지만 대중은 그런 것에는 신경도 쓰지 않아요. 그들은 약간 다른 기준을 가지고 있죠. 그런 대중을 천박하다고 깔보는 대신에 어떤 식으로든 끌어안으려고 했어요.

영화 속 세 명의 인물은 우리의 잔혹한 측면을 나타낸다고 생각해요. 인생의 어떤 시기에는 그들에게도 자애로운 면이 있었겠지만 영화에서는 그것을 보여주지 않아요. 물론 그들도 여전히 사랑받기를 갈망하죠. 하지만 그것을 서로 인정하고 키워나가지는 못해요. 그래서 협력하고 공유하는 대신 서로를 이용하기만 하는 관계가 되는 거죠. 작가는 그들 인생의 이러한 특정한 순간, 즉 잔혹함의 순간을 의도적으로 선택했어요. 한때는 이 영화를 〈잔혹Cruel〉이라고 부르려고도 했어요.

이 영화는 무척 흥미로운 방식으로 인물들을 만들어갑니다. 전통적인 방식과는 달라요. 관객들은 인물들이 만들어져가는 것을 보려고 영화관에 앉아 있는 게 아니에요. 영화를 통해 흥분과 속도감을 느끼고 싶어하죠.

마치 대중이 무엇을 좋아하는지 본인이 가장 잘 안다는 것처럼 들리네요.

그럴지도 모르지만 조금 다르게 표현하고 싶군요. 과거에는 작품을 만들 때 관객들에게 거만했다고요. 우리는 더 이상 순진한 사회에 살고 있지 않아요. 순진한 영화를 만들 욕구도 전혀 없고요. 60년대 텔레비전 드라마들은 순진했죠. 우리는, 특히 80년대 이후로는 그런 단계에서 벗어났어요. 〈오늘의 드라마〉 같은 시리즈를 계속 만들 수는 없는 거죠. 너무 잘난 체하는 짓이니까요. 더 이상 사람들을 가르치려 해서는 안 돼요.

요즘 사람들은 훨씬 더 세련되고 아는 것이 많아요. 엄청난 양의 정보를 대중매체를 통해 얻고 있어요. 그래서 재미있고 지적이지만 가르치려 들지 않는 영화를 만들려고 노력했죠. 만약 그 이상의 어떤 것을 원한다면 영화 속에서 찾아보세요. 인생의 한 국면에 현대인으로서 당신이 어떤 모습일지에 대한 탐구가 담겨 있으니까요.

현대인의 삶을 다룬 다른 영화들과는 어떤 관련이 있을까요?

존경하는 키에슬로프스키 감독이 신나고 역동적인 영화를 만드는 젊은 감독 쿠엔틴 타란티노와 함께 칸영화제에 나란히 설 수 있다는 것은 영화계를 위해서 정말 건강한 일이에요. 개인적으로는 〈굿바이 칠드런〉 같은 영화를 좋아하지만, 사람들한테 그런 영화를 만들겠노라 떠들어대고 싶지는 않아요. 우리는 전쟁을 경험했고 복지국가도 경험했어요. 변화하는 사회에 보조를 맞추지 않으면 안 돼요. 〈쉘로우 그레이브〉의 중요한 점 중 하나는 어느 누구도 희생자가 아니고, 희생자인 척 행동하지 않는다는 거죠.

〈쉘로우 그레이브〉는 감독님의 마지막 텔레비전 드라마 〈로우 씨네 처녀들〉과는 많이 다릅니다.

텔레비전 드라마를 만들 때는 관객과의 관계가 본질적으로 달라요. 텔레비전 시청자들은 이미 존재하고, 제작자들은 그걸 아주 당연하게 받아들이죠. 시청자에게 도전할 생각조차 하지 않아요. 하지만 영화를 보러 온 관객들은 완전히 달라요. 영화 상영의 특이한 점 중 하나죠. 저도 처음엔 텔레비전 시청자들과 아무런 차이가 없을 거라고 생각했어요. 하지만 영화 관객들은 살아서, 극장 안에 있어요. 야유하고, 손뼉 치고, 상영 중에 나가버리기도 하죠. 그들은 작품에 관해서 여러 가지를 가르쳐줘요. 심지어 이미 완성된 영화라 하더라도 눈앞에서 작품을 변화시키기도 하고요.

지금 말씀하시는 것은 일종의 관객과의 상호작용으로 들립니다.

저에게는 어린아이들이 있어요. 아이들은 텔레비전에서 많은 것을 봅니다. 아이들과 〈심슨 가족〉을 보면서 만화를 보는 아이들을 지켜봤어요. 우리 어린 시절에는 볼 수 없었던 무척 세련되고 풍자적인 만화였어요. 그 만화의 내용에 동의하지 않을 수도 있고 루퍼트 머독을 경멸할 수도 있지만, 결코 〈심슨 가족〉의 영향력을 무시할 수는 없어요. 제 아이들이 바트 심슨과 그의 아빠 호머를 통해서 저와의 관계를 생각한다는 걸 알았어요. 바트 심슨을 보고 자란 아이들은 다를 수밖에 없어요. 그런 사실을 받아들여야만 해요.

텔레비전 드라마를 할 때는 관객들에 대해 안심해도 되었겠지만, 상업 영화로 옮겼을 때는 어땠습니까? 관객들에게 맞춰 작품을 해야겠다고 생각했나요?

잘될 때는 텔레비전도 영화만큼이나 좋아요. 어떤 의미에서는 차이가 없죠. 하지만 상업 영화에는 돈에 대한 책임감과 그 연장선에서 관객에 대한 책임감이 생기죠. 그런 책임감으로 인해 오히려 상쾌한 소나기를 맞는 것처럼 다른 종류의 감각에 푹 젖게 돼요.

저는 대중의 취향에 경외심을 갖고 있어요. 작품을 충분히 잘 제시하기만 하면 융통성 있게 받아들이리라는 것을 알아요. 물론 영화를 보러 가는 전체 인구에 비해 상대적으로 적은 사람들만을 말하는 거지만, 어찌 됐건 그들에게 협조적이어야 해요. 저는 켄 로치의 작품을 존경해요. 그러나 그의 영화 〈무당벌레 무당벌레〉의 문제점은, 작품이 묘사하는 사회가 그가 이미 이전의 작품들에서 보여주었던 것과 차이가 없다는 거예요. 우리 사회는 이미 한 걸음 나아간 것 같은데 그가 그리는 사회는 여전히 그 자리에 머물고 있어요.

책의 경우는 약간 달라요. 어떤 의미에서 책은 일기 같은 거니까 남들이 좋아하건 말건 자신의 책에 하고 싶은 말을 할 수 있어요. 저에게는 텔레비전이 그와 비슷했어요. 텔레비전 드라마에 적합한 스토리와 구성만 있다면 하고 싶은 말을 할 수 있었고 양보할 필요가 없었죠. 하지만 상업 영화를 만들 때는 관객을 능숙하게 다뤄야 한다는 점을 항상 의식해야 해요.

저는 동의할 수 없습니다. 어디에 그 선을 그을 수 있나요? 제작자가 와서 시나리오는 마음에 들지만 노출 장면과 살해 장면을 넣어야 투자받을 확률이 높을 거라고 하면 제안을 받아들이시겠어요?

정말 재수 없게 군다면 그냥 나와버려야겠죠. 여론조사를 하듯이 일할 수는 없잖아요. 하지만 관객이 어떤 장면에서 지루해했는지는 반드시 기억해둬야 해요. 머릿속에 담아놨다가 다음 영화를 만들 때 고려해야죠.

캐스팅은 어땠어요? 원하던 배우들이 있었나요?

1000만 파운드의 예산으로 영화를 만든다면 그 돈을 회수하기 위해 유명한 배우들을 캐스팅해야 할 거예요. 하지만 100만 파운드 정도의 예산이라면 캐스팅에 훨씬 더 자유로워져요. 투자자들도 캐스팅은 신경 쓰지 않죠. 영화의 대부분 장면에 세 명만 나오기 때문에 게리 올드먼 같은 배우를 캐스팅해서 균형감을 깨뜨리고 싶지 않았어요. 사람들이 게리 올드먼만 바라볼 테니까요. 대신에 세 연기자의 동반자 관계를 만들려고 무척 공을 들였어요. 디나르Dinard British Film Festival에서 최우수연기자상이 세 명에게 동시에 주어졌을 때 그 노력이 성공적이었다는 걸 알았죠.

여성 인물은 아웃사이더 같은 역할이었는데, 반드시 스코틀랜드 사람일 필요는 없어서 〈로우 씨네 처녀들〉에서 함께했던 뉴질랜드 출신의 케리 폭스에게 맡겼어요. 그녀는 맡는 역할마다 카멜레온처럼 다르게 보이죠. 경험은 많지만 그렇다고 친숙한 배우는 아니었어요. 그러고 나서 데니스 포터의 〈옷깃에 묻은 립스틱〉에 출연했던 이완 맥그리거를 캐스팅했어요. 정말 귓불에서도 매력이 뚝뚝 떨어지는 친구죠. 알렉스 역에는 그런 매력이 필요했거든요. 크리스토퍼 역에는 조금만 위협해도 겁이 날 정도로 점잖으면서도 덩치가 큰 사람을 원했어요. 크리스토퍼 에클리스턴은 〈그를 내버려둬〉에서 본 적이 있었는데 그때 마음에 두고 있었죠.

영화 일을 시작했을 때 저는 배우들이 리허설하는 방식에 충격을 받았습니다. 〈쉽게 만날 수 없는 남자〉를 할 때였는데, 해리엇 월터가 그녀의 어머니 역을 대본 리딩 때 처음 보고는 그 장면을 촬영하는 날까지 다시 볼 기회가 없었어요. 배우들이 공동의 경험을 쌓을 준비 기간이 항상 부족한 데 아직까지도 놀라곤 해요. 리허설 기간은 얼마나 주어졌나요?

얼마 전에 영국 단편영화들을 봤는데, 배우들이 시키는 대로만 연기할 뿐 인상적인 연기를 준비할 만한 시간 여유가 없었다는 게 바로 보이더군요.

〈쉘로우 그레이브〉는 1주일의 리허설 기간이 있었어요. 그것도 처음엔 2주였는데 1주일로 줄어들었죠. 그래서 전통적인 방법으로 리허설을 하기보다는 세 명의 배우가 저와 리허설 기간 내내 한 아파트에서 함께 지내는 방식을 택했어요. 함께 요리도 하고, 우리가 좋아하거나 영화에 필요하다고 생각되는 비디오도 보고, 음악도 들었어요. 리허설이 끝나면 각자 자기 호텔 방으로 돌아가는 전통적인 방법으로는 얻을 수 없는 결속력을 갖게 됐죠. 다른 이들과 한 아파트를 함께 쓰는 게 어떤 느낌인지에 대한 단기 연수 과정이었다고 할까요.

나중에는 시나리오 작가 존을 경찰 조수 미첼 역으로 캐스팅했어요. 촬영장에 매일 나와야 하는 시나리오 작가들은 할 일 없이 괜히 걸리적거리기만 한다는 느낌을 받기 십상이거든요. 스태프들은 모두 글래스고에서 뽑았어요. 영국의 좋은 점은 세계 최고의 기술자들이 있다는 거잖아요.

영국에서 계속 작업할 건가요, 아니면 미국으로 가고 싶은가요?

〈네 번의 결혼식과 한 번의 장례식〉(이하 〈네 번의 결혼식〉)의 대성공은 그 영화를 존중할 수밖에 없게 만들었어요. 좋은 일이에요. 관객들이 좋아하는 상업 영화, 관객들과 만든 사람들 모두에게 가치를 주는 그런 영화 말이에요. 돈을 벌 수 있는 영화를 원한다면, 그래서 다른 누군가 다음에 또 영화를 만들 수 있길 바란다면, 금요일 밤마다 아이들을 데리고 영화관에 오세요. 10파운드만 내면 즐거운 밤을 보낼 수 있잖아요. 〈네 번의 결혼식〉 같은 영국 영화가 세계적으로 흥행할 수 있다는 사실은 축하할 일이에요. 더 난해하고, 음침하고, 기이한 영화들이 그 뒤를 따라 나올 수 있기 때문이죠. 영국의 상황은 꽤 좋아 보입니다.

자신을 상업적인 마인드를 가진 감독이라고 생각합니까?

물론이에요. 그런 생각을 흉하고 뻔뻔하다고 보면 안 돼요. 어느 날 우리 중에 진정한 예술가가 나타나 정부의 도움만으로 뛰어난 작품을 만들 거라는 환상은 버리세요. 영화를 만들고 싶으면 어떻게 사람들을 영화관으로 끌어들일지 고민해야 해요.

하지만 〈네 번의 결혼식〉의 성공이 예외적이었다면 어떻게 하죠? 〈완다라는 이름의 물고기〉처럼요.

맞아요, 그러면 문제가 되죠. 그 성공을 날려버릴 수도 있어요. 미국 영화를 따라 하려고 하면 그럴 가능성이 크다고 생각해요.

그래요. 미국 영화와 경쟁할 수는 없어요. 자본도 부족하고, 무엇보다 그런 종류의 영화를 만들 만한 환경이 아니니까요. 영국 스릴러영화에서 총이 등장하는 건 여전히 비현실적이잖아요.

〈쉘로우 그레이브〉에서 총이 나오지 않는 이유가 바로 그거예요. 영국에서 총을 든 사람이 돌아다니는 것은 어딘가 어긋나 보이죠. 총을 보기가 쉽지 않으니까요. 〈네 번의 결혼식〉의 감독 리처드 커티스가 했던 것처럼 영리하게 접근해야 해요. 그는 〈미스터 빈〉과 〈블랙애더 Blackadder〉 미스터 빈으로 알려진 배우 로완 앳킨슨이 연기한, 영국 텔레비전의 동명 코미디 시리즈물의 주인공의 캐릭터를 이용해서 관객들과 소통할 수 있는 방식을 찾아냈죠.

엘리트주의자처럼 들릴지도 모르지만 저는 영화가 관객을 즐겁게 해야 한다는 생각에는 약간 회의적입니다. 영화가 예술이라면 예술가들의 책임은 관객들과 긴장 상태를 유지하는 것 아닐까요?

그렇지 않아요. 관객들을 인정해야 한다는 말은 그들보다 항상 앞서 가야 한다는 것을 의미하죠. 관객들은 강력하고 영향력 있는 내러티브를 원해요. 당신은 〈쉘로우 그레이브〉의 결말에 놀라지 않았겠지만, 대부분의 관객들은 많이 놀랍니다.

시나리오 작가로서 전 제 생각과 관심을 공유할 수 있는 감독과 일하기를 바랍니다. 로치와 앨런처럼요. 존 호지와는 그런 관계를 만드셨나요?

네, 우리 셋은 다시 함께 일하길 바라고 있어요. 어빈 웰시의 뛰어난 소설 『트레인스포팅』을 각색 중인데, 이번에도 에든버러가 배경이지만 에든버러의 아주 다른 면을 보여줄 거예요. 마약중독자들에 관한 코미디죠. 아주 재미있어요. 그리고 존은 얼마 전에 〈인질〉이라는 시나리오도 완성했어요. 〈트레인스포팅〉 다음 작품으로 만들었으면 하고 있죠.

다른 사람들과 함께 일한다는 건 자신의 많은 부분을 희생해야 한다는 의미예요. 자신의 상상력을 구현하기 위해서는 강력한 자아로 모든 것을 깔아뭉개버려야 한다고 생각할지도 몰라요. 저는 동의하지 않습니다. 실제로 다른 사람들과 공유하고 자기 상상력의 많은 부분을 희생할 때 열 배는 더 좋은 작품이 나오니까요. 그런 식으로 함께 일할 수 있는 사람들을 찾기란 어려운 일이기도 하죠.

만약 당신이 한 아파트에 함께 사는 지적이고 부유한 세 명의 전문직 종사자들에 대한 영화를 만든다면 보기 지루하고 고통스러운 영화로 만드시겠어요? 〈쉘로우 그레이브〉에 담긴 아이디어들에 대해서는 이야기하고 싶지 않아요. 그러면 저 역시 제가 경멸하는 사람들 중 하나가 될 테니까요. 자신이 다른 이의 삶에 필요한 메시지를 갖고 있다고 확신하는 부류의 사람들 말이죠.

메시지와 아이디어는 다른 거예요.

〈트레인스포팅〉(1996)

녀석들이 돌아왔다

interviewer / 제프리 맥냅

영국 영화 중에서 〈트레인스포팅〉만큼 흥미진진하게 시작하는 영화는 보기 드물다. 이기 팝의 노래 〈러스트 포 라이프Lust for Life〉가 울려 퍼지며, 주인공 렌턴이 백화점 경비원의 추격을 피해 에든버러의 프린스 가街를 내달린다. 클로즈업으로 화면에 비친 그의 얼굴에는 조롱기 어린 웃음이 가득하다. 그러고는 원작 소설에서 발췌한 부분이 렌턴의 목소리로 들려온다. 바로 이 첫 장면의 구속받지 않는 에너지가 깊은 인상을 남긴다.

이 영화의 광고에는 "〈쉘로우 그레이브〉를 만든 팀으로부터"라고 큼지막하게 쓰여 있다. 영국 내에서만 500만 파운드를 벌어들인 〈쉘로우 그레이브〉의 성공을 감안했을 때, 이번에는 이들이 안전한 길을 가리라 예상했을지도 모르겠다. 할리우드로부터 많은 돈을 받든지 파인우드나 셰퍼턴에 가게를 하나 차릴 수도 있었겠지만, 그들은 난잡한 하

Geoffrey Macnab, The Boys Are Back in Town, *Sight and Sound 6*, no. 2, 1996. Copyright British Film Institute. Reprinted with permission.

류 인생을 다룬 어빈 웰시의 소설을 영화화하기로 결심했다.

글래스고의 담배 공장을 촬영 스튜디오로 손수 개조했고, 7주의 짧은 촬영 기간에 예산도 그다지 많지 않았다. 하지만 스스로에게 부과한 이러한 제약들이 영화의 생명력을 보장해주었다. 대니 보일은 말한다. "마치 공중에서 접시 돌리기를 하는 것 같았어요. 모든 것이 항상 조금씩 통제에서 벗어났거든요." 그들은 이러한 긴장감을 즐기는 것처럼 보인다.

채널4는 〈쉘로우 그레이브〉가 상영되기도 전인 1994년 초에 벌써 〈트레인스포팅〉의 시나리오 작업을 지원했고, 나중에는 이전에 제작했던 어떤 영화보다도 많은 돈(170만 파운드)을 투자한다. 결국 〈트레인스포팅〉은 제작비를 전액 투자한 채널4의 첫 번째 영화가 되었다. 하지만 특별히 위험한 투자가 아니었던 것이, 시나리오가 완성되기도 전에 이미 예약 판매만으로 200만 파운드 이상을 벌어들였기 때문이다. 채널4와의 작업은 대니 보일 팀에게도 적합했다. "우리는 채널4와 작업하기를 간절히 바랐어요. 재정적인 이유보다는(실제로 다른 곳에서 더 많은 돈을 제안받았어요) 창조적인 관점에서 그랬죠."

팀의 주력 멤버는 이번에도 대니 보일(연출)과 앤드루 맥도널드(제작), 존 호지(시나리오)였다. 나는 소호 깊숙이 자리한, 그들의 노엘 가街 사무실 위층 작은 방에서 이들 세 명을 인터뷰했다. 그들은 자신감이 넘쳤고 BBFC영국영화등급위원회로부터 수정 요구 없이 상영 허가를 받았다는 사실에 고무되어 있었다. 그리고 이번 여름 칸영화제 경쟁부문에 오를 가능성에 대해서도 낙관하고 있었다.

영화를 본 어떤 사람이 리처드 레스터의 비틀스 영화가 생각난다고 말하더군요.

아마도 뛰고 달리는 장면들이 많아서 그런 것 같아요.

앤드루 맥도널드 런던에서의 장면들을 구상하면서 60년대 영화들을 몇 편 봤어요. 아이디어를 얻을 수 있을까 해서 〈시계태엽 오렌지〉나 〈알피〉 같은 영화들을 주의 깊게 봤죠. 제 생각에는 그때가 영국 영화에서 현대적인 주제를 다룬 마지막 시기가 아닌가 싶습니다. 영국 관객들에게 실제적인 의미가 있는 흥미롭고 인상 깊은 주제들 말이에요.

점포 경비원에게 쫓기는 맥그리거를 클로즈업으로 잡은 영화의 첫 장면에 대해서 얘기해주시겠습니까? 원작 소설에는 없는 굉장히 매력적인 장면인데요.

존 호지 가게에서 물건을 훔치는 것에 관해서는 책에서도 언급하고 있어요. 그러다가 들켜서 렌턴이 길을 달리게 되죠. 영화를 시작하기에 매력적인 이미지라고 생각했어요. 다른 장면들도 생각해봤지만 모두 너무 정적이거나 복잡했어요. 하지만 그 장면은 아주 직접적이고 단순했죠. 바로 무엇인가 시작되는 느낌을 주니까요.

대니 보일 다른 부분에도 중요한 수정이 있었어요. 존의 원래 생각은 조용하게 시작하는 거였죠. 그런데 시나리오 작업 거의 마지막 단계에서 존이 독백 부분을 중간에서 맨 처음으로 옮겼어요. 그랬더니 시나리오가 살아나더군요. 그게 우리한테 엄청난 자신감을 줬어요.

호지 그 독백 부분이 렌턴의 태도와 신조를 요약하는 것처럼 보였기 때문이죠. 자신에게 주어진 어떤 것도 원치 않는다는 그의 다짐을 시작부터 확실하게 보여주고 싶었어요.

변기 속으로 들어가 바다로 수영해 나가는 장면은 마치 소설 『중력의 무지개』의 한 장면처럼 보였습니다. 물론 원작 소설에는 그렇게 되어 있진 않지만요.

원작에서 수정을 많이 하셨나요?

호지 아니요, 몇 군데밖에 없었어요. 현실을 있는 그대로 보여주는 리얼리즘 영화가 아니라는 걸 영화 초반부터 알려주고 싶었어요. 사람들이 무언가 다른 것을 보고 있다는 느낌을 받았으면 했죠. 진짜 리얼하게 그 장면을 연출했다면 보기 힘들었을 거예요. 아시다시피 그 변기는 더러운 배설물로 가득 차 있잖아요. 상징적인 장면이죠. 당신은 마약을 하기 위해서 무슨 짓이라도 할 준비가 되어 있는가? 심지어 더러운 변기에라도 들어갈 준비가 되어 있는가?

원작에는 비속어나 방언이 많이 나옵니다. 어느 정도는 그대로 썼지만, 수정도 하고 수위를 낮추기도 했어요.

호지 가능하면 그대로 쓰려고 노력했어요. 책을 읽을 때는 무슨 말인지 모르면 언제든지 되돌아갈 수 있지만 영화에서는 그렇지 않아요. 모든 것이 단 한 번만 관객들에게 주어지죠. 또 관객들이 스코틀랜드어를 한다는 보장도 없었고요. 그래서 어느 정도는 희석할 수밖에 없었죠.

도시의 마약 문화라는 배경은 전작 〈쉘로우 그레이브〉의 고상한 에든버러 신도시와 비교해봤을 때 많이 다릅니다.

보일 원작의 매력이 마약 문화만은 아니었어요. 저에게는 마약 그 자체를 이야기하는 책으로 보였거든요. 사회가 다루는 데 실패한 부분이죠. 마약에 대한 우리의 태도는 여전히 70년대에 머무르고 있어요. 80년대 후반과 90년대 초에 사회는 변화했고, 마약 사용량도 엄청나게 증가했죠. 하지만 마약에는 여전히 오명이 붙어 있어요. 실제로 마약을 하는 사람들이 마약에 대한 일반적인 견해에 겉으로는 동의할지 모르지만, 자신들의 실제 경험은 그와 다르다는 걸 잘 알고 있어요.

우리도 자체적으로 많은 조사를 했어요. 처음에는 스코틀랜드의 마약중독자들을 조사했는데, 아주 우울한 결과가 나왔어요. 일반적인 관점에서 마약을 다룬 영화는 아무도 보러 가지 않겠구나 하고 실감했죠. 원작자 어빈 웰시가 마약을 대하는 태도도 그런 건 아니었어요. 대개는 소름 끼치고 혐오스러운 모습들만을 리얼리즘의 미명 아래 양식화해 다루고 있지만, 이 책은 흥미진진하고 재미있으면서도 마약중독자의 실제 삶만큼이나 위험하기도 해요. 사람들을 마약에 빠지게 하는 활기찬 것들이 표현되어 있기 때문이죠. 위험하면서도 모험적인 느낌들이 뿜어져 나오죠.

그런 관점이 영화의 형식에도 영향을 주었나요? 〈황금팔을 가진 사나이〉나 〈크리스티안 F.〉처럼 마약을 다룬 영화들은 하나같이 음울한 파국을 예고하고 있잖아요.

맥도널드 우리는 그런 영화를 만들고 싶지 않았어요⋯⋯

보일 (말을 끊으며) 그런 건 마약과는 아무 상관이 없어요. 마약을 하면, 정말 운이 나쁘지만 않다면 엄청나게 기분 좋은 시간을 보내게 되죠. 그런 점을 보여주고 싶었어요. 영화의 절반은 상당히 어두워요. 마약을 계속하면 삶이 어두워지기 마련이니까요. 이 영화는 그런 점도 감추려고 하지 않아요. 하지만 마약에 대한 도덕적 견해로 절뚝거리고 싶진 않았어요.

호지 영화의 전반부와 후반부의 분위기는 확실히 차이가 나요. 전반부에 일어나는 많은 일들은 마약과는 관련 없는 일들이에요. 공원에서 개들에게 총을 쏘고 회사에 면접을 보러 가는데, 주로 재미를 위한 일들이에요. 후반부까지 그런 분위기를 끌고 가고 싶진 않았어요. 마약을 하는 것과 관련된 부분이니까요. 이전에 일어났던 일들의 활기참과 그 후에 따라오는 부정적인 면을 대비시키고 싶었어요.

스타일 면에서 이 영화를 〈쉘로우 그레이브〉의 속편으로 보시나요?

맥도널드   실제로 같은 미술감독과 연출자, 촬영감독이 만든 영화예요. 원작에 이끌린 이유 중 하나이기도 한데, 처음부터 이 책은 리얼리즘이 아니라고 판단했고, 또 그렇게 만들 생각도 없었어요. 로케이션 촬영도 원치 않았고요. 이 정도 스케일의 영화를 로케이션으로 촬영한다면 아파트 단지를 통째로 사용하지 않고는 거의 불가능하니까요. 다른 저예산 영화들이 짧은 촬영 일정으로 실패하는 경우를 많이 봤어요. 촬영 기간이 6주밖에 없는데 비라도 오면 손쓸 방법이 없는 거죠. 230개의 장면이 있는 이 영화를 완성할 수 있는 유일한 방법은 스튜디오에서 최대한 많이 찍는 것이었어요. 이런 결정이 영화의 스타일에 영향을 끼쳤죠.

보일   만약 〈트레인스포팅〉을 다시 만들 기회가 주어진다면 더 많은 부분을 스튜디오에서 찍을 거예요. 리얼리즘은 영국 텔레비전 드라마나 영화의 트레이드마크 같은 기죠. 영국인들은 스스로를 억눌러 섹스와 화려한 색깔들을 축복할 만한 게 아닌 것으로 만들어버린 듯해요. 거리에 나가보세요. 영국은 건축학적으로나 지리학적으로 작은 나라여서 신비감을 만들어내기가 어려워요. 영화 스크린에 어울리는 큰 공간을 만드는 것 자체가 실제로 힘들죠. 그게 영국에서 텔레비전이 발달한 이유이기도 해요. 텔레비전에 나오는 영국의 모습들은 정말 텔레비전 화면에 딱 들어맞거든요.

그런 이미지들을 큰 영화 스크린에 확대해서 보여준다는 건 정말 어려운 일이에요. 스튜디오 촬영이라면 가능하죠. 원하는 세계를 하나 만들고 훌륭한 디자이너를 구해 와서 영국에서는 자연스럽지 않은 색깔과 공간, 움직임들을 이용하는 거예요. 실내 공간을 촬영할 때 영국에서는 주로 사람의 전신보다는 부분만 찍는 경향이 있어요. 그래서 우리는 항상 본능적으로 방을 만들어서 영화를 찍으려고 하죠. 영화 스크린은 얼굴이 아닌 인간의 육체성을 보여주기 위한 거니까요.

호지   글을 쓸 때 저는 거리 장면이라든지 많은 사람들이 서로 상호작용하는 장면을 꺼리는 편이에요. 인물들을 고립된 상태에서 생각하는 것을 선호하죠. 재판 후에 렌턴이 술집에서 나와 스웨니네 집으로 가야 할 때도 마찬가지였어요. 어떻게 그리로 가게 만들까? 버스로, 아니면 걸어서? 그러다가 아니지, 그런 것에 신경 쓸 수는 없지 하고는 그냥 담을 넘어 달려가게 했어요. 그게 더 자연스러웠거든요.

영화음악에 대해서도 말씀해주시겠습니까? 예를 들면, 약물을 과용하는 장면에서 역설적으로 사용된 루 리드의 〈퍼펙트 데이Perfect Day〉 같은 곡요. 사용 허가는 쉽게 받으셨나요?

맥도널드   악몽이었어요. 아직도 진행 중이죠. 〈쉘로우 그레이브〉나 원작 소설 덕분에 만날 수 있었던 블러, 프라이멀 스크림, 엘라스티카 같은 영국 밴드들은 트랙의 길이에 상관없이 모두 같은 금액에 허가를 내주었어요. 하지만 저는 〈퍼펙트 데이〉는 절대 안 될 거라고 했어요. 100만 달러는 족히 들 테니까요. 〈퍼펙트 데이〉를 그 장면에 사용한 건 영화 편집자였어요. 음악에 대한 감각이 정말 뛰어난 사람이죠.

보일　영국에 대해 말하면서 거리의 모습이나 불빛들이 상상력을 자극하기보다는 도덕적인 느낌을 더 주는 것 같다고 했는데요, 그런 느낌이 들지 않는 것 중 하나가 바로 영국의 대중음악이에요.

그렇다면 이 영화가 최초의 브릿팝 영화가 되는 건가요?

보일　우리는 영화가 원작에서처럼 80년대에서 끝나기를 원치 않았어요. 현재까지 이어지기를 바랐죠. 그래서 그런 음악들을 사용하기로 했어요. 어빈 웰시도 책에서 음악을 많이 언급하고 있죠.『트레인스포팅』뿐만 아니라『애시드 하우스』나『대머리황새의 악몽』같은 책도 마찬가지예요. 댄스 음악을 거쳐서 요즘 한창 유행하는 브릿팝까지 들려주고 싶었어요. 사람들의 관심을 끌 수 있도록 말이죠.

배우들에겐 얼마나 많은 권한을 주었나요? 마약을 한 상태에서 면접을 보는
스퍼드의 경우를 예로 들어볼까요?

보일　많은 부분이 이완 브렘너의 연기에 의해 이루어졌어요. 이완은 특별한 연기자예요. 연기 중에 지시사항을 쪽지에 적어준다든가 하면 바로 망쳐버리죠. 자유분방한 정신을 가진 사람이에요. 촬영 준비가 다 되면 바로 연기에 들어가게 해요. 다양한 크기의 샷으로 촬영하지만, 매번 그 장면을 처음부터 끝까지 연기하게 하죠. 그냥 쏘아대게 내버려둬요.

그를 넓은 방에 데려다가 방 끝에 있는 의자에 묶어놨어요. 그러면 그의 전체 몸짓은 그 의자에서 벗어나려는 데 집중하게 되죠. 너무 많이 움직이지 말라든가 초점을 맞출 수 없다든가 하는 말로 그를 제약해서는 안 돼요. 그런 연기자는 마음껏 하도록 내버려둬야 해요. 원하는 대로 뛰어다니게 하고 넓게 찍으면 되거든요.

우리는 배우들 위주로 화면을 구성했어요. 영화 스크린은 무척 커서 사람들이 선택해서 볼 수 있어요. 그게 바로 타란티노의 훌륭한 점이죠. 그는 보고 싶은 것을 관객이 선택하도록 하니까요. 모든 것의 틀을 미리 갖추어놓기보다는 배우들에게 맡기는 거예요.

원작 소설에 대해 강력한 여성 캐릭터가 결여되어 있고 남성우월적인 태도가 깔려 있다고 비판을 합니다. 이런 것이 문제가 되진 않았나요?

호지　네, 그 점에 대해서도 토의를 했어요. 소설은 확실히 남자아이들에 대한 이야기죠. 여자 관점에서의 이야기는 명목상 두 장章 정도만 있을 뿐이에요.

맥도널드　그 부분도 사실 그다지 좋진 않죠.

보일　존이 여자 주인공인 여학생을 위해 몇 장면을 추가했었어요. 촬영을 하긴 했지만 결국 나중에 잘라냈죠. 연기도 좋았고 장면 자체도 괜찮았지만, 영화 전체에는 어울리지 않았어요. 편집하면서 다듬고 또 다듬다 보니 빠지게 됐죠. 남자아이들 장면만큼 잘 정리돼 보이지 않더군요.

맥도널드　아마도 여자의 캐릭터를 정의하기 위해 그 장면들을 너무 무리하게 사용한 게 아닌가 싶어요. 걱정을 너무 많이 했다고 할까요.

보일　남자들에게만 있는 것이 뭘까 한번 생각해보면 참 재미있어요. 우리는 주인공이 여자를 별로 좋아하지 않는 것처럼 보일까 봐 의도적으로 여자애가 그의 성기를 보고 "별로 안 크네"라고 하는 장면도 넣었어요. 그 외에 주인공이 가지고 있는 남자만의 것은 뭘까요? 그게 바로 영화 제목이 말하는 것 아닐까요? 목록에 관한 집착 말이에요.

사람들은 모두 목록으로 이야기를 해요. 항상 자신이 성취한 것을 목록으로 작성하죠. 하나의 정신적인 태도이자 세상을 붙들려는 시도예요. 타란티노는 완벽한 트레인스포터trainspotter, 사소한 것들을 일일이 목록으로 만드는 사람예요. 그건 굉장히 남성적인 거죠. 세상은 항상 빙빙 돌고 통제로부터 벗어나려 하기 때문에 붙잡기가 힘들어요. 그래서 사소한 것들을 통해서 붙잡으려 하죠. 전형적인 남자의 태도예요. 사물들을 붙잡으려는, 우리 속에 있는 닉 혼비영국의 소설가이자 시나리오 작가. 주로 강박적인 성격의 주인공을 등장시킨다. 대표작 『어바웃 어 보이』인 거죠.

이 영화를 스코틀랜드 영화라고 생각하시나요? 스코틀랜드에서 재정적인 지원은 없었는데요.

맥도널드　프랑스에서 〈쉘로우 그레이브〉가 '스코틀랜드 스릴러영화'로 홍보되었다는 얘기를 들었어요. 흥행이 무척 잘됐죠. 프랑스 사람들은 스코틀랜드를 굉장히 이국적인 나라로 알고 있어요. 런던에 살고 있어서인지 저는 〈트레인스포팅〉을 영국 영화라고 생각하고 싶습니다. 제작자로서 이 영화가 런던 사람들의 관심을 끌 수 있었으면 좋겠어요. 런던에서 성공하지 못하면 우리는 망하거든요. 억양 같은 것들이 영화를 즐기는 데 방해가 되지 않기를 바랍니다. UCI극장에서 상영돼서 많은 사람들이 보러 왔으면 좋겠네요.

〈쉘로우 그레이브〉만큼 흥행할 수 있을지는 아직 모르겠어요. 마약이라는 소재의 한계를 넘어서야 하는데, 그다지 유쾌한 주제는 아니죠. 어떤 면에서는 여전히 스코틀랜드 영화로 보기도 해요. 칸영화제 경쟁부문에 출품된 첫 스코틀랜드 영화라고 불리면 멋지잖아요.(존 호지는 점심 약속 때문에 먼저 자리에서 일어났다.)

원작에 있던 축구나 종파에 대한 언급이 영화에는 많이 빠졌습니다. 스튜디오의
통제된 환경에서 촬영하면서 원작의 지역적 정체성을 잃어버린 건 아닌가요?
에든버러 사람들은 당신들이 그들로부터 원작을 뺏어갔다고 생각합니다.

맥도널드 그래요. 그런 사람들이 많을 거예요. 하지만 단지 에든버러
만의 문제는 아닙니다. 사람들은 항상 리스 대 에든버러, 힙스 대 하츠
같은 식으로 생각하죠. 우리의 접근 방식은 그보다는 배우들에 의해
서 결정되었습니다. 그 지역 출신의 아이들을 캐스팅할 수도 있었지만
영화의 스타일을 위해 그러지 않기로 했어요.

보일 아주 흥미로운 문제예요. 책을 읽으면서 실제 아이들을 뽑아
야 할까, 거리에서 데려온 아이들이 제대로 연기할 수 있을까 하고 고
민을 했어요. 대답은 '할 수 없다'예요. 그 장면들은 실제로 일어나는
상황을 녹음기로 녹음해서 나중에 글로 옮긴 게 아닙니다. 웰시가 인
물들의 성격을 보여주기 위해 생각해낸 고도로 양식화된 연기가 필요
한 장면들이죠. 그런 역할을 할 수 있는 연기자가 필요했어요.

이런 결정들이 약간은 양식화된 접근을 하게 만들었어요. "여기는
리스이고, 여기는 23번지다" 같은 세부적인 사항들은 피하게 만들었
죠. 물론 켄 로치 같은 감독은 다른 방식으로 접근할 수도 있을 거예
요. 우리는 항상 켄 로치라면 이 소설로 정말 재미있는 영화를 만들
거라고 얘기하곤 했어요. 정말로 다른 영화가 나왔을 겁니다.

끔찍한 장면에조차 항상 유머가 있습니다. 의도하신 건가요? 너무 음울하게는
보여주지 않겠다고 결심하신 건가요?

보일 지독하게 음울하게 보였으면 합니다. 다만 보기 힘들 만큼 끔
찍한, 일반적인 마약 세계를 보여주고 싶진 않았어요. 그건 피곤하게

만 할 뿐이죠. 유머와 광폭함 같은 어떤 활력을 담고 싶었어요. 정말로 허풍스러우면서도 영웅적인 이야기를 만들고 싶었죠. 유머를 사용하면 많은 것을 교묘히 피해 갈 수도 있고, 또 몰래 집어넣을 수도 있어요.

원작에는 계급 갈등에 대한 긴장감이 항상 느껴졌는데 영화에는 덜 표현된 것 같더군요.

맥도널드 저는 소설에서도 그게 잘 느껴지지 않았어요. 제 주의를 끄는 건 인물들이었죠. 바깥 세상에 대해서는 거의 신경이 쓰이지 않았습니다.

보일 계급에 대해서 말씀하시는군요. 이 나라에서 계급이란 정말 악몽 같은 겁니다. 특히 〈사이트 앤드 사운드〉 같은 잡지를 보자면 그렇습니다. 원작에서 제가 가장 재미있게 본 것 중 하나가 등장인물들이 어디를 가든 택시를 타는 것이었어요. 앤드루에게 "젠장, 어디를 가든 택시야" 하고 말했던 게 기억나는군요. 그게 원작에서 멋들어지게 모순된 것들 중 하나죠.

계급에 대해 재미있는 건 그것이 어떻게 정의되느냐보다는 일단 정의되고 나면 사람들이 거기에서 빠져나온다는 점이에요. 실제로 경제적인 어려움을 겪는 사람들은 자신들의 계급에서 벗어나길 바라고 빠져나올 방법을 찾게 됩니다. 현금이 좀 있으면 바로 택시비로 써버리죠. 반은 택시비로 날리고 나머지 반은 마약을 사는 데 쓰기도 하고요. 바로 그런 게 원작에 들어 있는 정신입니다. 계급에 대한 연구서가 아니에요. 자기 계급에서 도망치고 싶은 사람들은 자신들만의 무기를 준비하게 돼요. 그런 의미에서 원작은 대단히 재미있는 책이에요.

마지막에 네 명의 인물이 돈가방을 손에 넣게 됩니다. 원작에 있는 부분이긴 하지만 〈쉘로우 그레이브〉의 상황과 무척 유사해 보입니다.

맥도널드 모든 작가가 그렇듯이 존 호지도 원작을 자신의 주제에 맞게 잘 비틀어 우정과 배신에 대한 이야기로 만들었습니다. 그게 이 영화의 주제예요. 마약은 소재일 뿐이죠. 〈사이트 앤드 사운드〉에 글을 쓰려면 우리 영화를 펠리니의 〈비텔로니〉나 배리 레빈슨의 〈다이너〉국 내 제목은 〈청춘의 양지〉 같은 영화와 비교해야 해요. 기본적으로 우정에 관한 영화이고, 렌턴이 자신의 생존을 위해 어떻게 거기에서 도망쳐야 했는가에 대한 영화거든요.

렌턴에게는 상당히 사업가적인 모습이 보입니다.

보일 어빈 웰시가 실제로 그래요. 그를 조금만 알게 돼도 그가 사업가란 걸 금방 알 수 있습니다. 렌턴에 관한 것들은 거의 다 사실이에요. 어빈도 부동산업자가 되기 위해 떠났어요. 부동산 경기로 한몫 챙기기 위해 아파트를 구입했죠. 그것이 계급의 재미있는 점입니다.

세상이 어떻게 돌아가는지에 대해 편협한 생각을 갖고 있다면 이 모든 게 사실이 아니라고 생각하실 겁니다. 저는 노동자 계급의 영웅이라 할 만한 사람을 알고 있어요. 하지만 실제로 그에 대해 알게 되면 그가 꼭 그렇지도 않다는 사실을 실감합니다. 그런 정의로부터 벗어나버리죠. 우리는 그런 걸 렌턴이라는 인물 속에 반영하려고 노력했어요.

어떤 사람을 출신 배경에 묶어놓는 것은 그의 친구들이에요. 친구들에게 계속 충실하다면 말이죠. 제가 함께 자라온 사람들은 아직도 고향인, 맨체스터 근처의 래드클리프에 남아 있어요. 그들 중 몇 명은 저보다 훨씬 더 똑똑하지만 계속 고향에 남아 있습니다. 아직도 친하게 지내죠.

저는 고향을 떠났어요. 렌턴이 한 게 그겁니다. 베그비 같은 사람들에게서 벗어나야만 하죠. 렌턴은 탈출하기 위한 수단으로 돈을 이용했어요. 다시 돌아간다면 베그비가 손을 잘라버리리란 걸 알고 있으니까요. 그런 게 계급의 재미있는 점이죠. 본인의 출신 계급이 뭔지, 한 개인으로서 그것을 어떻게 극복할지 하는 점들요. 모든 사람들을 규정하는 거대하고 추상적인 의미의 계급 말고요.

〈쉘로우 그레이브〉에서는 검붉은 색깔을 주로 썼는데, 이번 영화의 색 배합은 어떤 식으로 하셨습니까? 어떤 모습을 원했나요?

맥도널드   마룻바닥에 대해서 많이 이야기했어요. 우리는 카메라를 낮게 가져가길 바랐거든요.

보일   35밀리 카메라를 마룻바닥에 놓고 촬영하는 건 무척 어려워요. 우선 세트에 천장이 있어야 하고, 마루와 천장을 동시에 보여준다는 것을 의미하니까요. 어째서 대부분의 영화가 그렇게 찍지 않는지 실감하게 됩니다. 시간이 너무 많이 걸리거든요. 하지만 우리에겐 마룻바닥에서 카메라를 꼼지락거리며 찍고 싶은 욕구를 채워줄 카메라맨이 있었어요.

먼저 그럴 만한 마땅한 이유가 있어야 하는데, 인물들이 결국 마룻바닥에 눕게 된다는 게 그 이유였습니다. 그들은 마룻바닥에 눕길 바라고, 결국엔 그리로 가게 됩니다. 인사불성으로 그냥 쓰러져 아무것도 느끼지 못하죠. 책에도 그렇게 되어 있어요. 그들은 그냥 약에 취해 쓰러져버리기만을 바라요. 색깔요? 화가 프랜시스 베이컨의 색깔들에 대해서 많은 얘기를 나눴습니다.

　　맥도널드　보라색들이었죠. 우리는 엄청난 벽지가게를 하나 발견했어요. 렌턴의 어린 시절 방에 있던 〈트레인스포팅〉 벽지를 기억하시죠? 페이즐리에 있는 가게였는데 언제 적 것인지도 모를 기막힌 벽지들이 있었어요. 저는 이 영화가 벽지를 다시 대유행시키리라 확신합니다.

트레인스포터즈

interviewer / 모니카 마우러

런던 그루초클럽에서 앤드루 맥도널드가 자신의 팀을 내게 소개한다. "저는 전화상으로는 거짓말을 잘하거든요." 그는 싱긋 웃으며 대니보일을 가리킨다. "이 친구는 배우들한테 소리치는 일을 하고, (존 호지를 가리키며) 이 친구는 침실에서 시나리오를 쓰죠." 각각 제작자, 감독, 시나리오 작가인 이들 세 명은 "영국 컬트영화의 구원자" "〈펄프 픽션〉에 대한 영국식 대응" 등의 논평을 듣고는 자기들끼리 키득거린다.

지난해 불쑥 블랙코미디 〈쉘로우 그레이브〉를 들고 나타난 이들 덕분에 사람들은 이제 자기 룸메이트를 다시는 예전처럼 대할 수 없게 됐다. 올해 그들의 영화사 피그먼트 필름즈는 〈콰드로피니아〉 이후 영국 젊은이들을 가장 흥미롭게 그린 영화 〈트레인스포팅〉을 제작했다.

어빈 웰시의 동명 소설을 영화화한 〈트레인스포팅〉은 에든버러의 마약중독자들의 삶을 환상적이면서도 악몽과 같은 것으로 그려낸다. 영국에서 가장 인기 있는 배우 이완 맥그리거가 친구들과 어울려 마

Monika Maurer, Trainspotters, *The Richmond Review*, 1996. Reprinted with permission.

약으로 정신을 못 차리는, 반영웅적인 인물 마크 렌턴 역을 맡았다. 펄프와 레프트필드, 데이먼 알반 등이 참여한 사운드트랙은 관객들을 어지러울 정도로 흠뻑 취하게 만든다. 도시의 삶을 초현실주의적으로 뛰어나게 묘사한 이 작품은 영국 영화 산업을 정신이 번쩍 들게 만들었다.

"영화는 대중적인 매체예요." 대니 보일이 자신의 주장을 강조하기 위해 몸을 앞으로 기댄다. "우리는 독특한 영화들을 더 많이 만들어야 하지만, 그렇다고 대중성을 피할 필요는 없죠."

영화는 원작의 음침함을 피해가는 대신 풍자적이며 냉소적인 유머에 집중한다. 실제로 영화의 초반 40분 동안 웃음이 끊이질 않는데, 〈크리스티안 F.〉보다는 〈캐리 온〉에 가까운 느낌이다. 하지만 주삿바늘이나 죽은 아이, 톡소플라스마증症 같은 것들이 등장하면 섬뜩한 느낌을 피할 수가 없다.

마약에 대한 비판의 수위를 조금 낮추고 싶었던 것일까? "맙소사, 절대 아니에요." 보일이 즉시 반박하고 나선다. "마약에 대한 전통적인 비판들은 그대로 들어 있어요. 단지 사람들을 쫓아버리기보다는 영화관에 와서 다시 한 번 생각해볼 수 있도록 그것들을 이용했을 뿐이에요. 마약에 대해서 솔직하려고 했기 때문에 마치 마약을 홍보하는 것처럼 보였을 수도 있어요. 굉장히 위험한 소재를 재미있는 방식으로 다루고자 한 것이 우리의 딜레마였죠. 관객들은 이런 태도를 받아들이기 힘들지도 몰라요."

웰시의 소설을 가장 먼저 접한 이는 맥도널드였다. 1994년 초 〈쉘로우 그레이브〉가 거의 끝나갈 때 즈음 그는 보일과 호지에게도 책을 소개해주었다. 『트레인스포팅』이 문고판으로 출판되어 지하철 승객들의 컬트 클래식(입소문을 타고 대중에게 어필하며 마니아 층을 이루는 인기 작품)이 되기 훨씬 전의 일이다. 맥노널드는 말한다. "뭔가 특별한 것은 마주치자마자 알 수 있는 법이죠."

그들도 처음에는 이 소설이 훌륭한 영화가 될 수 있을지 확신할 수 없었다. 보일이 지적하듯, 먼저 원작의 '알게 뭐야' 하는 식의 태도가 걸림돌이었다. 또한 복잡한 에피소드들도 영화화의 어려움을 한층 더 했다. 존 호지는 말한다. "소설을 처음 읽었을 때는 결코 영화로 만들 수 없을 거라고 생각했어요." 결국 그는 이야기를 무자비하게 조각내 인물들을 다듬고 장면들을 정리했다. 그러고는 다른 팀원들이 동의하는 부분만 남겨놓고 모두 버렸다. 보일은 말한다. "만약 우리 영화를 원작과 비교하려 한다면, 우린 두 손 들고 소설이 훨씬 뛰어나고 이런 영화 10편은 더 만들 수 있는 걸작이라고 당장 동의할 거예요."

셋 중에 보일이 가장 말이 많고 유창하긴 하지만, 나머지 두 명도 그의 말에 동의하듯 연방 고개를 끄덕인다. 맥도널드는 자기 확신에 찬 모습으로 조용히 의자에 등을 기대고 앉아 보일의 열정에 균형을 잡는다. 존 호지는 말하기보다는 듣는 편으로, 필요할 때만 부산한 말투로 자신을 피력한다. 하지만 천연덕스런 유머 감각이야말로 이들 세 명의 공통점임에 틀림없다.

〈트레인스포팅〉은 농담으로 가득 차 있다. 대사나 사운드트랙의 노랫말에 담겨 있는 것들뿐만 아니라, 이해하려면 일정 정도의 지식이 필요한 것들도 있다. 바로 영화의 카메오들이다. 원작자 어빈 웰시는 마약 판매상으로 나오고, 데일 윈튼은 텔레비전 게임쇼 호스트로 나오며, 심지어 맥도널드도 영화에 등장한다. 또한 키스 알렌은 엄청난 액수의 돈을 손에 넣는 수상한 남자로 출연하는데, 〈쉘로우 그레이브〉

에서 돈가방을 남긴 채 죽는 남자와 비슷한 캐릭터다. "일종의 농담이죠, 뭐." 맥도널드가 얼굴을 찡그리며 웃는다.

이렇듯 심드렁하게 행동할 수 있는 제작자는 많지 않다. 물론 그중 서른 살도 채 안 된 제작자는 더욱 드물다. 맥도널드는 자신의 비범한 전례를 따르고 있는데, 그의 외할아버지 에머릭 프레스버거는 마이클 파월과 함께 위대한 여러 편의 영국 영화를 제작, 각본, 연출한 사람이다.

이러한 과거의 유산이 세 명 모두에게 영향을 준 것이 사실이지만, 이들은 과거보다는 현재에 집중하고 있다. 보일, 호지, 맥도널드, 이 세 사람은 파월과 프레스버거가 만든 〈분홍신〉만큼이나 현대 대중음악과 미국 독립영화에서도 많은 영향을 받았다. 대니 보일은 펄프의 〈디퍼런트 클래스Different Class〉 앨범을 좋아한다. "앨범의 곡 대부분이 자비스 코커의 경험에서 나온 거예요. 자기 경험을 겪은 그대로 쓰는 게 바로 예술이라는 것을 실감하게 해주죠."

맥도널드가 이어서 말한다. "지금 이 나라에서 영화를 만들어야 할 사람들은 록밴드 블러예요. 펄프와 오아시스도 그렇고요. 그들은 훌륭한 시나리오를 쓰는 대신에 대중음악을 만들고 있죠."

어떤 의미에서는 펄프나 블러가 영국 팝음악을 위해 해낸 일들을 그들이 영국 영화를 위해 해주어야 한다. 어쩌면 그 이상을 해낼지도 모른다. 다음 작품은 〈인질〉이라는 제목의 젊은 남녀 이야기인데, 존호지의 두 번째 창작 시나리오다. 맥도널드는 우마 서먼을 캐스팅해서 미국 시장을 공략하고 싶어한다. 하지만 보일은 당분간은 자비스 코커와 같은 방식으로 대중의 마음을 사로잡는 것에 만족해야 한다고 말한다.

"우리는 언덕 위에서 대중이 다가오기만을 기다리고 있진 않을 거예요. 우리에겐 영화를 보기 위해 1주일에 5파운드를 쓰는 그 사람들이 중요해요. 우리 영화가 10년 후에는 아무 쓸모도 없다고 판명될지 누가 알겠어요. 그들이 다가오길 기다리기보다는 바로 지금 그들과 관계를 맺기 위해 준비할 거예요."

새로운 세대의 선택

interviewer / 키스 호퍼

인생을 선택하라. 직장을 선택하라. 가족을 선택하라. 빌어먹을 커다란 텔레비전을 선택하라. 세탁기와 자동차, CD 플레이어와 전기 깡통따개를 선택하라. (…) 젠장, 나란 놈은 누구지, 의아해하면서 일요일 아침이면 DIY 용품을 선택하라. 저기 소파에 앉아 영혼을 망가뜨리는 지루한 게임쇼나 보면서, 입에는 쓰레기 같은 음식을 처넣기를 선택하라. 결국에는 구질구질한 집에서 썩어 문드러져가며 인생의 마지막 날들을 맞이하면서, 자신을 대체하기 위해 낳은 이기적이고 버르장머리 없는 애새끼에게 당혹감이나 안겨주기를 선택하라. 미래를 선택하라. 인생을 선택하라. (…) 하지만 내가 왜 그런 것을 해야 하지?

— 〈트레인스포팅〉 오프닝 독백

내가 어떤 특정한 유형의 영화에 끌리는 이유는 아마도 큰 영화관

Keith Hopper, Trainspotting: The Choice of a New Generation, *Film West*, no. 24, Spring 1996. Reprinted with permission.

에서 상영되는 영화에 신물이 났기 때문이리라. 작년에 〈비포 선라이즈〉 〈전사의 후예〉 〈점원들〉이 있었다면, 올해는 〈증오〉와 〈트레인스포팅〉이 나의 관심을 끈다. 일견 다양해 보이는 이 영화들의 공통점은 탄탄한 캐스팅과 생기 넘치는 내러티브, 그리고 영화의 스타일과 주제가 잘 합치된다는 점이다. 또한 모두 저예산 독립영화다. 아직도 초기 단계에 머물고 있는 아일랜드 영화 산업은 이러한 사실에 주목해야 하지 않을까.

이런 영화들이 인상 깊은 이유는 아이러니하게도 저예산으로 제작된 세트 디자인 때문이다. 그들은 영화제작사의 회계사들에 의해 좌지우지될 필요가 없고, 따라서 회사의 마케팅 전략에도 영합할 필요가 없다. 이런 점은 영화 속에 묘사되는 것들에도 확실히 영향을 끼친다. 동질성이란 권력과 같은 것이다. 그래서 할리우드에서는 항상 똑같은 것들만이 반복적으로 아름답게 묘사된다. 누구나 현실은 그렇지 않다는 것을 알지만, 그렇게 해서는 아카데미상을 탈 수 없다. 결국 영화 스크린에 묘사된 삶들은 순전히 영화 속에만 존재하게 된다. 국번 555는 현실에 없는 번호이고, ET가 집에 전화를 걸 수 있는 것도 오직 영화에서뿐이다.

이것이 왜 독립영화 제작자들이 진정한 영화 예술의 생존에 필수적인가 하는 이유다. 영화 〈증오〉를 예로 들어보자. 우리는 수년간 예쁜 건물들과 나른한 대화, 무기력한 삼각관계로 점철되어온 프랑스 영화에 익숙했다. 그러다가 이 영화를 통해 어떤 생경한 언어와 사람들과 풍경을 맞닥뜨린다. 그리고 거기엔 당연히 그럴 만한 이유가 있다. 논란이 일자 프랑스 국무총리 알랭 쥐페는 자신의 내각에 이 영화를 보라고 지시하기도 했다.

그렇다고 독립영화들이 공공연히 정치적일 필요는 없다. 미디어는 여전히 메시지이기 때문이다. 저예산 영화들은 재정적인 이유 때문에 독창적일 수밖에 없고, 바로 그것이 그들을 구원하는 힘이 된다. 그들은 새로운 이야기를 말하는 새로운 방식을 찾아, 이전에는 언급된 적 없는 삶에 대해 말해야 한다. 이런 의미에서 아일랜드의 국무총리 존 브루톤은 마약에 대한 전쟁을 선포하기에 앞서 〈트레인스포팅〉을 보는 것이 좋을 것이다.

〈쉘로우 그레이브〉를 본 사람들은 〈트레인스포팅〉이 왜 그토록 기다려졌는지 잘 알고 있다. 〈쉘로우 그레이브〉는 3.5명의 배우와 100만 파운드라는 적은 예산, 그리고 영화 세트 하나만으로 병든 영국 영화 산업의 신뢰성을 회복해주었다. 물론 온건하고 보송보송한 〈네 번의 결혼식과 한 번의 장례식〉이나 고급스런 전통 의상의 〈조지 왕의 광기〉 같은 영화도 있었지만, 〈쉘로우 그레이브〉는 아주 특별한 야생적인 영화였다. 특이한 형식과 풍자적인 웃음이 뒤섞인 잡종적인 광시극으로 스릴이 넘치면서도 사려 깊다. 한마디로 주류의 의식 속에 들어와 그것을 변화시킨 컬트영화였다.

〈쉘로우 그레이브〉의 가장 중요한 점은 꽉 짜인 협력적인 생산 가치에 있다. 아주 적은 예산 속에서 관습적인 절차는 무시한 채 자기들만의 스타일 있는 언어와 독특한 문법을 개발해냈고, 시나리오와 연출, 연기, 미술, 촬영 모두 그 언어와 문법을 고수하여 결국에는 고전적인 필름누아르를 연상하게 하는 강렬하고 일관된 분위기를 창조해낼 수 있었다.

〈트레인스포팅〉에서는 같은 스태프와 연기자들이 완전히 다른 목적에서 이러한 스타일을 부활시킨다. 〈쉘로우 그레이브〉가 도덕적 딜레마에 직면한 비정한 여피족을 다룬 플롯 중심의 스릴러였다면, 〈트레인스포팅〉은 소비문화의 주변부를 배회하는 수치심 모르는 마약중독자들에 관한 에피소드 중심의 인물 탐구식 영화다.

어빈 웰시의 컬트소설 『트레인스포팅』을 각색한 이 영화는 원작을 필요에 따라 과감하게 이용한다. 원작과의 가장 큰 차이점은 주인공이자 극 중 화자인 마크 렌턴이라는 인물에 집중하고 있다는 것이다.

렌턴은 오로지 '진실하고 정직한 마약 습관'에만 헌신적인, 호감 가는 지적 허무주의자다. 영화 시작부터 그는 마약이 섹스보다 훨씬 더 좋을 뿐 아니라 심지어는 마약이 '훌륭한 인격'을 가지고 있다며 마약에 대해 경건한 태도를 보인다. 그러면서도 에이즈나 불결함, 권태 등이 중독자의 직업병처럼 되어가자 마약을 끊겠다고 내키지 않는 결심을 한다. 그러나 대부분의 친구들이 마약중독자인 현실 앞에, 평범한 삶은 끔찍하게 지루할 뿐이라는 사실을 다시 자각하며 이내 포기하고 만다.

결국 일련의 크고 작은 재난을 겪고 나서야 육체적으로, 또 정신적으로 그곳에서 탈출해야 한다는 것을 절감한다. 하지만 그가 런던으로 가서 자립을 하자마자 친구들이 다시 들이닥쳐 마약 거래에 동참하도록 그를 설득하기 시작하고, 마침내 렌턴은 탈출을 위한 마지막 시도를 하게 된다. 정신없이 혼란스러운 주변부의 삶에 대한 초현실적 찬가인 이 영화는 모든 곳인 동시에 아무 곳도 아닌 곳에서 끝을 맺는다.

이 영화의 개요를 들으면 끔찍하게 암울하고 비관적인 이야기라고 생각할지도 모른다. 하지만 영화는 다른 느낌으로 이야기를 전달하는 데 성공했다. 리얼리즘을 요구하는 도덕적인 목소리에 맞서 풍자적인 초현실주의를 선택한 것이다. 이런 형식은 영화를 만든 사람들의 철학을 반영한 것이기도 하다. 어빈 웰시는 말한다. "사람들은 우리가 살아 가는 세상을 〈네 번의 결혼식〉에서처럼 온화한 곳으로 표현하는 데 신물이 나 있어요. (…) 그렇다고 〈트레인스포팅〉을 사회의 억압적인 환경에 대한 반응으로만 보는 건 이 작품에서 영혼을 빼앗고 등장인 물들을 피해자로 만드는 일일 뿐이에요. 나는 그들이 피해자라고 생 각하지 않아요."

이러한 피해 의식의 거부는 영화의 무정부주의적인 사상을 잘 보여 주는데, 그런 사상은 주인공 렌턴을 통해 적절하게 표현된다. 그에게 는 모든 것이 개똥 같다. 민족 정체성 또한 민족주의라는 상징주의 대 용품에 대한 거짓 충성심에 지나지 않는다. "나는 한 번도 영국인이라 고 느껴본 적이 없어. 영국인이 아니니까. 영국은 추하고 인위적이지. 스코틀랜드인이라고 느껴본 적도 없어. 용감한 스코틀랜드? 웃기고들 있네. (…) 우린 영국 귀족의 똥구멍이나 핥을 특권을 놓고 서로 목 졸 라 죽이려고 할 뿐이야."

이 시점에서 경고 한마디를 해야겠다. 이런 대사가 부담스럽다면 집 에서 만화나 보는 편이 훨씬 낫다. 또 그들의 언어가 그런대로 견딜 만 하다 해도, 마약중독자인 이들이 신체 기능에 집착한다는 점에 특별 히 주의하라는 당부의 말도 하고 싶다. 토하고, 사정하고, 똥을 싸는 모습들이 이 영화의 중심적인 장치가 되기 때문이다. 정치적인 표현으 로서의 이런 편향된 유머 감각이 모든 이의 기호에 맞진 않겠지만, 어 쨌든 상스럽기보다는 영리하게 사용되었다. 영화의 초현실주의적 스타 일 속에서 이런 유머는 이상하게도 웅변적이기까지 하다.

그러나 리얼리즘 전통을 무시하는 이면에는 주목할 만한 도덕적이 고 전통적인 이야기가 놓여 있다. 그의 부도덕한 허무주의에도 불구하고 주인공 렌턴의 삶은 희망과 자유를 찾아 떠나는 악한의 여정으로 그려진다. 영화는 설교하기를 단호히 거부하는 대신 만족과 고통의 차이를 확실히 보여준다. 예를 들어 렌턴이 마약을 주사할 때는 그의 만족감이 냉혹한 카메라에 의해서 객관적으로 외면화되는 반면, 마약을 끊을 때의 위험과 고통은 그로테스크한 이미지들의 시퀀스를 통해 내면화된다. 그리고 약물을 과용할 때 흐르는 루 리드의 노래 〈퍼펙트 데이〉는 영화를 만든 사람들이 자신들의 의도와 책임을 충분히 자각하고 있음을 보여준다.

이런 장면들은 또한 이 영화의 장점과 약점을 모두 압축하고 있는 듯하다. 영상은 의도와 잘 맞아떨어지면 굉장히 강력해지지만, 그렇지 않으면 헐겁고 일화적인 느낌만 줄 뿐 경솔한 자신만만함의 부산물처럼 보이게 된다. 그럼에도 불구하고 나는 이 영화가 마음에 들었다. 현대 영화라는 진흙탕 속에서 〈트레인스포팅〉은 모방할 만한 영화 만들기의 모델을 제시하고 있다.

영화를 선택하라. 할리우드를 선택하라. 빌어먹을 상상력 없는 블록버스터를 선택하라. 극단적인 폭력과 외설, 여성혐오증과 인종차별, 동성애혐오증을 선택하라. 따분한 자동차 추격신과 애달픈 성형 미인들을 선택하라. 영혼을 파괴하는 지루한 스너프 영화를 선택하고, 냉소적인 상투어들과 잘난 체하는 진부한 말들을 얼굴에 처발라라. 타락한 기계처럼 그 더러운 기분을 깔고 앉아, 망쳐버린 아메리칸 드림의 판타지 위에 오줌을 갈기듯 차라리 마지막 실업수당을 집어던져라. 조엘 실버와 조 에스터하스, 아놀드 슈워제네거와 실베스터 스탤론을 선택하라. 하지만 왜 그런 것을 해야 하지? 인생을 선택하라. 〈트레인스포팅〉을 선택하라.

〈트레인스포팅〉이 '〈쉘로우 그레이브〉 팀의 최신작'으로 알려져 있는데, 이런 형태의 협력 작업을 계속할 생각인가요?

존 호지의 시나리오로 새로운 프로젝트를 준비 중이에요. 좀 더 주류에 속하는 독특한 러브스토리인데, 미국이 배경이죠. 영화 세트 때문에 더 많은 예산이 필요할 것 같아요. 하지만 예산을 합리적으로 유지하면서 가능하면 같은 사람들을 많이 고용하려고요. 촬영은 미국에서 하지만 영국으로 가져올 테니까 영국 영화로 남겠죠. 그건 중요한 일이에요. 제작비의 대부분이 미국에서 왔지만 영국 영화라고 떠들어대는 〈조지 왕의 광기〉 같은 영화를 생각해보세요. 우리는 원칙적으로 영화의 재원을 영국에서 마련하기를 바랍니다.

소문처럼 〈에일리언 4〉가 다음 작품이 아니었나요?

글쎄요. 얘기가 오고 가다가 갑자기 너무 심각해지는 것 같아서 발을 뺐어요. 정말 훌륭한 프로젝트고 관련된 사람들도 모두 뛰어나지만 규모가 워낙 커서 한참 미리 준비해야 해요. 솔직히 우리가 잘해낼 수 있는 일이 아니라고 생각했어요.

사람들이 〈트레인스포팅〉과 〈쉘로우 그레이브〉에 대해 비교를 많이 하고 있습니다. 제가 보기에 명백한 관련성은 영화 세트의 양식화된 공간에 있는 것 같은데, 이런 느낌은 재정적인 이유에서 나온 건가요, 아니면 미학적인 고려에서 나온 건가요?

저예산 영화에서 미학적인 고려는 예산 문제와 분리될 수 없어요. 〈쉘로우 그레이브〉를 만들면서 100만 파운드로 어떻게 하면 영화를 가장 잘 만들 수 있는지 알게 됐죠. 운도 좋았지만 선택을 잘하기도 했어요.

촬영 스튜디오를 활용하면 충분히 가능하다는 걸 알았죠. 영국에서 로케이션 촬영을 하면 돈과 시간을 너무 많이 허비하게 돼요. 날씨가 변덕스럽기도 하고, 당국이나 시민들이 촬영에 그다지 우호적이지 않으니까요. 예산이 순식간에 사라져버리죠. 우리는 두 편의 영화를 만들면서 실외 장면은 최대한 적게, 빨리 찍었고, 나머지는 스튜디오에서 촬영했어요.

그게 〈트레인스포팅〉의 실외 장면들, 특히 런던에서의 장면에서 영화 전체의 강렬함이 잘 느껴지지 않는 이유이기도 합니다.

무척 온당한 지적이에요. 다시 말씀드리지만, 영국에서 로케이션 촬영은 악몽이에요. 그래서 심플하게 찍고 끝내버리자고 결정했죠. 1000만 파운드의 예산이라면 얘기가 달라요. 하지만 150만 파운드의 예산에서는 자신의 야망에 분별력을 가져야만 해요.

동시에 건강한 원동력이 될 수도 있겠죠. 〈섹스, 거짓말 그리고 비디오테이프〉나 〈저수지의 개들〉 같은 독립영화들이 확실히 그러한 제약의 결과로 더욱 양식화됐잖아요. 그런 제약이 이런 영화를 더 매력적으로 만드는 게 아닐까요?

그럼요. 경력 초기에는 좋은 훈련이 될 수도 있어요. 그러나 그런 상황에만 계속 머문다면 거꾸로 가는 에스컬레이터를 탄 꼴이 되죠. 가만히 서 있으면 반대 방향으로 가게 되니까요. 그런 제약은 다음 사람에게 넘기고 앞으로 나아가야 해요. 기력이 쇠할 때까지 그렇게 계속 가는 거죠.

더 많은 제작비가 생기면 감독님의 트레이드마크인 실내 장면에도 변화가 올 거란

말씀인가요?

네, 그래요. 다음 영화는 미국을 배경으로 하기 때문에 실외 장면들이 더 많을 테고, 따라서 약간 변화가 있겠죠. 하지만 지금까지 쌓아온 영화적 감각과 톤은 변하지 않을 거라 생각해요.

그런 감각은 연극을 했던 경험에서 오는 건가요?

분명히 큰 영향을 받았어요. 장편영화를 하다 보면 연극을 통해 얻은 경험들이 유용하다는 걸 느끼죠. 반면에 텔레비전 경험은 그렇지 않아요. 텔레비전 드라마를 하면서 배운 것들이 도움이 될 거라고 생각할지 모르지만 실제로는 영화에 그다지 적합하지 않아요. 스케일에 대한 감각이 완전히 다르죠. 연극에서의 경험은 배우들과 작업할 때도 큰 이점이 있어요. 배우들은 종종 감독으로부터 완전히 단절될 때가 있거든요. 그럴 때는 문제가 심각하죠.

〈트레인스포팅〉에서 깜짝 놀란 것 중 하나가 창의적인 촬영 방식이었습니다. 특히 앙각 쇼트가 무척 낯설었는데, 그런 식으로 사용된 건 본 적이 없었어요.

처음부터 카메라를 바닥에 두기로 결정했죠. 인물들이 어디에 있건 결국 마룻바닥에 눕게 되니까 카메라도 거기서 기다려야 했어요. 그게 이 영화의 가장 기본이 되는 미학이었고, 촬영 내내 그걸 지켰어요. 미리 계획한 후 촬영감독에게 분명하게 알려줘야 바닥에서 카메라를 어떻게 움직일지 생각해낼 수 있죠. 정말 어려웠지만 시도할 만한 가치가 있었어요.

이런 형식이 영화의 주제에 적합하다고 생각하십니까? 비평가들은 초현실적인

표현주의보다는 사실주의가 훨씬 더 효과적이었을 거라고들 하는데요.

괜찮은 선택이었던 것 같아요. 물론 같은 원작에서 다른 영화들이 나올 수 있어요. 켄 로치 버전이나 로버트 알트만 버전이 있을 수 있죠. 우리 영화는 우리들만의 심미적 관점일 뿐이니까요. 어빈 웰시가 소설에서 야심 차게 시도했던 것들을 영화에 반영한 것 같아서 흥미로웠어요. 그는 이후의 작품에서 그런 과장된 현실감을 훨씬 더 많이 사용하거든요. 그가 우리 시나리오에서 마음에 들어한 점은 초현실적인 쪽으로 방향을 잡았다는 것이었어요. 무척 고무적인 일이었죠.

알트만을 언급하시다니 재미있네요. 에피소드 중심의 원작은 〈숏 컷〉풍에 더 적합해 보이거든요. 왜 렌턴을 영화의 중심에 놓으셨습니까?

그의 이야기에만 결말이 있다는 게 직접적인 이유였어요. 렌턴은 소설에서 가장 중요한 인물은 아닐지 몰라도 이야기에 확실한 결말을 주니까요. 그리고 렌턴의 캐릭터가 어빈 웰시 자신일 거라고 생각했어요.

비평가들은 마약에 대한 감독님의 중립적인 태도를 지적하는데요, 정말로 중립적이신가요?

현대사회에서 마약에 대해 설교하는 것은 별로 의미가 없다고 봐요. 특히 요즘 같은 후기 엑스터시 사회에서는 사람들은 그런 설교에 관심이 없어요. 80년대 후반과 90년대 초반의 경험들이 마약에 대한 일종의 새로운 관념을 만든 거 같아요. 헤로인과 엑스터시를 비교하려는 게 아니에요. 사람들이 실제로 마약에 대해서 많은 걸 알게 되었다는 거예요. 영화관에 오는 사람들이 바로 그들인데, 우리가 그들보다 더 잘 안다고 주장하면서 가르치려 들면 되겠어요? 그러면 정작 그들은 소외시키고 마약이란 저주받은 것이라고 생각하는 나이 든 세대나 만족시켜주는 꼴이 되잖아요. 마약에는 만족과 위험이 동시에 따라오죠. 어렸을 때는 위험보다는 만족에 더 관심을 갖게 되고요.

그런 면에서 감독님의 영화에서는 불균형 같은 것이 느껴집니다. 만족보다는 오히려 위험을 더 강조한 것 같아요.

솔직히 말해서 이 영화는 마약을 상당히 전통적인 관점에서 보여주고 있어요. 유일한 차이라면 초반부에 실제로 기분을 좋게 하려고 마약을 사용한다는 점을 보여준 것뿐이에요. 그 정도도 인정하지 않는다면 마약을 하는 사람들을 그저 바보들이라고 주장하는 게 되죠.

영화는 헤로인 중독이 절정을 이루던 80년대 중반을 배경으로 전개되다가 레이브 문화가 시작되는 시기에 끝을 맺는데요. 어떤 의도에서 거기서 끝낸 건가요?

영화 속의 노래들이 현대 브릿팝이었기 때문에 그 시기로 넘어간다고 보신 것 같아요. 하지만 특정 시대를 다룬 영화로 보지 못하도록 의도적으로 모호하게 했어요. 마약 문화의 정말 잔인하고 모순된 점은 바로 자신이 최신 유행이라고 생각할 때 이미 구식이 되어버린다는 거예요. 팝 음악만큼이나 빠르게 변화하죠.

레이브 문화 덕분에 헤로인이 다시 유행하고 있습니다. 감독님의 영화가 E세대들에게 이미 컬트영화로 추앙받고 있다는 점을 생각해보면 〈트레인스포팅〉이나 〈펄프 픽션〉 같은 영화들이 결국에는 역설적으로 헤로인을 지지하고 정당화하지는 않을까요?

최근에 한 신문사에서 중요한 리서치를 했는데, 전국에서 200~300개의 엑스터시 알약을 구해서 성분을 분석했어요. 그런데 단 한 개의 알약에서도 환각 성분인 MDMA가 검출되지 않았죠. 전부 쓰레기인 셈이에요. 엑스터시가 위험한 건 바로 그 때문이에요. 어디서 읽거나 남에게 듣지 말고 저희 영화를 처음부터 끝까지 직접 보고 나면 분명히 알게 될 거예요. 이 영화는 헤로인에 손대는 것이 위험하다는 것을 명확하게 보여주고 있어요. 또한 사람들은 바보가 아니고 스스로 선택할 줄 안다는 점도 보여주고 있고요.

아무리 그러고 싶어도 다른 사람들을 위해 대신 선택해줄 수는 없어요. 고층 건물에 대한 비판과도 비슷하죠. "우리는 사람들이 원하는 게 뭔지 알아요. 고층 건물 속에 넣어버립시다. 그러면 다들 좋아할 겁니다!" 우리는 고층 건물을 짓는 사람들의 이런 사고방식을 주로 비판해요. 하지만 꼭 그렇지만도 않아요! 고층 건물에 사는 사람들은 자신들의 선택이 이런 사고방식에 의해 조정되었다 하더라도 스스로를 피해자로 생각하지는 않아요. 이것은 어빈 웰시가 소설에서 계속 주장하는 것들 중 하나예요. 문제의 원인을 부모들의 잘못이나 아파트 단지의 문제로 보지 않아요. 그들 스스로가 선택한 거니까요.

그런 면에서 가장 마음에 들었던 것은 렌턴이 피해 의식에 쉽게 빠져드는 걸 거부하는 모습이었어요. 식민주의와 스코틀랜드 사람들에 대한 그의 독백에 잘 나타나죠. 민족주의에도, 그 반대 진영의 관습적인 사상에도 반대를 합니다.
(웃으며) 그래요, 정말 멋지지 않나요? 이 영화는 많은 것들을 담고 있는데 사람들은 항상 마약에 대해서만 얘기하려고 해요.

그럼 마약 이야기에서 벗어나볼게요. 영화 사운드트랙에 대해서 말씀해주세요.

몇몇 부정적인 사람들은 사운드트랙을 팔아보려는 얄팍한 수작이라고도 하는데요.

솔직히 마케팅의 한 부분인 건 사실이에요. 정당한 비판이긴 하지만 개인의 취향 문제이기도 해요. MTV에 반대하는 게 잠시 유행한 적도 있었어요. MTV에 호의적인 감독은 쓰레기 같은 영화만 만든다고 비난했죠. 저는 그런 관점에 전혀 동의할 수 없어요. 우리는 친구들을 위해 영화를 만드는 게 아니에요. 상업적인 일이기에 영화관에 오는 사람들을 위해 만들죠. 주로 16세에서 30세 정도의 관객들을 염두에 두고 만듭니다. 젊은 관객들은 여러 종류의 정보를 한꺼번에 받아들일 준비가 돼 있어요.

사운드트랙이 영상과 너무 잘 어울리는 건 아닌가요? 스코시즈나 타란티노는 소리와 영상을 의도적으로 부조화하게 사용해서 놀라게 하는데요. 어떤 비평가들은 감독님 방식을 게으르고 정형화된 것이라고 주장할지도 모릅니다.

솔직히 맞는 말이에요. 어떤 부분에서는 슬쩍 넘어가려고 음악을 사용하기도 했어요. 하지만 스코시즈도 마찬가지일 거라고 장담합니다. 단지 그가 훨씬 더 잘할 뿐이죠. 네, 약점이기도 하고 속임수이기도 해요. 하지만 선곡할 때는 순수하게 본능을 따랐어요. 잘 팔릴 사운드트랙이나 만들려던 건 아니고, 이기 팝에서부터 요즘 음악까지 영화의 스토리라인에 잘 어울리는 곡들을 골랐어요. 어떤 곡들은 다른 곡들에 비해 훨씬 효과가 좋아요. 왜 그런지는 모르겠어요. 저는 최선을 다했고, 평가는 여러분의 몫이에요.

영화 속의 수많은 '똥' 모티브들이 무척 재미있었습니다. 어째서 이 메타포가

전면에 수없이 등장하는 건가요? 어린 시절에 변기 사용 훈련을 제대로 못
받으셨나요?

(웃으며) 책에도 나와 있는 거예요. 변비에 대한 강박증인데, 등장인물
들의 삶에 중요한 부분이에요. 그들은 몸에 집착하면서 몸을 화학물
질을 재활용하는 대리인 같은 것으로 여겨요. 그리고 화학물질이 몸
에 끼치는 영향도 중요시하죠. 마약을 하면 발기가 될 때도 있고, 안
될 때도 있고, 또 발기된 상태가 지속될 때도 있으니까요……. 이런 육
체에 대한, 항문에 대한 세부 사항에 전적으로 집착하죠.

그런 걸 중요한 상징으로 생각해서 영화 속 모든 것에 적용하려는 사람들도
있습니다. 심지어는 영화에서 스코틀랜드가 '진짜 똥'으로 언급되는
이유를 국가를 상징하는 전통적인 심벌이 보잘것없다는 데서 찾기도 하죠.
〈브레이브하트〉나 〈롭 로이〉 같은 영화에 묘사된 스코틀랜드에 대해서는 어떻게
생각하세요?

이 질문에는 살짝 거리를 두어야 할 것 같네요. 저는 아일랜드 혈통이
긴 하지만 어쨌든 영국 맨체스터 출신이거든요. 그래서 어떤 경우에는
스코틀랜드 사람인 제 파트너들의 의견을 존중해서 함께 작업해야 하
죠. (…) 〈브레이브하트〉는 굉장히 좋아해요. 대단히 정치적인 영화라
고 생각하고, 주인공이 사람들을 고취하는 방식이 마음에 들었어요.

어떤 아일랜드 사람들은 〈브레이브하트〉의 정치의식이 무척 부실하다고
생각합니다. 인종주의에다 동성애혐오증, 반反영국적인 태도 같은 것들 때문에요.

정말인가요? 무척 어려운 문제네요. 저는 이야기에 분명한 확신을 갖
고 힘 있게 만든 영화들을 존경해요. 반면에 〈롭 로이〉의 우울한 태도

에는 솔직히 관심이 안 가요. 그렇지만 궁극적으로는 취향의 문제가 아닐까 생각해요. 저는 단지 사람들이 저희 영화를 좋아해주길 바랄 뿐이에요.

모든 미친 짓에 대한 송가

interviewer / 앤 번스

〈트레인스포팅〉이라는 이름의 열차는 컬트소설로 스코틀랜드의 슬럼가를 출발해서 지하철 이용객들의 극찬 속에 손에서 손으로 전해지더니, 영국 웨스트엔드에서 연극으로 상연되며 점점 더 속도를 내기 시작했다. 그러다가 이제는 유럽에서 크게 성공한 영화라는 거창한 수식어와 함께 미대륙을 향해 전속력으로 달려오는 중이다. 그렇다면 변기 속으로 뛰어드는 스코틀랜드 마약중독자들이 등장하는 이 영화가 미국 보수주의의 대명사 일리노이 주州의 피오리아에서도 과연 상영될 수 있을까?

"미국에서도 잘될지는 의문이에요." 몇 달 전만 해도 대니 보일 감독은 이렇게 생각했다. 이 영화에 대한 광고와 기사가 쉴 틈 없이 쏟아지는 지금은 생각이 달라졌을까?

"솔직히 아직도 잘 모르겠어요." 보일은 껄껄 웃는다. 7월 19일에 있

Anne Burns, Train Conductor: The Director Who Dared to Violate the Just Say No Code, *Salon.com*, July 15, 1996.

을 〈트레인스포팅〉의 개봉을 앞두고 언론 시사회가 열리는 로스앤젤레스에 도착한 그는 작년에 〈쉘로우 그레이브〉라는 짓궂은 영화 한 편으로 순진한 관객들을 놀라게 했다. 헝클어진 머리의 보헤미안 같은 모습을 한 이 쾌활한 감독은 로스앤젤레스와 왠지 어울리지 않아 보인다.

"난생처음 자동차로 미대륙을 횡단했는데, 이곳 사람들은 어딘가에 속하길 바란다는 느낌이 들었어요." 보일은 말한다. "이 영화는 어디에도 속하고 싶지 않은 사람들에 대한 이야기예요. 영웅적이지도, 평범하지도, 성실하지도 않은 사람들인데, 환상이 깨지는 걸 너무 자주 경험했기 때문이죠. 이런 영화가 피오리아나 네브래스카 같은 곳에서 상영되는 걸 상상하기는 힘들어요. 하지만 모르겠어요, 상영됐으면 좋겠네요!"

〈트레인스포팅〉은 지난 5월 칸영화제 비경쟁부문에 출품되어 예상 밖의 인기를 끌었고, 〈네 번의 결혼식과 한 번의 장례식〉 다음으로 영국 역사상 가장 많은 수익을 낸 영화로 기록되었다. 미국에서도 흥행에 성공할지는 장담할 수 없지만 많은 논쟁을 불러일으킬 영화임에는 틀림없다. 격노한 기독교 연합인들의 혀 차는 소리가 클지, 아직 선거권도 없는 젊은이들의 환호성이 더 클지는 두고 볼 일이다.

평론가들은 악한을 소재로 한 이 냉혹한 이야기에 찬사를 보냈다. 이러한 찬사로 인해 관객들은 마약에 대해 영화가 보여주는 감상적이지도, 비판적이지도 않은 태도에 더욱 당황할 것이다. 이러한 태도는 영화의 오프닝에 나오는 주인공 마크 렌턴의 독백에 잘 요약되어 있다. "나는 삶을 선택하지 않기를 선택했지. 뭔가 다른 것을 선택한 거야. 이유가 뭐냐고? 이유는 없어. 헤로인이 있는데 누가 이유 따위를 필요로 하나?"

보일은 편견 없는 관점이 훨씬 더 복잡한 관점이며, 의식적으로 감독의 사회참여라는 역할을 피했다고 말한다. "메시지를 전달하려는 구식 영화였다면 렌턴은 마지막에 죽었어야 해요. 심각한 마약중독자이고, 어떤 면에선 비열한 사람이니까요. 하지만 그는 슬며시 떠나버리죠. 반면에 영화 맨 마지막에 선한 인물이 하나 나오는데, 가장 먼저 죽어버려요. 공정함 대신 혼란만 넘쳐나는 세상인 거죠."

렌턴과 그의 친구들은 관광객들을 털어 마약을 사고 난동을 피워댄다. 그리고 마약을 변기에 빠뜨리자 그 더러운 변기 속으로 뛰어들기까지 한다. 지독해 보일 수도 있겠지만, 어빈 웰시의 원작 소설에 비하면 훨씬 얌전한 수준이다.

작년에 30대의 은둔자 웰시는 한 인터뷰에서 이렇게 말했다. "제 소설은 마약이 더 이상 특별하지 않다는 걸 인정하고 있어요. 마약과 술은 80년대 마가렛 대처 체제에서 덜 오락적인 것, 그러니까 평범한 삶의 방식 같은 걸로 변모했어요. 그 밖에도 할 수 있는 게 많아졌기 때문이죠."

소설에서는 영화보다 높은 수위로 80년대 중반 스코틀랜드의 믿기 어려운 실업률과 마약 사용의 증가를 대처의 정책 때문이라고 비난한다. 마약 사용이 걷잡을 수 없게 된 에든버러는 "유럽의 에이즈 수도"로까지 불리게 되었다.

이 별난 베스트셀러는 책보다 마약을 더 좋아하는 영국의 클럽광들 사이에서 일종의 필독서가 되었다. 그리고 연극은 여러 차례 스코틀랜드에서 공연된 후 런던으로 건너가 〈쥐덫Mousetrap〉이 장기 공연 중인 화려한 극장가로부터 한 블록 떨어진 곳에서 상연되었는데, 외설적인 유머로 평론가들을 깜짝 놀라게 했다. 일간지 〈이브닝 스탠더드〉는 "이 연극은 인간의 비극을 감싸 안기 위해 쾌락주의의 한계를 넘어섰다"라고 선포했다. 〈인디펜던트〉는 그보다는 덜 매료된 듯 "이미 제거된 악성 종양마약에 대한 일종의 '현실 도피'"라고 평했다. 미국 샌프란시스코에서는 두 번이나 연장 공연되었는데, 에든버러 캐슬펍 위층에 자리한 극장의 공간이 턱없이 부족해 수백 명의 관람객들이 발길을 돌려야만 했다.

요즘 미국에는 〈트레인스포팅〉과 관련된 상품들이 넘쳐난다. 〈트레인스포팅〉 시나리오(배우들의 강한 스코틀랜드 억양 때문에 어려움을 겪는 사람들에겐 좋은 자료다), CD, 심지어 티셔츠도 있다. 그리고 서점에서는 미국에서 이번에 처음 출간된 웰시의 원작 소설도 쉽게 찾아볼 수 있다. 이런 것들이 최근에 부는 스코틀랜드류流를 실감하게 해준다.

스코틀랜드 예술가들 또한 이러한 열기에 일조하고 있다. 제임스 켈먼은 1994년에 소설 『너무 늦었지, 너무 늦었어』로 영국 최고의 문학상인 부커상을 수상했다.(영국에 대한 언어적 조롱 행위로서 켈먼도 웰시처럼 스코틀랜드 토착어로 글을 쓴다.) 그리고 앨런 워너, 고든 레기, 과격파 페미니스트 재니스 갤러웨이 등의 젊은 작가들도 켈먼과 웰시의 뒤를 바짝 뒤쫓고 있다.

영화 쪽에서는 〈브레이브하트〉와 〈롭 로이〉 같은 역사 서사물들이 선동적인 내용으로 더욱 불을 지폈다. 대니 보일 또한 그에 못지않게 격정적인 사람이다. 그는 데뷔작 〈쉘로우 그레이브〉로 평론가들의 극찬을 받았고, 할리우드 블록버스터 영화 〈에일리언 4〉의 연출 제의를 거절하여 더욱 점수를 얻기도 했다.("저는 스토리보드 같은 건 안 만들어요"라며 보일은 어깨를 으쓱한다.)

보일은 240만 달러의 저예산으로 컬트소설을 힘들게 영화화한 이유가, 그 소설이 자신의 인생을 바꾸어놓았기 때문이라고 말한다.

"정말로 그랬어요. 그 책은 하나의 충격이었고, 제가 인생을 바라보는 방식을 바꿔놨죠. 굉장히 중요한 작품이라고 생각해요."

그는 작가 존 호지를 설득해 원작을 각색하도록 했다. 존 호지는 〈쉘로우 그레이브〉의 시나리오를 쓴 뛰어난 작가다.

"존을 설득하는 데 한참 걸렸어요." 보일은 말한다. "뛰어난 소설을 90분짜리 영화로 만드는 건 엄청나게 힘든 일이죠. 정말 사람 기죽이는 일이에요."

소설이나 연극 모두 지속적인 내러티브보다는 에피소드 중심으로 구성되어 있었기에 특히나 어려운 작업이었다. 호지는 영화의 이야기를 거의 처음부터 다시 만들어야 했다. 영웅도 아니고 단순한 범죄자도 아닌 극 중 인물들을 현실감 있게 그려내는 일은 아슬아슬한 곡예 같았다고 보일은 회상한다.

"마약을 다룬 영화 중에 구스 반 산트의 〈드러그스토어 카우보이〉를 가장 좋아해요. 마약중독자들을 살아 있는 인간으로 다루고 있기 때문이죠. 본인이 중독자가 아닌 이상, 그런 사람들을 괴물이나 변종, 돌연변이처럼 보기가 쉬워요. 소설 『트레인스포팅』은 이런 사람들도 우리 사회의 일부분이라는 걸 다시 한 번 일깨워주죠."

그는 영화에 마약을 반대하는 태도가 부족하다고 비난받으리라는 것을 충분히 예상했다. 오히려 영화는 잠시나마 좋은 기분을 느끼고자 사람들이 마약을 한다고 배짱 좋게 얘기한다. 그렇다면 감히 이렇게도 말할 수 있을까? 마약에 빠진 영화 속의 이 아이들은 지금 그저 재미를 보고 있을 뿐이라고.

"그들이 사는 세상은 끔찍하고 우울하지만, 거기엔 뭔가 신나는 일도 있는 법이죠." 보일은 말한다. "그들이 하는 짓들, 결국엔 그들을 파괴하고야 말 그런 행동들을 합리화하려는 게 아니에요. 그들의 젊은 영혼을 찬양할 뿐이죠. 그러니까 이 영화는 젊음에 대한 영화이고, 20대에나 할 수 있는 모든 미친 짓에 대한 송가예요. 마약을 찬양하는 게 아니에요. 우리 모두에게 존재하는 어떤 영혼을 기리는 영화죠. 나이나 직업, 마약 같은 것들이 그 영혼을 부숴버리기 전에 말이에요."

〈인질〉(1997)

네 방식대로 하라!

interviewer / 톰 채리티

"유명해지는 것 따윈 관심 없어!" 카메론 디아즈는 생각했다. 미국 유타 주에서 우스꽝스런 납치 장면을 찍고 있을 때였다. 정말 우연히도 지금 촬영 중인 이 독립영화가 그토록 고대하던 〈트레인스포팅〉의 후속작이라는 것과 그녀의 상대역이 다음 〈스타 워즈〉 영화에서 오비완 케노비 역을 맡을 배우라는 것, 그리고 감독 대니 보일은 시골 가라오케에서 시드 비셔스의 노래를 부르는 이상한 사람이라는 것을 제외하고 말이다. 왠지 이 영화의 제목원제, A Life Less Ordinary(덜 평범한 인생)이 하나의 예언 같다는 느낌이 든다.

이보다 더 나빠질 수는 없겠지. 로버트는 지난 24시간 동안 직장과 여자친구를 잃었고, 집도 날렸다. 위스키를 여러 잔 들이켠 후 그는 바텐더 알에게 칼을 가져다 달라고 한다. 그러고는 펜을 꺼내 탁자 위에다 원을 하

Tom Charity, Fame? They Can Keep It, *Time Out London*, October 1-8, 1997, issue 1415.
Reprinted with permission.

나 그린다. 원을 둘로 나누고 한쪽에는 '자살', 다른 쪽에는 '복수'라고 쓴다. 로버트는 칼을 돌린다. 칼은 '자살'이라고 쓴 곳에 멈춘다.

알 : "삼세판으로 해야 하지 않을까……"

— 영화 〈인질〉의 삭제된 장면에서

"맙소사, 이 영화가 정말 마음에 안 들었군요, 그렇죠?" 보일이 당혹감에 얼굴을 움찔하며 말한다. 소호 유니온 클럽에서 감독 대니 보일과 프로듀서 앤드루 맥도널드, 시나리오 작가 존 호지를 마주하고 앉아, 나는 변명을 해대며 계속 자리를 지켰다. 마음에 들지 않았던 것은 아니다. 대담하고 재미있었다. 때로는 신나기도 했다. 단지 많이 웃지 않았을 뿐이다. 그리고 솔직히 감동을 받지는 못했다. 맞다. 내 마음에 쏙 들진 않았다.

시사회가 시작되기 전, 맥도널드는 기자들에게 영화에 쏟아지는 기대에 대한 부담감을 토로했다. 그리고 자신들도 이제는 한 번쯤 혼이 날 때가 되었고, 어찌 되었건 이 영화도 채널4에서 제작한 또 하나의 저예산 영화일 뿐이라고 말했다……. 영화에 대해 잘 알고, 누구보다 영화를 좋아하는 사람들이 더 이상 영화를 천진난만하게 즐길 수 없다는 것은 참으로 고통스러운 역설이다. 더욱이 자신이 꿈꾸는 영화를 만든다는 건 훨씬 더 어려운 법이다…….

〈트레인스포팅〉 팀의 최신작 〈인질〉은 수년간 영국에서 제작된 영화 중 가장 기대되는 작품이었다.(이 영화가 영국 영화라면 말이다. 1200만 달러의 제작비는 20세기 폭스사와 폴리그램에서 투자했다.) 〈쉘로우 그레이브〉의 스릴과 〈트레인스포팅〉의 마약에 대한 논란을 겪은 후여서인지 〈인질〉은 기지개를 켜는 듯한 작품으로 느껴졌다. 일종의 주류 로맨틱코미디물이라고나 할까?

이완 맥그리거가 연기한 로버트라는 인물은 미국에서 청소부로 일하며 야망을 불태우는 스코틀랜드인 소설가다. 어찌하다 하룻밤 사이에 모든 것을 잃게 된 그는 한계점에 다다른 나머지, 무턱대고 사장의 딸 셀린(카메론 디아즈 분)의 납치극을 꾸미게 된다. 하지만 그녀는 어렸을 때 납치된 적이 있었던 터라 납치에 대해서는 오히려 로버트보다 더 많이 알고 있었다. 이렇게 시작된 두 사람의 적대적인 로맨스는 로버트의 예상을 넘어 훨씬 더 걷잡을 수 없는 지경으로 치닫는다.

보일은 지난 1995년 11월 〈타임아웃〉과의 인터뷰에서 데이비드 린 감독의 말을 인용하며 이렇게 말했다. "관객들에게 지울 수 없는 흔적을 남기려면 작가의 의도를 처음 3분 이내에 알려줘야 해요." 〈쉘로우 그레이브〉는 카메라가 에든버러의 거리를 맹렬한 속도로 내달리며 황급히 시작된다. 영화는 '도회적임' '긴박함' '지금'을 말하는 듯하다. 〈트레인스포팅〉 역시 시작하자마자 주인공 마크 렌턴이 경찰관들에게 바짝 뒤쫓기며 프린스 가街를 정신없이 내달린다.

그렇다면 이번 영화는 어떨까? 〈인질〉은 밝고 새하얀 천국에서 시작된다. 그리고 댄 헤다야가 가브리엘 천사로 나온다.(헤다야가 누구던가? 〈블러드 심플〉에서 배신당한 남편으로 나왔던, 온종일 수염이 거뭇거뭇하게 나 있는 그 구질구질한 할리우드 성격파 배우다. 그는 촬영 전 자신의 하얀 경찰복에 커피를 엎지르자 손에 든 설탕 도넛으로 쓱 문질러 닦아냈다고 한다!)

시나리오를 쓴 존 호지는 모든 것이 하얀색이라는 것만 빼면 천국은 미국 경찰서와 똑같은 모습이리라 상상한다. 가브리엘 천사 헤다야는 지상에 사랑이 부족하다는 점을 우려하여 두 명의 에이전트 홀리 헌터와 들로이 린도를 급파한다. 이미 추측했겠지만 셀린과 로버트를 짝지어주는 일이 그들이 수행해야 할 미션이다.

세 편의 영화를 간략히 정리해보니 보일·맥도널드·호지 트리오의 의도를 대략 알 수 있을 것 같다. 그들을 대신해서 선언문을 하나 거칠게 요약해보자. 첫 번째는 그들의 팀워크다. 이기주의가 만연한 영화 산업 내에서 이들 트리오는 단결된 모습을 보여주며 촬영감독 브라이언 투파노, 미술감독 케이 퀸, 편집자 마사히로 히라쿠보, 배우 이완 맥그리거 등과 함께 협력적인 관계를 만들었다. 맥도널드의 외할아버지 에머릭 프레스버거가 마이클 파웰 감독과 오랫동안 유지했던 생산적인 동업자 관계가 그 모델이 되었다.

두 번째는 속도감 있는 미학이다. 대담하고 현대적이며 새로운 경지를 개척하려고 늘 노력한다. 그들은 코언 형제나 스코시즈의 빠르고 유동적인 이미지에 항상 주의를 기울이는데, 이것이 〈셸로우 그레이브〉와 〈트레인스포팅〉에서 영국 영화에 만연된 무미건조함을 찾아볼 수 없는 이유다.

세 번째로 그들은 더 많은 관객에게 다가가려는 시도를 부끄러워하지 않는다. 맥도널드는 〈인질〉을 계약할 때 예술적 통제권은 유지하면서 가능한 한 많은 돈을 미국으로부터 받았다. 하지만 그들은 무엇보다도 스스로에게 충실하려고 했다. 보일은 지난 1995년 나에게 이렇게 말한 적이 있다. "〈트레인스포팅〉은 아주 적은 돈으로 만들 거예요. 많은 관객들이 좋아할 영화는 아니니까요. 그다음 작품으로는 존이 쓴 〈인질〉을 하려고 해요. 제목원제 〈덜 평범한 인생〉이 멋지죠? 사람들이 영화를 보러 가는 이유잖아요. 현실보다는 좀 더 나은 것을 꿈꾸러 극장에 가니까요."

이런 연유로 예상 밖의 기이한 영화가 나온 것이다. 그리고 〈인질〉은 분명히 영화 〈천국으로 가는 계단〉과 〈멋진 인생〉, 그리고 코언 형제의 납치극에 빚을 지고 있다.

"런던의 날씨는 어때요?" 맥그리거가 애타는 마음으로 물었다. 유타의 솔트레이크시티는 딱히 그가 좋아할 만한 곳은 아니다. '건조한'(이곳에서는 알코올이 든 음료를 사려면 허가가 필요하다) 모르몬교의 땅에서 3개월간의 촬영에 지친 그가 푸념한다. "하늘은 아름다운데 도시는 참 뭣 같군."

11월의 오후, 눈이 약간 날렸다. 하지만 콜 시트call sheet, 다음 날 촬영 작업의 개요를 적은 기록에는 교외에 있는 주택 안이 덥고 축축하다고 나와 있다. 그 건물은 무미건조해 보이는 외관 덕택에 선택되었다. 헤어스타일이 평소보다 더 제멋대로인 보일이 자리에서 튀어 오르며 묻는다. "런던 날씨는 어때요?"

기본적인 촬영이 거의 다 끝났는데도 맥도널드는 여전히 형이상학적인 캐스팅 문제 하나로 골머리를 앓고 있다. 단역이긴 하지만 하느님 역할을 도대체 누가 맡을 것인가? 첫 번째 후보 숀 코너리는 제의를 거절했다. 오손 웰즈는 만날 수조차 없었지만, 어쨌든 어떤 감독이 그 역할을 하게 된다면 자기가 욕을 먹을 게 뻔하다. 별 확신 없이 우피 골드버그의 이름도 거론됐다.

"성명서를 하나 발표하려고요." 맥도널드가 이야기한다. "폴리그램이 배급하는 지역에는 유럽 출신 하느님으로, 폭스가 배급하는 지역에는 미국 출신 하느님으로 하는 거죠. 우린 아치 게밀이나 자비스 코커가 했으면 좋겠지만……." 1년 후에 완성된 영화가 그들의 해결책을 보여준다. 전능하신 하느님은 결국 대본에서 사라져버렸다.

시나리오 초안에는 스코틀랜드와 프랑스가 영화의 배경이었다. 그러나 〈트레인스포팅〉이 놀라운 성공을 거두고 있을 즈음 배경이 미국으로 불가사의하게 바뀌어 있었다. 미국의 '스케일과 힘' 때문이라는 게 그 이유였다. 이번 작품에서는 거의 모든 것을 결정할 수 있는 권한이 그들에게 주어졌다. 그래서 그들의 오랜 소망 가운데 하나인 카메론 디아즈를 캐스팅할 수 있었다.

나는 새벽 3시에 사견 하나를 호지에게 들려주었다. "모든 것이 뭔가 암시적이지 않나요? 할리우드에서 온갖 방법(샤론 스톤, 〈에일리언 4〉, 기타 등등)을 동원해 당신들을 유혹하고 있을 때, 당신들은 스코틀랜드인 소설가(예술가)에 관한 영화를 만들었죠. 더욱이 그는 아름답고 부유한 미국 여자(미국 시스템)를 납치하는데, 오히려 그녀는 자신의 목적을 위해 그를 다시 역이용(영화)하잖아요! 게다가 그 여자의 이름이 '셀린'처분한다는 뜻의 selling-out에 빗대어 한 말이라니요!" 호지는 당황한 듯 잠시 침묵하다가 실토한다. "당신이 결국 풀어내셨네요!"

카메론 디아즈를 처음 보았을 때 나는 그녀인지 확신할 수 없었다. 보일이 맥그리거와 스탠리 투치를 데리고 다음 촬영 장소로 이동하는 동안, 그녀는 다른 스태프들과 마찬가지로 조용히 눈에 띄지 않게 카메라 뒤에 쪼그리고 앉아 있었다. 분명 매력적이긴 하지만 〈엠파이어〉나 〈맥심〉 같은 잡지들이 떠들어대는 "세상에서 가장 섹시한 여자"의 아우라를 가지고 있진 않았다. 알고 보니 그녀는 스타가 되기를 갈망하는 사람이 아니었다. "유명해지는 것 따윈 관심 없어요!" 그녀는 다시 한 번 강조한다. "그런 건 정말 관심 없어요. 유명해지면 좋은 점보다 나쁜 점이 더 많다고 생각해요. 훨씬 더요."

"무신경하게 들리겠지만 어쨌든 그녀는 좋은 사람이에요." 맥도널드가 보증하며 나선다. "이완 같은 사람이죠." 아마도 이것이 그가 할 수 있는 최고의 찬사이리라.

보일이 두 주연배우와 함께 솔트레이크에 있는 가라오케에 쳐들어갔던 이야기를 들려주었다. 〈트레인스포팅〉이 한창 상영 중이었는데도 사람들은 이완을 알아보지 못했어요. 카메론에 대해선 어떻게 그런 여배우가 이런 곳에 있는지 믿지 못하는 분위기였죠. 그녀가 단골손님이 아닌 건 확실했어요. 먼저 이완과 카메론이 무대에 올라가 바비 다린의 〈비욘드 더 씨Beyond the Sea〉를 불렀어요."

디아즈가 이야기를 이어갔다. "그러고는 대니가 올라가 유타의 카우보이들을 위해 노래를 한 곡 불렀어요. 시드 비셔스의 〈마이 웨이My way〉를 있는 힘을 다해, 머리가 쭈뼛 설 정도로 불러 젖혔죠. 술집에 있던 카우보이들이 다트도, 당구도 멈추고 전부 돌아서서 이 사람이 노래하는 걸 지켜봤어요. 만약 '사람'이라고 부를 수 있다면요. 우린 완전 열광했어요!"

리버스 앵글로 찍기 위해 카메라를 이동하는 동안 잠시 휴식 시간이 있었다. 맥그리거는 말보로 라이트를 한 대 달라고 하고, 디아즈는 〈프리미어〉에 실린 래리 플린트의 사랑의 정의를 큰 소리로 읽는다. "나의 할아버지는 할머니의 침실로 들어가 그녀에게 꽃을 하나 건네면서 그녀의 얼굴이 마치 아름다운 5월 같다고 말했다." 보일이 다가와 그녀의 담배꽁초를 빼앗아 한 모금 피운다. "그거 괜찮은데……." 맥그리거가 자신 없는 투로 말한다. "포르노 제작자가 그렇게 말했다고? 정말 근사해!" 보일은 습관적인 열정 어린 투로 말한다.

"그렇죠? 그러고는 열 살 때 자신이 어떻게 학대받았는지 얘기하네요…….” 디아즈는 바보같이 웃으면서 자기 담배를 도로 빼앗는다. 이 것이 감독이 다시 전장으로 돌아가기 전 60초 동안의 정상적인 대화 였다.

맥그리거가 슬며시 사라지고 나자 디아즈가 나를 돌아보며 말했 다. “어제 산 그림 보실래요?” 그러고는 경매 카탈로그를 가져와 추상 화 한 점을 가리켰다. 한 변에 원이 그려진 회백색의 직사각형 그림이 다. “알아요, 남근 닮았다는 거”라며 불필요한 변명을 한다. “전화로 샀 어요.” 그럼 카탈로그만 보고 그림을 구입했다는 말인가? “네, 하지만 경매하는 데는 예전에 가본 적 있어요. 지난여름에요. 그림 한 점만 사 려고 했는데 일곱 점에다 가구도 잔뜩 사고 말았죠. 카탈로그만 보고 살 수 있어서 참 좋아요. 경매는 중독성이 있거든요.”

“난 카메론 디아즈를 이해할 수가 없어.” 〈타임아웃〉 편집인이 나에 게 불만을 토로했다. 그 문제에 대해서는 여러 가지 해답이 가능하겠 지만, 칭찬할 만한 것은 이것이 그녀가 자기 자신에게 던진 질문이란 점이다. 〈인질〉의 촬영을 마친 지 1년이 지났는데도 그녀는 아직 다른 영화를 하지 않고 있다. “그녀는 정말 분별력 있는 사람이에요.” 맥도널 드가 말한다. “작품 제안이 없어서가 아니라, 제 생각엔 단순한 삶을 찾고 있는 것 같아요. 트레일러와 메이크업의 삶이 정신을 산만하게 한다고 하더군요. 자신이 변하는 게 느껴진대요. 최선의 방법은 잠시 모든 걸 멈추는 거죠. 우리들도 다 마찬가지예요.”

“지난 2년 동안 꼬박 일만 했어요. 이젠 좀 놀러 다니고 싶어요.” 런 던에서 다시 만났을 때 디아즈는 자신의 생각을 소박하게 이야기했다. “연기하는 건 좋아하지만 참 피곤한 일이에요. 인상 찌푸리는 데도 이

젠 신물이 났어요. 화려해 보이겠죠. 하지만 영화를 찍을 때 저는 삶 전체를 잠시 대기시켜놔야 해요. 정해진 예산과 일정에 따라 세트장에서 하루에 열두 시간에서 열네 시간씩 일하도록 고용되죠. 때로는 그렇게 1주일에 엿새를 일하기도 해요. 그러면 자기 자신과 가족들을 위한 시간은 전혀 없어요. 그런 것에 더 많은 시간을 할애하고 싶어요. 다시 말해서 당분간 일은 전혀 안 할 생각이에요."

참으로 희한한 경력이다. 석유 회사 대표이자 부동산 중개인인 쿠바계 미국인의 딸로 태어나 열여섯 살에 모델 일을 시작했고, 3년 후 집을 떠나 스물한 살에는 운 좋게도 영화 〈마스크〉의 여주인공 역을 맡았다. "저는 늘 웃어요. 그래서 살이 안 찌나 봐요. 그때도 엄청 웃었어요. 우리 모델들은 시키는 대로 하는 것에 익숙해서 영화도 그냥 그렇게 했죠. 짐 캐리와 척 러셀과도 무척 즐거웠어요. 우리 부모님이 어디에 가야 이 영화를 볼 수 있느냐고 그들에게 물었던 기억이 나네요. 바보! 영화관에 가면 되잖아! 2000만 달러짜리 영화를 한다는 게 무슨 의미인지 전혀 개념이 없었죠."

〈마스크〉의 벼락 성공 이후 그녀는 자신을 연기자로서 증명하고 싶었다. 적은 예산의 영화들에 조연으로 신중하게 출연했는데, 아마도 대중적으로 망신당할 필요 없이 연기 영역을 넓히려는 시도였으리라. 출연했던 거의 모든 영화들이 실패작이었다. 〈그녀를 위하여〉〈필링 미네소타〉〈키즈 투 툴사〉, 그리고 이번 주에 개봉하는 〈섹시 블루〉. 아마도 〈마지막 만찬〉이 약간 예외일지는 모르겠다.

그러나 영화가 실패할수록 그녀는 더욱 눈에 띄었다. 작년에 미국 극장주연합회에서는 그녀를 '내일의 스타'로 선정했다. 그녀의 첫 번째 메이저급 영화인 〈내 남자친구의 결혼식〉에서 보여주는 매력적이고 위엄 있는 모습은 그런 기대를 충족해줄 것이다. 그렇다 하더라도 〈인질〉의 변덕스런 셀린 역할은 전혀 뜻밖이었다. 장차 불행의 빌미가 되는 셀린은 이내 로버트를 통제한다. 그가 스코틀랜드인 특유의 공손함 때문에 몸값을 요구하는 데 어려움을 겪자, 셀린이 직접 나서서 뛰어난 기교로 자신의 아버지를 협박한다. 영화 〈인질〉에서 가장 눈부신 부분은 바로 그녀다.

"〈마스크〉 이후로 카메론은 항상 우리의 위시리스트에 있었어요." 보일이 회상했다. "우리는 그 영화의 대단한 팬이거든요. 그런 점이 그녀에게 일종의 상징적인 지위를 주었는데, 셀린 역을 위해서도 의미 있는 일이었죠. 그런데 그녀가 줄리아 로버츠와 영화를 찍고 있어서 만날 수가 없었어요. 하는 수 없이 머지않아 스타가 될 거라는 예쁜 배우들은 죄다 만나고 다녔죠. 모두 끔찍했어요. 시나리오를 보고 그저 즉흥적으로 감정 연기를 할 뿐이었죠. 특정한 리듬을 가진 대본에는 완전히 오리무중이었어요. 경험들이 없기 때문이에요. 연극도 안 해보고 고등학교에서 바로 왔으니까요. 외모가 좀 출중하다 싶으면 성공하리라 믿고 곧장 에이전트에게 달려갔겠죠. 그들 중 어느 누구도 셀린 역을 할 수 없었어요. 그러다 드디어 카메론이 왔는데, 바로 그녀라고 확신할 수 있었어요. 외모만 보고 평가해서는 안 돼요. 그녀를 캐스팅한 게 이 영화를 위한 최고의 결정이었어요."

디아즈는 말한다. "셀린과 개인적으로 관련지을 수 있는 건 많지 않아요. 그녀는 은행강도잖아요! 전형적인 여성 캐릭터가 아니죠. 근데 그게 매력적이었어요. 피해자인 척하지만 다 자기 이익을 위해서 그러는 거죠. 다음번에 무슨 일을 벌일지 결코 알 수 없어요. 사실 그녀가 처음에 저지른 일 때문에 저도 깜짝 놀랐어요."

디아즈가 지적하듯이 〈인질〉은 "음악과 액션, 놀라움"으로 움직인다. "미국 관객들은 뭔가 움직이는 걸 소유하고 싶어하잖아요." 하지만 더 많은 대중을 사로잡으려면 그것만으로는 충분치 않다. 이 영화는 그 자체로는 너무 난해하고, 유머는 영국적이며, 전체적으로 지나치게 공상적이다.

하지만 이 영화가 첫눈에 마음에 안 든다고 무슨 문제가 되겠는가. 맥도널드의 DNA영화사(영국 복권 기금을 받은 세 곳 중 하나)는 앞으로 6년 동안 1년에 세 편씩 영화를 만들 계획이다. 하지만 지금까지 받은 500여 개의 시나리오 중에는 만들고 싶은 영화가 단 한 편도 없었다. "앤드루는 알렉스 갈란드의 『비치』를 대안으로 생각하고 있어요." 호지가 심드렁하게 말한다. "〈인질〉의 성공 여부에 따라 〈비치〉를 태국에서 찍을지, 스코틀랜드의 스카이 섬에서 찍을지 결정되겠죠."

나는 맥그리거에게 운명을 믿는지 물어보았다. "아니요. 전부 다 미리 계획되어 있다면 이 모든 것에 무슨 의미가 있겠어요. 미래는 우리에게서 와요. 전부 우리가 만드는 거죠." 주연 여배우가 동의하지 않는다. "운명이 아니었다면 우리가 어떻게 이 땅에 올 수 있었겠어요? 그래요, 난 점을 보러 다녀요. 아니요, 내 사주가 어떤지는 말하지 않겠어요. 왜 이래요? 내가 혹시 애를 갖게 될까, 남편감은 누굴까 이런 게 더 궁금한 거죠? 안 돼요, 그런 건 얘기해줄 수 없어요!"

나는 둘 다 틀렸다고 생각한다. 운명이란 오직 과거시제에만 해당한다. 현재는 항상 도박 같은 것이고. 그렇다면 미래는? 미래에 대해 우리는 전혀 알 수 없다. 영화 속의 남자가 말하듯 모두들 천국에 가기를 바라지만 죽길 바라는 사람은 아무도 없다. 그 와중에 대니 보일은 확실히 정도를 걷고 있다. 네 방식대로 하라!

덜 평범한 팀

interviewer / 벤 톰슨

영화 〈인질〉은 낯설다. 심지어 시나리오를 쓴 작가도 그렇게 생각한다. 하지만 그런 의견은 〈트레인스포팅〉을 만든 트리오에게는 대수롭지 않은 창의적인 이견일 뿐이다.

사진사가 손가락을 흔들자 대니 보일, 존 호지, 앤드루 맥도널드 세 사람은 마지못해 2층 사무실 창가에 자리를 잡는다. 이들이 〈쉘로우 그레이브〉와 〈트레인스포팅〉, 그리고 정체불명의 미국적인 모험영화 〈인질〉의 배후에 있는 트리오다. 허풍 떨기 좋아하는 영화계의 자연법칙에 따르면, 세 사람은 사진에서 가장 좋은 자리를 차지하기 위해 다퉜어야 한다. 그러나 그와는 정반대로, 어느 누구도 관심의 초점이 되길 원치 않았다.

그들의 겸손함에는 특정한 방식이 있다. 감독, 시나리오 작가, 프로듀서라는 각자의 자아를 법률회사의 사무 변호사들처럼 하나의 단위

Ben Thompson, A Team Less Ordinary, *The Independent*, October 17, 1997. Copyright The Independent 1997.

속에 감춘다. 실제로 일을 처리하는 방식을 반영하듯 하나의 정체성을 만들어내는 것이다. 맥도널드는 말한다. "대부분의 평론가들은 감독이 모든 일을 하는 줄 알아요. 연출뿐 아니라 시나리오도 쓰고 제작도 하고요. 잘못된 생각이에요. 미국에서 제의가 들어왔을 때 〈트레인스포팅〉의 마법을 원한다면 우리 셋을 한꺼번에 싼값에 가져가라'고 했어요."

나를 위한 모두, 모두를 위한 나. 이렇듯 이론적으론 안정돼 보이는 이들의 관계에도 여전히 갈등의 소지는 많다. 장난삼아 사람 좋던 보일이 더 이상 예전 같지 않다고 말하니 조용하던 호지가 농담조로, 하지만 날이 선 말투로 이렇게 빈정댄다. "그는 한 번도 좋은 사람이었던 적이 없어."

호지는 〈인질〉의 시나리오 서문에서 의미심장한 일화 하나를 넌지시 언급한다. 〈에일리언 4〉에 대한 솔깃한 제의가 들어왔을 때, 보일과 맥도널드가 할리우드의 한 수영장에서 그에게 전화를 걸어 "너를 보내주려고(to let you go), 아니 내 말은, 너에게 알려주려고(to let you know) 전화했어"라고 말실수를 했다는 것이다. 이 인터뷰를 하던 시기에 보일은 호지의 서문을 읽지 않은 상태였다. 그가 읽게 된다면 분명히 문제가 발생할 것이다.

또 다른 잠재적인 분쟁의 원천을 찾아내는 것은 어렵지 않다. 〈트레인스포팅〉의 성공 이후, 맥도널드는 자신들도 이제는 "혼쭐날 때가 되었다"라고 본인의 판단에 따라 공표했다. 이런 맥락에서 〈인질〉 속에 담긴 메시지를 '할 수 있으면 한번 와서 덤벼보시지' 정도로 해석해볼 수 있겠다.

〈쉘로우 그레이브〉와 〈트레인스포팅〉의 특징인 사운드와 움직임, 색

채 등의 정교한 조합은 〈인질〉에도 여전히 풍부하게 담겨 있다. 하지만 이전 두 작품이 장르의 경계선을 안정되게 넘나들었던 반면, 이번 영화는 도로를 이탈한 삼륜차처럼 그 경계를 미친 듯이 통과해 달린다.

신의 명령을 받은 두 명의 메타텍스트적 천사들등장인물인 천사들이 시나리오 작가처럼 영화의 전개에 직접 개입한다는 의미이, 버르장머리 없는 상속녀와 가망 없는 스코틀랜드인을 사랑에 빠지게 만든다. 곧이어 총알이 날아다니고, 신의 뜻은 결국 이루어진다. 카메론 디아즈의 연기는 최근 다른 출연작들에 비해 훨씬 좋았지만, 이완 맥그리거는 텔레비전 드라마 〈ER〉에 게스트로 출연했을 때와 거의 같은 모습이다.

시사회 때 런던 거리에 스크럼을 짠 보도진들이 다소 어리벙벙해하던 것도 당연하다. 어리둥절함은 여기서 그치지 않는다. 이 작품의 시나리오 작가조차 〈인질〉의 최종판을 보고 나서, 데이비드 린치의 〈트윈 픽스〉 이래로 가장 이상한 영화를 본 것 같아서 감동받았다고 말했다.(맥도널드는 미국 배급사들이 이것에 대해 별로 기뻐하지 않았다고 토를 단다. 그러자 호지는 자신의 의견에 단서를 단다. "하지만 난 〈트윈 픽스〉를 좋아해.")

출판된 영화 시나리오란 관광 명소의 기념 티셔츠와 비슷하다. 상상력 없고 무능한 사람들이 자신도 그곳에 갔다는 것을 강조하기 위해 쓰는 방법이다. 그러나 〈인질〉의 경우는 다르다. 시나리오 자체를 읽는 것도 무척 재미있다. 그리고 '영화에서 삭제'되었다고 표시된 부분들이 실제로 영화를 좀 더 말이 되게 만든다.

그렇다면 〈인질〉을 만든 사람들도 이런 부분을 삭제한 것이 잘못이었다는 데 동의할까? 보일이 사과하듯 말을 꺼낸다. "대개 잘 안 나온 부분들을 잘라내죠. 제대로 찍히지 않았거나, 연기나 연출이 좋지 않거나 대본대로 안 됐으면 빼버려요. 그런데 그런 장면들을 일단 잘라내고 나면 그 과정 자체를 또 정당화해야 해요. 몇 가지 다른 것들을 다시 바꾸면서 애초에 잘라냈던 이유를 만들어내기 시작하죠."

보일은 자신이 얼마나 조심성 없이 이야기하고 있는지 깨닫고는 미소 짓는다. "다시 보니까 이 영화의 좋은 점 하나가 눈에 들어오더군요. 바로 형식의 자유로움이에요. 다른 사람들도 그걸 느낄 수만 있다면 이해하기 어려운 부분조차 즐길 수 있으리라 믿어요. 데이비드 린치의 영화들과는 다른 방식으로요. 그의 영화보다는 가볍죠. 하지만 꽤 자유로워요. 그리고 그런 점을 정당화하자면," 그가 크게 웃는다. "남녀가 사랑에 빠진다는 게 원래 그렇잖아요."

영화가 남녀의 로맨스보다는 액션에 더 로맨틱한 태도를 보인다는 것에는 동의할까? 보일이 다시 웃는다. "그게 연애하면서 겪는 문제 아닌가요?"

〈인질〉은 많은 사람들이 좋아할 순 있어도 절대로 〈트레인스포팅〉과 같은 영향은 주지 못할 것이다. 맥도널드가 지적한다. "이 영화에는 〈트레인스포팅〉과 같은 사회적, 문화적 친밀감은 없어요." 처음에는 무책임하고 위험하다고 인식되었던 영화가 어느새 영국 문화의 기성품이 되어버렸다는 주장은 어떻게 생각할까? "영국적인 전통에서 봤을 때 그건 팝 음악이나 패션이라면 가능하겠지만, 영화 자체는 그러기 힘들어요. 영국과 영화는 항상 연이 먼 사이였죠."

하지만 〈트레인스포팅〉의 훌륭한 점은 당대의 문화에 반응하고 참여하면서 영화를 사회에 조금 더 가깝게 만든 것에 있지 않았나? 보일은 그것이 가능했던 건 우연이 아니라고 생각한다. "한번 생각해보세요. 비틀스 이래로 이 작은 나라의 뮤지션들이 이루어낸 것을요. 믿기 어려울 정도예요. 영국에서는 표현하고 싶은 게 있으면 밴드를 결성하면 돼요. 하지만 그런 에너지가 미국과는 달리 영화 쪽으로는 거의 스며들지 않았죠."

"영국에서 영화를 만드는 사람들은 연극인들이나 BBC 방송국 사람들이었어요." 맥도널드가 이어간다. "영화는 '제대로 돈이 마련되어야'만 할 수 있는 것이고, 그게 얼마나 어려운 일인지 모두들 불평만 해댔죠. 미국에서는 스파이크 리나 케빈 스미스(〈점원들〉을 만든 감독)가 영화를 만들면 사람들이 보러 가거든요. 여기서는 단 한 편의 영화에도 그런 일이 생긴 적이 없어요. 그런 이상적인 상황에 가장 가까웠던 경우는 아마도 〈세상에서 가장 운 나쁜 사나이〉일 거예요."

복권 기금과 텔레비전 방송국들의 영화제작 지원, 〈트레인스포팅〉의 성공에 따른 자신감의 충만 등 여러 가지 요인들 덕분에 이제는 상황이 나아진 것 같다. 그들이 열어놓은 틈을 통해 국내 제작사들의 게릴라 부대들이 속속 늘어나고 있는 상황이다. 이런 시기에 그들이 관심을 다른 곳으로 돌린 것은 합리적일 뿐만 아니라 건강하고, 심지어는 반드시 필요한 일이기도 하다. 〈인질〉이 움직임의 미학을 통해 영국 영화계를 지배하던 사회참여적 영화들로부터 단절을 이루어낸 일은 환영받을 만하다.

미국 중서부의 위대한 자연이 영화 속에서 이토록 매력적이었던 적이 있을까? "우리는 미국 영화를 보며 자랐기 때문에 마음속에 그 영화들의 풍경이 자리 잡고 있어요." 보일이 설명한다. "바로 그곳에 가고 싶었어요. 약간 상투적일지는 몰라도, 유타 같은 장소는 대단히 인상적이에요. 평생 작은 섬나라에서 살아온 사람이 그런 공간에서 길을 잃는다는 건 상상조차 하기 힘든 일이죠."

하지만 길을 잃진 않았다. 자신들의 작업실을 그대로 미국으로 옮겨 가서는 투자자들에게 수익을 줄지도 모를 굉장히 특이하고 재미있는 영화 한 편을 만들고, 명성과 우정에 손상을 입지 않은 채 다시 집으로 돌아온 것뿐이다.

보일이 자랑스럽게 말한다. "그동안 함께 작업했던 세 편의 시나리오는 내가 지금까지 읽거나 본 어떤 것과도 닮지 않았어요. 아직까진 그게 좋은 점이에요. 물론 마지막까지 좋을지는 오직 시간만이 말해주겠죠."

그는 〈인질〉이 어떤 작품으로 기억되길 바랄까? "사람들이 〈뉴욕, 뉴욕〉 같은 작품으로 여기게 될 거라고 생각해요."

죽기 아니면 살기

interviewer / 사이먼 해튼스톤

조금은 경박해 보이는 젊은이가 대니 보일과 존 호지 그리고 앤드루 맥도널드를 소개한다. 이들은 영국에서 가장 잘나가는 영화제작팀으로 〈쉘로우 그레이브〉와 〈트레인스포팅〉을 만들었다. 정중한 박수 소리가 들린다. 우리는 지금 영화 〈비치〉의 시사회 때문에 아일랜드의 더블린에 와 있다. 이곳에서 개봉한 영화 중 가장 규모가 크다고 한다. "그리고 또 한 분의 깜짝 게스트! 환영합니다, 레오나르도 디……" 모두 가슴이 두근거린다. "……카프리오 씨는 오늘 밤 오지 못하셨네요." 아쉬움의 한숨 소리가 홀을 가득 채운다.

〈비치〉의 제작비 5000만 달러 중 거의 절반이 주연배우인 레오나르도 디카프리오에게 들어갔다. 그는 단순한 주연배우가 아닌, 영화 그 자체다. 몇 년 전만 해도 디카프리오를 캐스팅하는 것은 그리 대단한 일이 아니었다. 〈길버트 그레이프〉〈바스켓볼 다이어리〉〈로미오와 줄

리엣〉 등의 독립영화에 출연한, 촉망받는 배우일 뿐이었다. 그런데 〈타이타닉〉에서 그만 대형 사고를 치고 말았다. 그 영화로 디카프리오는 과거를 잃고, 대신 온 세상을 얻었다.

지금 이들은 영화의 공식 개봉에 앞서 홍보를 위해 팝 스타들처럼 전국 투어를 하는 중이다. 차이가 있다면 리드 보컬을 집에 두고 온 록 밴드처럼 보인다는 것이다. 보일이 말한다. "지난번 벨파스트에서는 아무도 질문을 안 하는 거예요. 알고 봤더니 주최 측에서 디카프리오에 대한 질문을 못 하게 했다더군요. 재미있죠?"

보일은 아직도 어린 시절을 보낸 랭커셔 지역의 억양으로 말한다. 그리고 베리 FC_{맨체스터의 베리를 연고지로 하는 축구팀}가 믿을 만한 축구 클럽이던 시절에 대해서도 종종 이야기한다. 시나리오를 쓴 호지와 프로듀서 맥도널드는 스코틀랜드 출신의 30대 중반으로, 보일보다는 몇 살 아래다. 이들 삼총사는 〈쉘로우 그레이브〉와 〈트레인스포팅〉, 단 두 편으로 영국 영화의 풍경을 바꾸어놓았다. 팽팽한 긴장감이 감도는 풍자극으로, 음악으로 치면 3분짜리 팝송 같은 작품들이다.

자신들이 곧 선언문을 발표할 것이라는 소문을 듣고는 삼총사가 웃음을 터뜨린다. 하지만 근거 없는 소문만도 아니다. 이들은 자신들이 원하는 것과 원치 않는 것을 정확히 알고 있기 때문이다. 맥도널드는 그들 이전에 나온 영화 가운데 좋아하는 영화 세 편을 고르는 편이 훨씬 쉽다고 한다. 싫어하는 영화가 워낙 많기 때문이라면서, 〈히트〉 〈롱 굿 프라이데이〉 〈그레고리의 여자〉, 세 편을 꼽았다.

"처음부터 예술영화는 만들 생각이 없었어요. 예술영화관에 숨어 사는 건 너무 쉬운 일이에요." 보일은 말한다. "'영화가 이해가 안 된다고? 이건 너희 같은 멍청이들을 위한 영화가 아니야' 아마 이런 태도가 싫었던 거겠죠." 보일은 자기가 얘기하는 바를 누구보다 잘 알고 있다. 그만큼 예술가연을 할 수 있는 배경을 가진 이도 드물다. 우중충한 고전영화 상영관에서 루이 브뉘엘과 클로드 샤브롤의 영화에 열중하며 청소년기를 보냈고, 그 후 급진적인 연극의 본고장 로열 코트 극장에서 수년간 연극 연출을 한 사람이기 때문이다.

그렇다고 주류 상업 영화를 만들고 싶지도 않았다. 스파이크 리나 코언 형제, 스티븐 소더버그 같은 미국 독립영화 작가들의 잡종적인 스타일을 열망했다.

맥도널드에 따르면 당시 영국의 영화 제작자들은 일종의 진공상태에서 영화를 만들 수밖에 없었다고 한다. "관객이 누구인지도 이해하지 못했어요. (…) 25세 미만의 사람들인데 그걸 이해하는 게 그렇게 어려운가요? 토니 블레어는 자신의 관객을 정확히 알고 있었어요. 관객이 누구인지 확신이 서자 그는 바로 덤벼들었죠."

삼총사도 같은 방식을 따랐다. 하지만 이들을 직접 만나보면 관객을 무자비하게 상품화하는 모습과는 생판 다른 느낌이다. 내가 방에 들어섰을 때 보일은 남성우월적인 영화제작 문화에 대해 투덜거리고 있었고, 호지는 너무 내성적이라 보이지도 않았다. 맥도널드는 만들고 싶은 1001개의 영화에 대해 떠들어대다가 자신의 괴짜 같은 모습에 양해를 구했다.

비평가들은 그들의 영화가 전혀 새롭지도 않고, 오히려 기회주의적이라고 비판한다. 그런데 이들 중 어느 누구도 그런 비판에 이견을 제기하려 들지 않았다. "〈트레인스포팅〉이 〈좋은 친구들〉을 베낀 건 사실이에요." 보일이 말한다. "스타일을 조금 참조했어요. 하지만 그것도 우리가 시도하려는 것의 일부분이에요. 선배들에게 얼마나 '빚지고 있는지'를 솔직히 인정하는 것 말이에요." 그러고는 펑크족 스타일의 삐죽삐죽한 머리를 긁적이며 말한다. "겸손하게 말해서 그렇다는 거예요."

맥도널드도 그들의 최고 작품이 스코시즈의 최악의 작품보다 못하다는 데 동의한다.

요즘 이들은 바짝 긴장한 상태다. 자신들이 이토록 영향력 있었던 적도, 또 취약했던 적도 없었기 때문이다. 세 번째 영화 〈인질〉은 상업성과 작품성에서 모두 실패했다. 루퍼트 머독의 영화사 폭스에서 투자한 영화였는데, 폭스는 〈비치〉로 이들에게 또 한 번의 기회를 주었다. 영화의 성공 여부는 박스오피스에서 엄격하게 측정된다. 그리고 미국 시장에서 성공하지 못한다면 실패한 작품으로 영원히 낙인찍히게 된다. 트렌디한 청춘물로 틈새시장을 만들어놓고는 벌써 한물갔다고 비쳐서는 안 되기에 이번 작품이 더욱더 중요해졌다. 그렇다고 믹 재거처럼 자기 자신을 계속 패러디하며 살아갈 수도 없는 노릇이다.

그렇다면 디카프리오를 캐스팅한 이유는 무엇이었을까? 첫째, 알렉스 갈란드의 원작이 너무 영국적이라 관객의 폭을 넓혀야만 했다. 둘째로, 맥도널드는 말한다. "우리는 유명한 배우를 두세 편의 영화에 계속 캐스팅해서 그의 이미지를 가지고 장난치고 싶었어요." 무척 흥미로운 이유다.

하지만 보일이 그날 앞서 언급한 것이 진실에 더 가깝지 않을까? "요즘 사람들은 배우 때문에 영화를 보러 와요. 배우를 통해 영화를 경험하니까 배우가 신뢰할 만해야겠죠. 그래서 스타 시스템이 나온 거예요. 이런 점은 어느 정도 겸허하게 받아들여야만 해요."

〈비치〉는 틀림없는 이들 삼총사의 영화다. 빠르고 열정적이며 댄스

리듬으로 가득 차 있어, 인물들이 때로는 사운드트랙의 배경처럼 느껴지기도 한다. 〈트레인스포팅〉과 〈쉘로우 그레이브〉가 소규모 출연진과 완벽하게 구성된 제작팀의 영화였다면, 〈비치〉는 엄청나게 많은 출연진에도 불구하고 단 한 명의 배우만이 중요한 영화다. 호지와 보일의 역할은 거의 직공 수준으로 축소되었다. 디카프리오의 자세와 직업의식에 대해 아무리 칭찬한다 하더라도 무력감은 지울 수 없다.

맥도널드는 말한다. "디카프리오를 캐스팅한 것이 가장 중요한 결정이었어요. 이제는 대니 보일의 영화도, 〈트레인스포팅〉을 만든 사람들의 영화도, 알렉스 갈란드의 영화도 아니에요. 오직 주연배우 한 사람만의 영화로 알려졌죠. 뭐, 그런 건 다 괜찮아요. 이제는 모든 것이 그한 가지 사실에 달렸으니까요."

삼총사는 함께 인터뷰할 때는 거의 무관심하게 보였지만, 지난밤 더블린에서의 파티에서 개별적으로 이야기를 나눠보니 훨씬 더 솔직한 모습이었다. 맥도널드는 지금이 무척 힘든 시기이고, 폭스가 〈비치〉 때문에 불안해하고 있다고 했다. 그것은 공공연한 사실이다.

이번 주 〈버라이어티〉의 헤드라인에는 이렇게 쓰였다. "폭스, 〈비치〉에 대해 잠잠해지다. 영화 수입업자들이 등을 돌리자 제작사의 흥분이 가라앉다." 폭스가 실현 불가능한 기대들을 잠재우기 위해 홍보비를 줄이고 있다는 기사였다. 〈비치〉는 결코 〈타이타닉〉이 될 수 없을 것이다. 아니, 그럴 의도조차 없었다는 편이 더 공정하리라.

〈비치〉는 영국에서 15세 이상 관람가 등급을 받았다. 충분히 문제가 될 만하다. 그러나 미국에서 R등급(17세 이상 관람가)을 받은 것은 거의 재앙에 가까운 일이다. 맥도널드가 두려워하던 일이 현실이 되었다. "디카프리오의 팬 대다수가 어린 소녀들인데 이 영화를 볼 수 없게 됐어요. 그리고 이상적인 관객층인 젊은 남자들도 디카프리오 때문에 꺼릴지 몰라요. 자기 여자친구가 좋아하는 로맨틱한 스타가 나오니까요."

세 명 모두 알맞게 차려입었다. 나이보다 젊게, 최신 유행의 청바지에 재킷을 걸치고 애들같이 운동화도 신었다. 하지만 옷차림새 때문에 잘못된 인상을 받아선 안 된다. 그들은 파티장에서도 후미진 소파에 처박혀 앉아 있을 뿐이었다. "유명인들은 다 어디 간 거야?" 보일이 실망한 척 묻는다. "코어스아일랜드 출신의 포크록 밴드는 어디 있어? 닐 조던아일랜드 출신의 영화감독. 〈크라잉 게임〉으로 아카데미상 수상은?" 아는 사람이 없다는 사실에 오히려 안도한 듯 축구와 책에 대해 이야기하고, 클럽에서 틀어 놓은 액션영화에 열광하기도 했다.

"우린 클럽에서 즐길 줄 몰라요." 절제된 목소리로 보일이 말한다. 존 호지가 조용하게 덧붙인다. "신나는 삶을 살고 있다면 신나는 영화 따위를 만들 필요가 없겠죠."

보일은 세 명의 자녀가 있고, 맥도널드는 한 명, 호지는 곧 첫 아이가 태어난다. "우리가 잘 지낼 수 있는 건 모두 말이 별로 없기 때문이에요." 호지가 간결하게 말한다. 보일은 세 명 다 비슷한 사람들이고, 함께 만든 영화에 자기들의 가치관이 반영되어 있다고 한다. "도덕은 구식이에요. 저 사람들이 도덕적이리고 생각하진 않지만, 도덕이란 건 확실히 한물갔죠." 어째서 그럴까? "영화는 쾌락에 대한 건데, 사람들은 그걸 비난하거든요. 반드시 비난하고 말죠."

〈쉘로우 그레이브〉의 인물들은 죽은 자의 돈을 훔치지만, 행복은 결코 돈으로 살 수 없다는 것을 깨닫는다. 〈트레인스포팅〉의 마약중독자들은 한없는 고통을 몸소 체험하고, 〈인질〉의 낭만적이었던 납치극은 참혹하게 끝맺는다. 그리고 〈비치〉의 디카프리오는 암흑의 핵심에 다다른다. 호지가 말한다. "조금 전 당신의 말이 모든 걸 요약하네요. 우리 영화는 약간의 스릴이 있고 나서 모든 게 틀어지기 시작하죠."

갑자기 영원히 지속될 수 있는 영화에 대한 토론이 벌어진다. "영화를 만들다 보면 매번 근본적으로 똑같은 영화를 만들고 있는 건 아닌지 두려워질 때가 있어요." 호지가 말한다. 그러고는 다시 스코시즈를 예로 들며, 위대한 감독들은 평생 같은 영화를 반복해서 만든다고 덧붙인다.

"유일한 차이는 그런 감독들은 초기에 잘나가는 경향이 있다는 거죠. 운이 좋으면 10년 정도요." 보일이 말한다.

오늘은 맥도널드가 〈비치〉에 대해 훨씬 낙관적이다. 수많은 걱정들을 뒤로한 채 디카프리오를 캐스팅할 때의 일화를 들려주었다.

"많은 사람들이, 심지어 영화와 관련 없는 친구나 가족들조차 '왜 레오나르도 디카프리오를 캐스팅하려고 하는 거야? 여자애 같고 너무 어려서 안 어울릴 텐데' 하면서 반대했죠. 그런데 영화를 보고 나서는 그가 환상적이었다고 얘기하더라고요."

"〈비치〉에서 디카프리오는 아주 훌륭했어요, 그렇죠?" 그가 동의를 구했다. 디카프리오는 더 이상 예전처럼 제약 없는 배우가 아니다. 2000만 달러의 출연료를 받는다면 그만큼 온 힘을 다해 연기해야만 한다. 원작의 존재감 없던 리처드를, 인기 많고 반짝반짝 빛이 나는 안티히어로로 재탄생시킨 이유도 그 때문이다.

삼총사는 홍보용 사진 촬영을 위해 공원 쪽으로 이동 중이었다. 맥도널드는 〈비치〉가 망한다면 그게 이 팀의 마지막이 될지도 모르겠다고 말한 적이 있다. 그에게 진심으로 한 말인지 물었다. "글쎄요. 실패한다면 누군가는 비난받아야 하겠죠. 결국엔 아주 자연스럽게 서로를 비난하게 될 거예요. 함께 작업해서 성공적인 영화를 못 만들었다면 계속 같이 있을 필요는 없어요. 언제나 실패가 팀을 깨뜨리는 법이죠."

사진사가 〈저수지의 개들〉 스타일로 걸으라고 하자, 삼총사는 불편한 기색을 드러낸다. "선글라스도 없이 그걸 어떻게 해요?" 보일이 불평한다. 반질반질한 디카프리오는 어디다 두고 왜 자기들 사진을 찍고 난리냐고 호지가 투덜거린다.

〈비치〉는 이전 세 편의 영화와는 전혀 다른 경험이었다. 3년의 구상 기간 내내 늘 연예계 헤드라인을 장식했고, 그동안 항상 함께했던 이완 맥그리거가 자기 대신 디카프리오를 캐스팅해서 화가 났다는 소문도 있었다.

〈셸로우 그레이브〉 때만 해도 무명이었던 맥그리거가 〈스타 워즈〉의 주연을 맡을 만큼 대스타가 되었지만 〈비치〉의 주연을 맡기엔 아직 부족하다는 주장에는 납득하기 어렵다. "이 영화에 참여하지 못해서 기분 나쁜 사람은 이완뿐만이 아니에요." 맥도널드가 말한다. "촬영감독 브라이언 투파노도 기분이 썩 좋지 않아요. 하지만 아무도 신경 쓰지 않죠. 디카프리오와는 상관없는 일이니까요."

환경 파괴에 대한 소문도 있었다. 촬영 중에 디카프리오가 낙원을 엉망으로 만들었다는 등의 이야기였다. 맥도널드는 언론이 사태를 잘못 알고 있을 뿐 아니라, 현지 주민들이 영화제작자가 아닌 자기네 정부를 고소했다는 사실에 대해서는 일언반구도 하지 않는다고 불만을 터뜨린다. "미디어는 환경에 대해선 관심도 없어요. 심각한 기사들로 가장한 쇼 비즈니스일 뿐이죠."

그러나 그것이 세상이 돌아가는 방식 아니었던가? 뉴스거리가 되려면 유명 인사에 대한 가십이 조금씩은 들어가야 하지 않았던가? "맞아요." 보일이 말한다. "정말 큰 문제예요, 그렇죠?"

디카프리오 효과

interviewer / 스티븐 쇼트

〈타임〉 리포터 스티븐 쇼트는 지난 2월 1일, 런던에 있는 대니 보일과 전화 인터뷰를 가졌다. 그의 최신작 〈비치〉의 아시아 지역 개봉에 즈음해서였다.

영화 〈비치〉와 관련해서 바로 환경에 관한 질문을 드릴 수밖에 없군요. 촬영지를 훼손한 게 사실인가요?

사실이 아니에요. 지난주에 잠시 방문했을 때도 그곳 사람들에게 환영을 받았어요. 아시다시피 태국의 환경 문제는 그곳 정부가 인정하려는 것보다 훨씬 더 심각해요. 태국 정부는 환경단체들을 동원해서 영화사를 압박했고, 결국 돈을 받아냈죠. 하지만 실제로는 그런 방법을 통해 환경문제의 심각성을 감추려고 애쓰는 거 같아요. 로스앤젤레스와는 정반대의 경우라고 할 수 있죠.

외국인으로서 제가 이해한 바로는 촬영지에 있었던 일반인들과 학생들, 지식인들은 자기네 정부를 못마땅해했어요. 정부가 제공하는 잘못된 정보에 신물이 났기 때문이죠. 태국 정부와 환경단체는 디카프리오를 이용해 자신들의 입지를 강화하려고 했던 거예요. 디카프리오나 저에게는 힘든 일이었어요. 촬영하는 동안 환경에 정말로 신경을 많이 썼거든요. 하지만 환경문제에 대한 경각심을 높이기 위해 그들이 취했던 방식에는 동의합니다. 동기는 그다지 순수하지 않았지만요.

디카프리오를 캐스팅한 효과는 어땠습니까? 소설을 읽었을 때는 그가 연기한 리처드 역할에 루퍼스 스웰이나 주드 로, 두 영국 배우가 먼저 떠오르더군요. 어째서 디카프리오를 선택하셨죠? 영화의 흥행을 위해서였나요?

캐스팅 감각이 있으시네요. 영국 배우를 원했다면 그 둘 중 한 명을 선택했을 거예요. 아니면 이완 맥그리거로 할 수도 있었겠죠. 디카프리오를 선택한 이유는 조금 다른 방향으로 가고 싶었기 때문이에요. 이야기도 좀 더 폭넓게 만들었으면 했고요.

〈비치〉를 만드는 것이 큰 모험이라고 생각하진 않았나요? 제작이 진행될수록 불안했을 것 같은데요.

우리는 항상 도전해볼 만한 가치가 있는 모험에만 덤벼들어요. 사람들은 디카프리오를 선택한 게 단지 영화의 흥행 때문이라고 생각합니다. 글쎄요. 가장 안전한 길로 가려 했다면 〈트레인스포팅 2〉를 만들었을 거예요. 속편을 만들자는 제안이 많았거든요. 그리고 이완 맥그리거와 함께 〈비치〉를 만드는 건 너무 쉬워 보였고요.

다른 배우들에게는 없는 디카프리오만의 매력은 무엇인가요?

관객들을 유혹하고 싶었어요. 자, 여기 아름다운 섬이 있어요. 비밀스럽고 성스러운 곳이죠. 그곳에 디카프리오같이 젊고 로맨틱한 영웅이 있다고 생각해보세요. 이보다 더 좋을 순 없겠죠. 〈타이타닉〉에서 보여준 그의 매력을 다시 이용해보자는 아이디어에 구미가 당겼어요. 디카프리오와도 그 점에 대해서 이야기를 나눴죠. 당시 그는 〈아메리칸 사이코〉에 출연해서 〈타이타닉〉의 이미지를 폭파하느냐, 아니면 그 매력을 좀 더 유지하느냐 하는 선택의 기로에 있었어요. 우리 생각에는 후자가 더 흥미로웠죠.

디카프리오가 심각하고 생각 많은 젊은이로 보였나요?

글쎄요. 로맨틱한 매력에만 기대고 싶어하진 않았어요. 자신이 발렌타인데이의 남자가 되어버렸다는 사실에 당혹스러워하고 있죠. 그 이미지 때문에 정말로 힘들어하고 가는 곳마다 좌절하곤 해요. 이제 갓 스물넷, 스물다섯 정도밖에 안 된 순진한 젊은이일 뿐이잖아요. 실생활에서나 연기할 때나, 그는 자기가 세상을 많이 알고 있다고 생각하죠. 디카프리오는 이상주의자예요.

리처드 역에 다른 배우를 생각해본 적은 있나요?

아니요. 하지만 제작사에서 한때 윌 스미스를 강력하게 제안했다면 믿으시겠어요? 저도 그의 팬이긴 하지만, 윌 스미스가 그 해변을 어슬렁거린다고 생각해보세요. 투자자 여러분, 조금 더 심각해지자고요!

디카프리오는 감독님 예상보다 더 훌륭한 배우였나요?

그는 이제 막 자신이 무엇을 할 수 있는지 발견하기 시작했어요. 제가 가장 놀란 점은 그에게서 엄청난 친밀감을 느낄 수 있었다는 거예요. 말하거나 연기하는 걸 보면 무서울 정도로 즉각적인 느낌을 받게 돼요.

그런 건 배워서 되는 게 아니에요. 어떤 사람들은 그런 친밀감을 갖고 태어나죠. 그가 말도 안 되는 소리를 해도 당신은 믿을 수밖에 없을걸요. 그런 친밀감에 영화의 신비스런 힘을 더하면, 관객들로 하여금 기꺼이 그를 따라 언덕에서 뛰어내리게 만들 수도 있어요. 심지어 그가 거짓말을 해도 여전히 신뢰하고 싶은 마음이 들죠. 어떤 배우들은 좀 더 그럴싸해 보이려고 온종일 연습하지만, 카메라만 들이대면 바로 시시해져버려요. 그러면 카메라를 돌려 다른 배우를 찾아보게 되죠. 우리의 경우엔 그 다른 배우가 디카프리오였던 셈이에요.

그가 정말로 애벌레를 먹었나요?

실제로 먹었다고 얘기하라고 했지만 그건 거짓말이고요. 손기술이었다고 할까, 입기술이었다고 할까, 하여튼 그런 거였어요. 실제로 먹는 건 불가능했을 거예요. 거기서는 독 없는 벌레를 구하기가 쉽지 않다고 들었거든요.

얼마 전에 밀라 요보비치가 연기한 〈잔 다르크〉를 봤는데, 외모 면에서 보자면 요보비치와 디카프리오가 서로 역할을 바꿔서 연기해도 괜찮을 것 같았습니다.

무슨 뜻인지 알겠어요. 디카프리오는 여성적인 측면이 무척 강한 친구예요. 그런 면에서 굉장히 매력적이죠. 90년대 자체가 여성적인 매력이 지배적인 시대였다고 볼 수 있어요. 80년대라면 절대로 여성적인

125

매력을 가진 남자 배우가 그런 역할들을 맡지 못했을 거예요. 시대 자체가 훨씬 더 부드러워졌고 마초 성향이 줄었죠. 주드 로도 여성적인 매력이 많다고 생각해요.

프랑수아 역의 비르지니 르도엥은 어땠나요? 프랑스에서는 잘 알려져 있지만 다소 위험한 캐스팅으로 보이는데요. 카롤린 뒤세나 엘로디 부셰는 생각해보신 적 없나요?

역시나 사람 보는 감각이 좋군요. 저는 필요할 때 항상 참고할 수 있도록 인물 사진을 모은 책들을 가지고 다녀요. 배우 프로필 사진을 끼워 넣기도 하지만, 대개는 광고나 잡지에서 오려낸 것들이죠. 어느 호텔 로비에서 사진을 한 장 넣어둔 적이 있어요. 프랑스에 도착해서 캐스팅 담당에게 사진 속의 여자와 비슷한 배우를 아느냐고 했더니, 주저 없이 비르지니 르도엥이라고 하더군요. 엘로디 부셰 같은 유명한 프랑스 여배우들을 많이 인터뷰했지만 처음부터 비르지니에게 마음이 기울어 있었죠.

알렉스 갈란드는 비르지니와 기욤 카네(남자친구 에티엔 역을 연기한 배우)를 보고 무척 놀랐어요. 소설을 쓰면서 마음속에 그린 인물들과 정확히 일치한다고요. 미국 관객들이 생소한 프랑스 여배우를 어떻게 받아들일지 약간 걱정했는데, 디카프리오가 말하더군요. 세계 어느 나라의 남자도 프랑스 여자를 싫증 내는 법은 없다고.

영화에 여배우들의 상반신 노출이 전혀 없었습니다. 외딴섬에 놀러 간 배낭족들이라면 아마 그러지 않았을까요?

노출에 대해 많이 토론했어요. 리허설 때는 여배우들이 상반신을 노출한 채 연기했죠. 그런데 영화가 너무 원색적으로 느껴져서 사람들이 잘못된 기대를 할까 봐 위험하다고 판단했어요. 여자들이 바다에서 모두 함께 목욕을 하는 장면이 있었는데, 결국 편집할 때 잘라냈어요.

어떤 사람들은 감독님의 팀을 가리켜 시체를 먹으려고 달려드는 독수리 떼나 지진 후의 약탈자들 같다고 합니다. 다른 영화에서 '훔치는' 경향이 있기 때문이죠.

〈비치〉에서는 누구 것을 훔쳤나요?

〈트레인스포팅〉 때는 마틴 스코시즈의 〈좋은 친구들〉에서 꽤 많이 훔 쳤어요. 〈비치〉의 경우엔 〈지옥의 묵시록〉을 참고했고요. 할리우드 영 화에 나왔던 베트남전 이미지를 이용하고 싶었죠. 그리고 존 부어만의 1972년도 영화 〈서바이벌 게임〉에서도 의식적으로 많은 것을 빌려왔 어요.

그럼 그 대신 어떤 것을 관객들에게 되돌려줄 계획인가요?

제 개인적인 고민거리 중 하나는, 좋아하는 영화 중에 자연을 배경으 로 하는 영화가 하나도 없다는 거예요. 제인 캠피온의 신작 〈홀리 스 모크〉가 호주의 오지를 배경으로 하고 있긴 하지만, 관객을 사로잡을 만한 자연 배경의 영화는 여전히 찾아보기 힘들어요.

관객들이 영화를 보러 가는 이유가 현실도피라는 점을 생각해보면 이중으로 아이러니한 일이에요. 배경만 다른 도시로 바뀌었을 뿐, 여 전히 똑같은 도시의 삶으로 도피하는 꼴이니까요. 사람들은 오로지 도시만 보고 싶어하는 것 같아요. 〈서바이벌 게임〉도 도시 영화고, 저 희 영화도 크게 다르지 않죠. 〈비치〉 역시 도시환경으로 인한 압박감 을 다룬 영화니까요. 자연을 배경으로 한 영화를 만들어보고 싶어요.

이번 영화에서 뭔가 새로운 것을 시도했다고 생각하십니까?

그 부분에 대해선 정말 모르겠어요. 영화를 만들 때마다 매번 뭔가 다른 걸 시도해보려고 노력하죠. 성공할지는 제 능력으로는 알 수 없어요. 그저 선택을 하고, 그게 최선의 선택이기를 바랄 뿐이에요.

배우들에게만 관심이 집중되는 게 억울하지는 않나요?

당치도 않아요. 관객들이 스파이크 리나 마틴 스코시즈의 영화를 보러 간다고 생각한다면 그건 착각이에요. 실상 그들이 보고 싶어하는 건 배우들이죠. 대중은 항상 감독이 아닌 배우들을 보러 영화관에 가거든요.

낙원을 옹호하다

interviewer / 톰 채리티

레오나르도 디카프리오는 〈타이타닉〉 다음 작품으로 어떤 영화를 선택해야 할까? 〈트레인스포팅〉의 감독 대니 보일은 알렉스 갈란드의 베스트셀러 『비치』만큼 확실한 것은 없다고 생각했다. 그런데 〈비치〉를 촬영하는 동안 해변을 훼손했다는 소문이 태국 현지로부터 들려오기 시작했다. 완성된 작품은 과연 낙원일까, 지옥일까?

〈트레인스포팅〉과 〈비치〉를 부정하는 단호한 개인주의자들이 있으리라. 이들은 90년대라는 시기가 무모하게 자기만족을 추구하다가 한가한 시간이 오면 회개나 일삼던 시대였다는 것을 전혀 깨닫지 못하는 것 같다. 소설 〈트레인스포팅〉은 마가렛 대처에 대한 혐오로부터 나왔다. 그러나 1996년에 나온 영화 〈트레인스포팅〉은 또 다른 종류의 무정부주의적 반항이었다. 시대를 앞서가는 E세대를 위한 영화였고, 현실도피적 열락의 모험이자 무모한 줄타기였다.

Tom Charity, Smack My Beach Up, *Time Out London*, January 26 ~ February 2, 2000, issue 1536. Reprinted with permission.

같은 해 출간된 알렉스 갈란드의 소설 『비치』는 이제는 지하철 어디서나 문고판을 마주칠 정도로 유명해진 컬트소설이다. 태국에서 배낭여행을 하는 청년 리처드에 대한 이야기인데, 그는 훼손되지 않은 비밀의 해변에 이르는 지도를 손에 넣게 되고 그곳에서 어떤 공동체와 조우한다.

학교에서 『파리대왕』에 대한 수업을 듣고 〈지옥의 묵시록〉을 최소한 한 번 이상 본, 하지만 지하철 구간 너머의 세상은 꿈도 못 꾸는 우리 같은 자칭 생태주의자들을 위해 다시 쓴 『보물섬』 같은 소설이다.(세계적으로 500만 부 이상 팔린 것을 보면 세상엔 우리 같은 사람들이 무척 많은가 보다.) 무엇보다도 『비치』는 미디어로 인해 모든 것이 비현실적으로 느껴진 나머지, 아프리카나 중동을 떠돌며 여행자의 익명성 속에서 더 깊고 진실한 자아를 찾으려는 이 시대의 젊은이들에 관한 소설이다.

꿈의 프로젝트 〈인질〉로 큰 실패를 경험했던 보일과 그의 팀은 이 소설의 영화적 가능성을 일찍부터 알아차렸다. 그들의 모든 작품이 잘못된 꿈의 추구와 평범한 삶의 거부로 점철되어 있다는 것을 보면 지극히 당연한 일이다. 〈인질〉의 대실패에도 불구하고, 전 세계적으로 가장 인기 있는 스타 레오나르도 디카프리오의 캐스팅을 보장받은 것을 보면 아직도 이들의 신용도는 건재한 것 같다.

2000만 달러로 알려진 디카프리오의 출연료 때문에 영화의 제작비가 두 배로 늘어나면서 세계 언론의 이목이 집중되었다. 태국 국립공원 내의 해변이 촬영 중 훼손됐다는 달갑지 않은, 혹은 부당한 소문들도 나왔다. 그리고 그 밖에 다른 부정적인 분위기도 있었다.

원래 크리스마스 다음 날로 잡혀 있던 영화 개봉일이 2월로 미뤄졌고, 〈스타 워즈 I : 보이지 않는 위험〉의 상영 전에 공개된 예고편은 관객들의 야유를 받았다. 또한 디카프리오에 대한 소란스런 연예 기사들이 사람들을 짜증나게 했다. 우리의 사랑스런 이완 맥그리거를 대신하여 들어온, 이 신경 거슬리고 가냘픈 소년은 도대체 누구지? 〈타이타닉〉은 정말 형편없는 영화가 아니었던가?

다행히도 대부분이 근거 없는 것으로 판명 났다. 보일은 원작 소설의 구조를 끝까지 고수하면서 여기저기 미묘한 음영을 첨가하여, 〈비치〉를 생생하면서도 가시 돋친 모험 이야기로 재탄생시켰다. 그렇다고 매혹적인 영상이 영화의 깊이를 감추지는 않는다. 심각한 주제에 번쩍번쩍 광을 낸 청소년판 『암흑의 핵심』처럼 느껴진다.

살 역에 틸다 스윈튼, 프랑수아 역에 비르지니 르도엥, 에티엔 역에 기욤 카네, 그리고 데피 역에 로버트 칼라일을 캐스팅함으로써 선 굵은 배우들로 밀도 낮은 인물군群을 만들어냈다. 그러나 이 영화가 성공할 수밖에 없는 진짜 이유는 디카프리오가 처음으로, 빛나는 동안의 젊은 성인으로 나오기 때문이다. 〈타이타닉〉 이후 〈셀러브리티〉에 카메오로 출연한 뒤 〈비치〉에서 깔끔한 것과는 거리가 먼 안티히어로로 출연했다는 점은 연기자로서 그의 평판을 상당히 높여주는 결과를 낳았다.

이런 문제들을 논의하기 위해 감독 대니 보일, 프로듀서 앤드루 맥도널드, 시나리오 작가 존 호지, 그리고 소설가 알렉스 갈란드를 초대했다.

이 영화에 대해 유감스러운 점 한 가지는 이미 많은 사람들이 소설을 읽었고, 일반적으로 영화가 절대로 원작보다 좋을 순 없다고 생각한다는 것입니다.

알렉스 갈란드 사실이에요. 하지만 주로 영국에서만 그렇죠. 미국이나 유럽의 다른 지역에서는 훨씬 적게 팔렸어요. 여전히 컬트적인 소설에 가까워요. 영국에서도 그렇게 시작했지만, 곧 대중적인 출퇴근용 소설이 돼버렸죠.

젊은 시절에 배낭여행을 해보신 분 계신가요?

존 호지 글래스고에서 런던까지 두어 번 버스 여행을 한 적은 있어요. 그때 세상을 전부 다 보았죠.

책이 출퇴근하는 사람들에게 큰 인기를 끌었습니다. 여행에 대한 일종의 대리만족 아니었을까요?

앤드루 맥도널드 그래서 영화 또한 호소력이 있으리라 기대했던 거예요. 솔직히 말해서 2월은 우리에게 좋은 시기예요. 유럽과 미국의 대부분 지역이 날씨가 추워져서 따뜻한 해변으로 놀러 가고 싶을 때니까요.

그렇게 되면 영화는 불가피하게도 아름다운 나라 태국을 파괴하는 데 일조하게 될 텐데요.

갈란드 죄송하지만, 그 문제에 대해선 한 말씀 드려야겠네요. 태국을 서양 괴물들에게 강간당하기 일보 직전의 순진한 처녀처럼 묘사하는 데에는 서구인들의 잘난 체하는 태도가 숨겨져 있어요. 태국 당국 또한 환경문제에 연루되어 있거든요. 그들이 모든 종류의 관광사업을 장려하고 있어요. 하지만 관광사업 자체는 나쁜 게 아니에요. 수입의 중요한 원천이니까요.

지상의 낙원을 찾아 떠난 여러분에게는 불가항력적인 아이러니가 있었습니다. 첫째는, 결국 낙원을 발견하지 못해서 직접 만들어야 했던 일, 두 번째는 헛소문일 수도 있고 아닐 수도 있는데, 여러분이 그 낙원을 훼손하고 말았다는 겁니다.

맥도널드 아이러니이기도 하지만 어떤 유사성도 보이네요. 방금 말씀하신 것들이 언론에서 떠들어대는 헛소문이죠. 하지만 우리는 해변을 훼손한 적 없다고 분명히 말씀드려요. 태국은 수많은 환경문제가 있는데, 사람들은 아주 작은 얼룩만 보고 사실이 아닌 일로 우리를 비난하고 있는 거예요. 이 해프닝의 본질은 레오나르도 디카프리오가 얼마나 유명한 사람인지를 실감하게 해준다는 데 있어요. 태국에서조차 그가 누구인지 모르는 사람이 하나도 없어요. 그래서 그런 헛소문들을 실어 나르는 신문들이 잘 팔리는 거죠.

알렉스가 소설 속에 그려낸 완벽한 해변이라는 신화는 도시인들에게 큰 반향을 불러일으켰습니다. 하지만 소설의 그런 매력을 어떻게 영화화할 수 있나요? 매일매일 이 많은 히피들과 지내는 걸 영화로 보면서 어떻게 지루해지지 않을 수 있죠?

호지 실제라면 정말 끔찍할 거예요! 하지만 관객들이 자신을 영화 속 인물과 동일시하게 되면, 그곳에 도착했을 때 극 중 인물들이 느끼는 안도감과 기쁨을 공유하리라 생각해요. 왜 지루해지지 않겠어요? 하지만 관객들은 영화가 상영되는 동안에만 그곳에 있으면 돼요.

대니 보일 『비치』가 '도시인'들의 신화라는 것 또한 중요하다고 생각해요. 우리 도시인들의 머릿속에서 자라난 하나의 환상이죠. 현실에서는 견뎌내기 힘들 거예요. 그곳에서 수개월을 지낸 사람들을 만나보면 정말로 지루해들 하거든요.

맥도널드 그들은 매일 술집을 찾아다니죠. 무슨 일이 있어도 해변에는 술집이 있어야 해요! 그런데 그게 바로 태국의 매력이기도 해요. 야생의 땅이지만 생수, 싱하 맥주, 국수, 무엇이든지 다 있거든요.

호지 대부분의 서구인들은 그 해변에서 1주일만 있으면 죽어버릴걸요. 점심식사가 조금만 늦어져도 배우들이 얼마나 당황하는지 한번 보셔야 해요. 낚시도 못하고 이틀 내내 비 오는 것만 지켜보는 걸 상상해보세요.

영화를 만들면서 20세기 폭스사와의 관계는 어땠습니까?

맥도널드 〈인질〉로 번 돈으로 알렉스에게서 소설 판권을 샀어요. 시나리오 작업을 한 후 디카프리오와 영화사에 가져갔죠. 폭스와 거래를 할 때 그게 약간 도움이 됐어요.

보일 영화사 사람들은 바보가 아니에요. 아주 재미있는 사람들이죠. 영화제작에 대해서도 많이 알고 있고요. 상업성 있는 영화를 만들려면 그들의 이야기를 들을 필요가 있어요. 하지만 기본적으로 그들은 주로 인물들을 더 호감이 가도록 만드는 데만 관심을 기울여요.

미국인들은 구제 불능일 정도로 인물들을 통해서만 영화를 경험하기 때문에, 만약 어떤 캐릭터가 거짓말이라도 하면 마치 세상이 무너진 것처럼 반응하죠! 반면에 우리는 그런 점이 오히려 재미있다고 생각했어요. 사람들은 화를 모면하기 위해서나 순전히 자기만족을 위해서도 거짓말을 하니까요.

맥도널드 영화사는 단지 사업적인 측면에 더 치우쳐 있을 뿐이에요. 영국과 유럽의 영화제작자들은 대부분 그렇지 않죠. 미국 영화사 사람들과 이야기해보면 논쟁의 양면을 다 알게 돼요. 영화사는 상업적인 측면을 극대화하려고 하고, 우리는 영화의 개인적인 부분을 보호하려고 하는 거죠.

보일 또 하나 그들에게 중요한 게 있다면 영화가 궁극적으로 구원의 여정이어야 한다는 점이에요. 감상적인 해피엔딩만 있다면 어떤 종류의 지저분한 이야기라도 다 받아들일 자세가 되어 있죠. 그리고 그들은 인물이나 스토리를 '완성'하는 데 미쳐 있어요. 아주 기괴하죠. 왜냐하면 구원과 완성은 완전히 다른 거니까요.

관객들은 구원을 원하지 않아요!

보일 물론이죠. 우리는 극 중 인물들과 똑같은 방식으로 인생을 살지 않으니까요.

영화에 나오는 마약 때문에 불편한 점은 없었나요? 그 섬에는 엄청난 양의 대마초가 있습니다.

호지 영화사 사람들의 주장에 따라 "정말 엄청나게 많은 마약이네!"라는 대사를 넣었어요. 그런데 시사회 때 보니까, 그 대사가 나오기도 전에 관객들은 이미 대마초인지 알아보더라고요.

맥도널드 젊은 관객들은 정말로 대마초를 좋아해요! 영화에서 뭐가 가장 좋았느냐고 물었더니 "그 어마어마한 대마초 장면이요!"라고 하던데요.

왜 원작의 결말을 바꾸셨습니까?

호지 너무 소름 끼쳤거든요.

본인이 쓴 결말을 변호해주세요, 알렉스.

갈란드 저는 피비린내 나고 암울한, 종말론적인 결말을 좋아해요.
대니가 좀 전에 미국 관객들에 대해서 이야기한 게 재미있네요. 왜냐
하면 제 책에는 어떠한 구원도 없다고 생각하거든요. 그래서 미국 사
람들을 사로잡지 못했을 수도 있어요. 원작과 이 영화는 완전히 다르
지만, 영화가 어두워질수록 훨씬 더 제 마음에 들었어요. 저 자신보다
더 비뚤어진 누군가의 시선을 통해 보는 걸 즐기는 편이죠.

보일 솔직히 영화의 결말이 원작의 결말보다 훨씬 더 뛰어나다고 생
각해요. 물론 원작도 뛰어난 현대적인 우화이긴 하지만, 어느 정도『파
리대왕』의 결말에 의존하고 있어요. 그 끔찍한 원시주의에요. 그러나
그들이 만들어놓은 사회는 상당히 정교해요. 모든 문제들은 그들이
만들어놓은 규칙과 계획들 때문에 발생하죠. 결코 자연으로의 회귀가
아니에요. 저는 알렉스의 원작을 존이 더 나은 방법으로 완성했다고
봐요.

리처드가 광기로 빠져드는 부분이 문제였다고 생각합니다. 책에서는 우리가 그의
머릿속에 있기 때문에 훨씬 더 그의 심정을 이해하기 쉽지만, 영화에서는 너무
급작스러워 보이더군요.

보일 맞아요. 두 시간 반 정도 되는 초기 버전에는 공동체나 리처드
의 광기에 대한 부분들이 더 많이 있었어요. 저는 이 영화를 스스로를
단절시킨 사람들에 대한 이야기라고 생각해요. 그들은 우리의 축소판
인데, 우리도 스스로를 사회로부터 단절시키고 낙원에 들어가 살기를
바라기 때문이죠. 그리고 리처드는 다시 그들의 축소판 같은 거예요.
또 한 번 그들로부터 단절되어 하나의 섬이자 비밀이 되죠. 그는 행복

을 좇지만 충분한 만족을 얻진 못해요. 해변에서도 만족을 누릴 수 있었지만 리처드는 그보다 더 강렬한 것을 추구해요. 일종의 현대적인 질병이라고 할 수 있죠. 그런데 그건 묘하게도 그의 무심함과도 연결되어 있어요. 어딘가 더욱 강렬한 어떤 것이 있으리란 생각, 그게 그의 광기였어요.

갈란드 그는 백지상태에서 출발하지 않았어요. 처음부터 정신이 멀쩡하고 안정된 사람이 아니었죠. 분명히 시작부터 무언가에 굶주려 찾아다니고 있었던 거예요.

자신이 만들어낸 우화가 영화로 만들어졌다는 것은 이상한 느낌일 것 같습니다.

갈란드 아주 비현실적이에요. 기분 나쁘지 않게 사람을 불안하게 만들죠. 태국에 도착한 첫날, 앤드루와 함께 촬영 세트장을 돌아다니면서 그런 느낌을 아주 강렬하게 받았어요. 아직 촬영이 시작되지 않았을 때라 세트장은 거의 비어 있었고 몇 명만이 서성대고 있었어요. 예상했던 세트장과는 전혀 달랐죠. 저는 건물 앞면만 커다랗게 있는 그런 세트장을 상상했거든요. 하지만 전체 공동체를 전부 다 볼 수 있게 지어났더라고요.

에티엔과 프랑수아, 기욤과 비르지니를 만난 것도 아주 좋았어요. 그들이 말하는 걸 보면서 이야기 속 인물들이 밖으로 나와 있는 듯한 이상한 느낌이 들었어요. 촬영 세트장에서는 현실과 비현실에 대해서 생각하지 않는 게 요령이에요. 그것들을 구분하기 시작하면 모든 것들이 당신을 기겁하게 만들 테니까요.

그러고 보니 디카프리오에 대해 얘기하지 않았군요!

맥도널드　이번 영화에서 그를 보면 깜짝 놀랄 거예요. 원작 소설이나 〈트레인스포팅〉의 많은 젊은 팬들은 그가 출연했던 로맨틱한 영화들 때문에 그에게 반감을 가지고 있죠. 심지어 제 여자친구들은 아직도 그를 소년이라고 생각해요. 영화를 보면 그가 얼마나 멋진 청년으로 나오는지 깜짝 놀랄 거예요.

맞아요. 운이 좋군요. 디카프리오는 〈타이타닉〉 이후로 정말 많이 컸습니다.

맥도널드　디카프리오가 우리 영화의 가장 큰 이점이에요. 사람들은 극 중에서는 영국인인데 실제로는 그가 미국인이라는 사실에 분개하지만, 일단 영화를 보면 즐길 수밖에 없을 거예요.

디카프리오가 리처드 역할에 어울리나요, 알렉스?

갈란드　(웃으며) 제가 상상했던 리처드 그대로입니다!

해변에서 돌아오다

interviewer / 루퍼트 스미스

대니 보일의 BBC 방송국으로의 귀환은 텔레비전 드라마의 미래에 희소식이 아닐 수 없다. 오래전, 여덟 편의 단편 드라마와 〈로우 씨네 처녀들〉 시리즈를 연출하며, 보일이 감독으로서의 경력을 쌓기 시작했던 곳이 바로 그곳이었다. 그리고 7년 만에 처음으로 작가 존 호지와 프로듀서 앤드루 맥도널드 없이 홀로 작업했다. 두 사람은 〈쉘로우 그레이브〉(1994) 이후로 보일의 모든 영화에 함께했던 오랜 동료들이다. 이달 말 에든버러국제영화제에서는 BBC에서 보일이 연출한 두 편의 영화가 개봉될 예정이다.

보일의 팬들은 이번 기회가 그의 경력에 새로운 장을 열어주리라 확신하고 있다. 그는 더 이상 〈트레인스포팅〉을 만든 개구쟁이가 아니다. 〈비치〉 이래로 시작된 그의 할리우드 시기도 이젠 지나간 것으로 보인다. 보일과 영화사 폭스의 관계가 다정하지 못했다는 것은 그리 놀랄

Rupert Smith, Back from the Beach, *The Guardian*, August 10, 2001. Reprinted with permission.

일도 아니다. 이제 그는 미국에 안녕을 고한 듯하다. 심지어 〈에일리언 4〉의 연출 제안도 거절했다.

거대한 할리우드 영화와 영세한 BBC 드라마의 차이는 확연하다. 그런데 바로 그 점이 매력적이었다고 보일은 말한다. "이 두 영화의 전체 예산은 〈비치〉의 음식값에도 못 미칠 거예요. 하지만 제 작업의 지평을 넓혀줄 즉흥적인 어떤 것이 있으리라 기대했죠. 저렴하고 빠르게 작업하다 보면 자신이 내린 결정들에 대해 일일이 고민할 시간이 없는데, 바로 그게 가장 큰 장점이었어요."

그는 작업에 관한 한 완전한 자유를 보장받았다. BBC의 어느 누구도 그의 결정에 간섭하지 않았다. 보일이 자신의 독불장군 같은 위치를 재확인하고 싶었다면 이번이 확실히 좋은 기회였으리라. 어쨌든 그는 〈쉘로우 그레이브〉 이전의 창조적인 원천으로 돌아온 셈이다.

문제의 두 영화, 〈스트럼펫〉과 〈천국에서 알몸으로 청소하기〉(이하 〈청소하기〉)는 오래전의 동업자들을 다시 만나면서 시작되었다. 80년대에 보일이 런던의 로열 코트 극장에서 연출하고 있을 때, 짐 카트라이트라는 젊은 극작가가 후에 〈길Road〉이라는 제목으로 상연될 어떤 연극의 스케치를 보내왔다. 아이디어의 독창성에 감명받은 보일은 그 작품을 연출하고 싶었으나, 카트라이트가 최종 대본을 끝내기 전에 이미 BBC 벨파스트로 자리를 옮긴 상태였다. "저는 짐이 쓴 작품의 열렬한 지지자예요." 보일은 말한다. "그는 어느 누구와도 달라요. 그래서 〈청소하기〉의 시나리오를 받았을 때, 두말없이 같이하자고 했죠."

〈청소하기〉의 시나리오는 카트라이트가 프로듀서 마틴 카와 설립한 영화사 데스티니 필름즈에서 나왔다. 당시 카트라이트는 연극 〈작은 목소리의 흥망성쇠The Rise and Fall of Little Voice〉가 영화화되면서 작가로서의 가능성을 인정받고 있었지만, 마틴 카는 그의 다른 대본들을 별 수확 없이 방송국에 팔러 다니던 참이었다. 바로 그때 보일이 참여하게 되면서 BBC와의 거래가 훨씬 수월해진 것이다.

〈청소하기〉는 좀 더 씁쓸한 버전의 〈세일즈맨의 죽음〉 같은 작품으로, 보일은 토미 래그(티모시 스폴 분)의 절규를 버나드 매닝과 윌리엄 셰익스피어의 충돌이라고 설명한다. 맨체스터의 불운한 삶들에 대한 전형적인 카트라이트식 해석인데, 탐욕과 순수, 그리고 삶에 대한 희망을 보여주고 있다. "짐은 여러모로 80년대의 목소리라고 할 수 있어요. 착취와 자기 집착의 시대로부터 그가 마지막으로 쥐어짜낸 작품이죠." 보일은 말한다.

〈청소하기〉를 준비하던 무렵, 보일은 카트라이트에게 맨체스터의 음악계에 대한 영화를 만들고 싶은 오랜 바람에 대해 이야기한다. 그런데 우연히도 카트라이트는 그와 비슷한 시나리오를 하나 써놓았다. 〈스트럼펫〉은 이미 BBC로부터 의뢰를 받았다가 진행이 중단된 상태였는데, 보일은 카트라이트의 시적인 이야기 속에서 자신의 메시지를 전달할 완벽한 수단을 발견한다. "창조적인 본능에 관한 영화예요. 거리에서 자라난 시와 음악은 즉흥적이고 비계획적으로 진화하죠. 〈스트럼펫〉도 그렇게 자라났어요. 그렇다고 즉흥적인 것만은 아니에요. 어떤 면에서는 꽉 짜인 이야기죠."

〈스트럼펫〉은 개를 좋아하는 기인이자 선술집 시인인 스트레이맨(〈쉘로우 그레이브〉에 출연했던 크리스토퍼 에클리스턴)과 노출을 즐기고 기타를 치는 야성의 아이 스트럼펫(신인 제나 G)에 관한 이야기다. 어느 날 그들은 스트레이맨의 아파트에서 즉흥연주를 하게 되는데, 사람을 이용하기 좋아하는 녹오프(스티븐 월터스 분)가 그것을 듣고는 그들을 런던으로 데리고 가 레코드 계약은 물론 방송에도 출연하게 한다.

영화는 술에 취한 채 격렬하게 연주되는 존 쿠퍼 클락의 노래 〈에비던틀리 치킨타운Evidently Chickentown〉과 함께 시작해서, 스트럼펫과 스트레이맨의 예술적 창조성이 시장경제라는 기계에 의해 살균되고 거세되는 과정을 따라간다. 보일의 영화에서 그의 자전적인 내용을 찾고 싶다면 이 영화를 주의 깊게 봐야 할 것이다. 주인공들이 마지막에 그들의 창조적인 뿌리로 다시 돌아간다는 설정은 보는 이들에게 큰 희망을 준다.

보일이 '매드체스터'라 불리는 맨체스터의 얼터너티브록 음악계를 다룬 영화나 록밴드 조이 디비전에 관한 전기 영화를 만들 것이라는 소문이 있었다. 이런 소문의 결실이 〈스트럼펫〉이 아닐까 추측해본다. "〈스트럼펫〉은 맨체스터 출신의 위대한 음악가들과 작가들에 대한 헌사이기도 해요." 그는 말한다. "그들이 도대체 어디서 나오는지, 어떻게 계속 해나갈 수 있는지 아무도 모르지만 그들은 항상 거기에 있어요. 저는 1980년대 초에 맨체스터를 떠났어요. 펑크와 조이 디비전이 나온 직후, 그러니까 밴드 스미스가 나오기 바로 전이었죠. 솔직히 말해서 그때 맨체스터는 완전히 쓰레기장 같았어요. 그럼에도 이 많은 환상적인 밴드들과 시인들이 계속 나타났고, 그 이후로도 줄곧 그랬죠. 지금 맨체스터는 대처 시절의 부족한 투자에도 불구하고 완전히 달라졌어요. 유럽의 어느 도시보다도 많은 술집들이 있죠."

자신을 재창조할 수 있는가는 예술가의 가장 중요한 자질 중 하나이다. 보일은 새로운 동료들과 함께 새로운 테크닉과 새로운 예술적 목표를 채택했다. 카트라이트 작품의 본질을 포착할 수 있고 적은 예산에도 알맞은, 그런 시각적 스타일을 위해 디지털 비디오를 선택한 것이다. 그 후 그는 디지털 비디오의 열렬한 전도사가 되었다. "정해진 규칙들이 거의 없는 새로운 매체예요. 작업하면서 규칙들을 만들어가는 거죠. 정말로 매력적인 매체예요."

촬영감독으로는 앤서니 도드 맨틀을 선택했다. 그는 〈셀러브레이션〉이나 〈줄리언 돈키보이〉 등의 영화에서 경탄할 만한 디지털 비디오 작업을 보여주었다. "전통적인 스태프들의 역할 체계는 디지털 작업과는 어울리지 않아요." 보일은 말한다. "촬영감독은 어느 정도 감독이 되기도 하고, 그 반대의 경우도 마찬가지예요. 디지털은 경계를 흐릿하게 하고, 당신을 해방시키죠. 배우들 또한 변화하게 만들어요. 카메라들이 눈에 보이지 않을 정도로 작아지니까 누가 지켜보고 있다는 느낌이 거의 없어져요. 그러면 배우들을 예전과 같은 정확성을 가지고 다룰 필요가 없어지죠. 똑같은 방법으로 표적을 적중시킬 필요가 없어지는 겁니다."

디지털카메라는 아주 작다. 도드 맨틀은 촬영 세트마다 카메라들을 사방에 설치했다. 심지어 자동차 계기판을 떼어내 그 속에도 카메라를 넣었다. 비행기 이착륙 장치 위에도, 식빵 속에도, 계란 상자 속에도 숨겨놓았다. 모든 장면이 다양한 각도에서 촬영되기 때문에 종래의 영화에서는 포착할 수 없었던 친밀함과 직접성을 얻을 수 있었다. 디지털 비디오의 또 다른 이점은 저렴하다는 것이라고 보일은 말한다.

"돈 없는 젊은 영화 제작자들에게 디지털 비디오는 훌륭한 매체가 될 수 있어요. 이제는 부족하게 찍을 이유가 없어진 거죠. 카메라를 여러 대 두고 모든 장면을 다양한 각도로 찍으면 되니까요. 이제는 영화 제작을 더 직접적이고 천진난만하게 즐길 수 있어요. 저는 디지털 매체가 정말 좋아요."

〈스트럼펫〉과 〈천국에서 알몸으로 청소하기〉는 디지털 영화제작에 관한 하나의 선언이다. 디지털 매체에 푹 빠진 나머지 보일은 다음 작품도 디지털로 촬영할 계획이다. 『비치』의 작가 알렉스 갈란드가 시나리오를 쓴 〈28일 후〉라는 영화로, 이번에도 앤서니 도드 맨틀이 촬영을 맡는다. "영화와 텔레비전 업계의 모든 혁신과 새로운 재능들은 디지털 매체를 통해서 나타날 거예요. 돈이 많이 들지 않기 때문에 독창성과 실험에 훨씬 더 개방적일 테니까요." 보일은 말한다.

"저는 영화제작을 위해 돈을 끌어 모을 수 있는 행복한 위치에 있는 사람 중 한 명이에요. 저의 작품 때문에 사람들이 디지털 작업에 관심을 갖게 되길 바랍니다. 이제 디지털 시대가 왔다는 걸 보여주자고요. 앞으로 5년에서 10년 사이에 더욱더 많은 사람들이 이런 방식으로 일하게 될 거예요. 그리고 그게 짐 카트라이트 같은 독창적인 목소리들을 보호하고 격려할 수 있는 유일한 방법이에요. 우리가 싸워야 할 다음 전투는 디지털 영화의 배급 문제일 겁니다. 디지털 비디오의 경제성을 활용할 수 있는 더 작은 배급망이 필요해요. 영화관마다 디지털 프로젝터가 설치되고 나면 영화의 개별적인 프린트는 더 이상 존재할 이유가 없죠. 영화를 만들고 보는 방식을 근본적으로 변화시킬 수 있어요."

〈28일 후〉(2002)

현재의 우리들에 관한 영화

interviewer / 톰 채리티

2001년 9월 11일에 자신이 어디서 무엇을 하고 있었는지 모르는 사람은 없다. 〈트레인스포팅〉의 감독 대니 보일과 배우 킬리언 머피, 프로듀서 앤드루 맥도널드는 런던 동쪽의 고층 건물에서 세계의 종말에 관한 영화를 만들고 있었다. 대중 영화를 만드는 사람들은 항상 유행에 앞서 가고자 한다. 〈트레인스포팅〉이 그 좋은 예일 것이다. 그러나 이번 영화에서는 너무 앞서 갔는지도 모르겠다.

"다른 사람들처럼 우리도 정말 겁에 질려 있었어요." 맥도널드는 회상한다. "작가 알렉스 갈란드에게 전화가 와서 대화를 나누다가 무심코 텔레비전을 켰죠. 무슨 일인지 정말 혼란스러웠고, 너무 불안했어요."

"저는 커네리워프 가街 아래쪽에 있었어요. 사람들은 모두 대피한 상태였죠." 머피의 이야기다. "여자친구가 거기 있었는데 연락할 방법이 없는 거예요." 그는 숨을 죽이며 침착하게 말한다. 그렇다면 촬영은

Tom Charity, All the Rage, *Time out London*, October 30 ~ November 6, 2002, issue 1680.
Reprinted with permission.

계속했을까? "그럼요, 물론이죠." 역시 쇼는 계속되어야만 했다.

최근의 박테리아 테러에 대한 공포를 떠올리게 하는 공포 스릴러 〈28일 후〉는 폭동과 혼란, 전쟁의 거친 이미지로 시작한다. 하지만 그런 것들은 우리가 익히 알고 있는 현실이다. 진짜 문제는 지금부터 벌어진다. 카메라가 줌아웃 되면 일렬로 늘어선 텔레비전 모니터들이 보이고, 첨단 연구실의 철창 속에 갇힌 영장류 무리가 화면에 나타난다. 그리고 자신들이 얼마나 심각한 문제를 불러일으킬지 전혀 모른 채, 동물 해방운동가들이 우리 속의 짐승들을 풀어준다. 그 침팬지들은 대영제국 전체 인구를 쓸어버릴 정도의 치명적인 바이러스에 감염된 상태. 실험실에서 개발된 그 바이러스의 이름은 '분노'다.

정확히 28일 후, 주인공 짐(킬리언 머피 분)이 코마에서 깨어난다. 병원은 텅 비었고 런던 거리에는 인기척이 없다. 피커딜리 광장, 토트넘 코트 로드, 어디를 가나 단 한 명의 사람도 찾아볼 수 없다. 마치 도시 전체가 무단결석을 한 것 같다. 짐은 한 교회에 발을 들여놓고 나서야 그동안 무슨 일이 벌어졌는지, 그리고 앞으로 무슨 일이 벌어질지 눈치챈다. 교회의 벽 위에 감염된 피로 휘갈겨 쓴 문장 하나가 보인다. "염병할 종말이 가까이 왔느니라!"

런던을 혼자 독차지하는 것은 매력적인 일이긴 하다. 짐이 새로운 환경에 적응하면서 세 명의 다른 생존자들(나오미 해리스, 브렌던 글리슨, 메건 번즈 분)을 만나게 되는 영화의 전반부는 런던 사람들에게 분명 으스스한 느낌으로 다가올 것이다. 그러나 익숙한 도시의 이러한 변화는 무섭기도 하지만 스릴 넘치기도 하다. 텅 빈 거리의 정적과 뒤집힌 2층 버스 위에 반짝이는 햇살들, 그리고 퇴색한 빌딩들은 노후한 도시를 위해 세운 기념비처럼 보인다. 도시 전체가 사망 선고라도 받은 듯 고요하다. 머피가 지적하듯이, 이 영화는 짐이란 인물의 재림이자, 무덤 같은 신세계 속으로의 부활이다. 사람들의 반응이 어떻든 간에 이 영화는 근본적으로 어떤 경이감을 불러일으킨다. "저 장면은 도대체 어떻게 찍은 거지?"

보일이 웃으며 말한다. "〈오메가 맨〉을 처음 봤을 때 저도 그랬어요. 하지만 지금은 알고 있죠. 아침에 일찍 일어나서 교통만 통제하면 돼요. 정말 간단하죠? 디지털카메라로 촬영하길 원했던 이유도 그 때문이었어요. 촬영하려고 런던의 도로를 폐쇄한다는 건 불가능한 일이죠. 하지만 보행자들에게 1, 2분 정도만 기다려달라고 부탁할 수는 있어요. 그러고선 예닐곱 대의 카메라를 이용해 동시에 여러 앵글로 도시를 촬영하면 텅 빈 도시의 느낌을 만들어낼 수 있죠. 혼자 남게 된 사람을 묘사하는 방법보다 훨씬 효과적이에요."

영화 〈비치〉를 끝낸 후 보일은 BBC 방송국에서 두 편의 디지털 영화를 만들었다(〈스트럼펫〉과 〈천국에서 알몸으로 청소하기〉). 이 영화들을 보면 감독이 얼마나 자유를 만끽하고 있는지가 분명하게 느껴진다.("우리는 그냥 푹 빠져 있었어요.")

〈28일 후〉 역시 전 세계적인 블록버스터를 목표로 하는 영화는 아니다. 600만 파운드의 예산에 단 한 명의 스타도 출연하지 않는다. "유명 스타로 해결하기에는 영화의 콘셉트 자체가 너무 커요." 머피가 말한다. 〈비치〉에 대해 많은 비판을 할 수는 있지만, 그 덕분에 보일과 맥도널드가 할리우드의 유혹에서 벗어날 수 있었다는 점만은 확실하다.

"〈비치〉를 만들면서 가장 힘들었던 점은 기대에 따른 부담감이었어요." 보일이 설명한다. "그런 부담감은 사실 우리 스스로가 만들었죠. 워낙 규모가 큰 영화인 데다, 디카프리오를 캐스팅하면서 압박감이 더욱 심해졌거든요. 솔직히 말해 때로는 제작이 마비될 정도였어요. 정말 고독한 경험이었죠. 하지만 디카프리오는 훌륭했어요. 사람들은 그가 망나니였다는 얘기를 듣고 싶겠지만, 실제로 그는 환상적인 배우였어요. 진짜 문제는 다른 데 있었죠. 저는 자연에 대한 영화를 만들어서는 안 돼요. 그런 쪽으로는 아이디어가 없거든요. 저는 도시에서 태어나 자라났고, 런던을 너무나 사랑해요. 시골에라도 가게 되면 하루 만에 완전히 융통성 없는 사람이 되죠. 그래도 〈비치〉는 괜찮은 영화였어요. 단지 〈트레인스포팅〉만큼 좋지 않았던 것뿐이죠. 이번 영화로 제가 가장 자신 있는 분야로 돌아온 셈이에요. 소규모 그룹의 사람들과 일하면서 우리끼리 도란도란 이야기하는 거죠.”

본질적으로 〈28일 후〉는 잘 만든 좀비영화일 뿐이라는 나의 견해에 보일이 얼굴을 찡그린다. 그런 꼬리표가 자신이 원하는 관객들, 즉 나 같은 관객들을 겁주어 쫓아버릴지도 모른다고 생각하는 것이다. 하지만 제2의 조지 로메로라고 불리는 정도로는 그가 성에 차지 않는다는 느낌이 든다. “지금은 좀비영화를 만들 수 있는 시대가 아니에요.” 그가 주장한다. “1970년대의 좀비영화들은 핵 공포로부터 나왔죠. 사람들이 죽는다는 사실보다, 방사선이 생존자들에게 미치는 영향에 대한 공포와 불확실함이 더 컸던 거예요. 하지만 요즘에는 핵폭탄은 여전히 그대로지만 공포감은 예전 같지 않아요. 알렉스 갈란드는 첫 장면에서 분노에 대해 이야기하면서 심리적인 바이러스라는 것을 언급해요. 정말로 대단하다고 생각했어요. 그런 아이디어라면 제 팔이라도 하나 내줄 수 있어요! 아시겠죠? 괴물들에 관한 영화가 아니에요. 바로 현재의 우리들에 관한 영화라고요!”

미묘한 흐름의 공기 속에서 바람이 지금 어디로 부는지를 판단하는 것은 예술가의 몫이다. 갈란드는 순식간에 번지는 전염병과 그에 대한 절망적일 정도로 무능한 방역 대책을 악몽같이 묘사함으로써 작년의 탄저병 공포를 미리 예견했고, 무의식적으로 광우병에 대한 불안감 또한 건드리고 있다. 보일은 더 나아가 발칸 지역이나 르완다 같은 곳에서 벌어지는 사건들, 그리고 신문에서 '분노'라고 부르는 사회적 홍역까지 언급한다. 사회적 홍역이란 운전이나 비행 또는 쇼핑 중 갑작스럽게 터져 나오는 분노나 그와 비슷한 것들을 일컫는 말이다. 언론에서 하는 말을 믿는다면 우리 모두는 지금 지독히 미쳐 있다. 그렇다면 우리는 언제까지 이런 상황을 참고 살아야 할까?

"얼마 전 축구장 난동이 극에 달했을 때 아버지가 해준 말이 기억나요. 신문에서 말하는 건 전부 헛소리라고요. 40, 50년대에 볼튼 경기를 볼 때는 훨씬 더 심했다면서, 그 당시엔 칼까지 들고 소란을 피웠는데 기자들이 기사를 쓰지 않았을 뿐이라고 하셨죠. 사회엔 언제나 분노가 존재한다는 말씀이에요. 하지만 요즘의 사회적 불관용은 종류가 완전히 달라요. 아버지는 전혀 인정하지 않으시지만요.

그런 게 어디서 왔는지 생각해보면 재미있습니다. 어떤 사람들은 민주주의를 비난해요. 민주주의에서는 시민들에게 권력이 주어져야 하지만 실제로 우리는 아무런 권력도 없거든요. 혹은 마가렛 대처를 비난할 수도 있겠죠. 그녀에게는 사회라는 것이 아예 존재하지도 않았으니까요. 아니면 소비자주의를 비난해볼까요? 모든 것이 더 커지고, 더 좋아지고, 더 싸지고, 더 빨라지긴 했지만, 이 젠장할 놈의 것이 다운로드가 안 돼요. 그래서 고객 센터에 전화하면 음악을 틀어놓고 10분이나 기다리게 하죠. 한마디로 요약하자면 우리는 다른 모든 사람들보다 자신이 더 중요하다고 생각하게 된 겁니다."

영화에서 가장 가슴 아픈 장면 중 하나는 손으로 쓴 쪽지들이 덕지덕지 붙은 벽을 짐이 발견하는 장면이다. 물론 9·11 전에 찍은 장면이긴 하지만, 그라운드 제로Ground Zero, 9·11 테러 사건으로 붕괴된 뉴욕 세계무역센터가 있던 자리에 희생자 가족들이 남겨놓은 절망적인 쪽지들이 생각나지 않을 수 없다.(중국의 지진 참사 사진에서 영감을 받았다고 보일이 확인해주었다.) 모든 통신 시설이 작동을 멈추면 오직 이 방법만이 유일한 의사 전달 수단이 되는 것이다.

"그 장면을 빼야 할지에 대해서 논의했었어요." 맥도널드가 시인한다. "저에게는 두말할 나위 없이 빼선 안 될 장면이었죠. 바로 그런 장면이 이 영화를 단순한 장르영화 이상으로 만들어주니까요."

너무 노골적인 것은 아닐까? 지금 같은 공포 분위기 속에서 사람들이 과연 종말론적인 영화를 보고 싶어할까?

"그런 게 흥행에 도움이 되냐고요? 사람들이 어떻게 받아들일지는 저도 모르겠어요." 보일이 곰곰이 생각한다. "시간이 지나봐야 알 수 있겠죠. 지금은 절대 알 수 없어요. 하지만 사람들의 반응을 지켜보는 것은 재미있을 겁니다." 그러다 갑자기 신음을 내며 손으로 얼굴을 감싼다. "하느님 맙소사! 정말로 재미있을 거예요, 불행하게도!"

"그런 것들이 이 영화를 진정한 의미에서의 공포영화로 만들어줄 겁니다." 프로듀서가 주장한다. "런던 같은 도시는 항상 무언가 고장 나 있습니다. 평소에도 지하철을 타고 제대로 돌아다닐 수가 없어요. 그런데 만약 진짜 재난이 닥친다면 어떻게들 대처할지 한번 생각해보세요."

덜 평범한 죽음

interviewer / 제네비브 해리슨

〈28일 후〉는 무엇에 대한 영화인가요?

간단히 말해서 영국에서 끔찍한 바이러스 전염병이 발생하고, 한 무리의 생존자들이 안전한 곳으로 도망치기 위해 사력을 다한다는 이야기예요. 치명적인 바이러스가 영국의 전체 인구를 쓸어버리고 도시를 종말론적인 풍경으로 바꿔놓죠. 유일하게 살아남은 생존자들은 북쪽으로, 희망을 가지고 안전한 곳을 찾아 나섭니다.

바이러스로 인한 종말론적인 영화는 이 영화가 처음이 아니에요. 그러나 〈28일 후〉의 재미있는 점은 바이러스가 에볼라 바이러스처럼 육체를 끔찍하게 변형시키기도 하지만, 그보다는 심리적인 데 그 근원이 있다는 거예요.

감염되었다고 죽는 게 아니라 포악한 살인자로 탈바꿈합니다. 좀비도, 흡혈귀도

Genevieve Harrison, Danny Boyle: A Death Less Ordinary, *Dreamwatch*, December 2002, issue 99. Reprinted with permission.

아닌 '감염자'로요.

운전 중에 광폭해진 자신을 상상해서 거기다 100만을 곱해보세요. 감염자들이 그런 모습이에요. 재미있는 건 이 바이러스는 오직 영장류에 의해서만 옮겨진다는 거예요. 그래서 연구실의 침팬지들로부터 시작되죠. 그리고 피를 통해서만 감염돼요. 일단 감염되면 영구적으로 공격성을 띠는데, 사람의 목소리만 들어도 죽이고 싶은 충동이 들어요.

처음에 짐은 런던을 배회하며 "헬로우, 헬로우" 하고 외처대요. 그것이 결국 감염자들을 깨우는데, 그들은 감염되지 않은 인간을 보면 죽이고 싶어지죠. 바이러스가 멈추지 않는 잔인한 공격성을 감염자들 속에 집어넣은 거예요.

〈비치〉를 만들면서 알렉스 갈란드와 가까워진 걸로 아는데, 어떻게 그의 첫 창작 시나리오도 영화로 만들게 되었습니까?

책이 유명해지기 훨씬 전에 친구 한 명이 제게 『비치』를 건네줬어요. 읽고 나서 앤드루 맥도널드에게 전해주었고, 결국 영화로 만들게 됐죠. 그 후에 앤드루와 알렉스가 공상과학 좀비 공포영화에 대한 아이디어를 생각해냈어요. 공상과학 소설가 존 윈덤과 J. G. 발라드, 리얼리티 텔레비전쇼 〈서바이버Survivors〉가 뒤섞인 아이디어였죠. 실제로 그런 것들에서 아이디어를 빌려오기도 했고요.

〈28일 후〉는 〈트리피드의 날〉이나 〈나는 전설이다〉 같은 영화의 서자처럼 느껴지는데요, 그런 종류의 고전영화들을 원래 좋아했나요?

좋아하긴 했지만 마니아는 아니었어요. 제 생각에 우리 영화의 힘은 우리가 그런 특별한 장르의 열성적인 추종자가 아니었다는 점에 있는 것 같아요. 어떤 작가들은 자기가 좋아하는 장르에 무례하게 굴지도, 움츠러들지도 않으면서 그 장르를 좀 더 새롭게 할 수 있으리라 생각하죠. 특정 장르의 마니아가 되면 위험한 점이 바로 그거예요. 따라야 할 규칙들이 이미 거기에 있거든요. "이 장르에서는 이것도 해야 되고 저것도 해야 돼."

〈28일 후〉에서 가장 주목할 만한 부분은 배경이 영국이라는 점이에요. 영화 대부분의 힘이 버려진 피커딜리 광장이나 거리 한가운데 뒤집힌 빨간색 버스 등의 이미지에서 나옵니다.

가장 먼저 한 일도 런던에 대한 상징적인 이미지들을 찾는 것이었어요. 많은 예산이 드는 작업이었죠. 그리고 텅 빈 런던이라는 이미지는 상상하기 쉽지 않아요. 시간이 갈수록 도시는 더욱더 복잡해지기 마련이니까요. 하지만 엄청나게 매력적인 이미지이긴 해요, 그렇죠?

그런 이미지를 얻기 위해 먼저 기술적인 문제들을 해결해야 했어요. 하지만 무슨 거대하고 전문적인 기술자문위원회가 필요하진 않았어요. 사람들이 없는 토트넘 코트 로드를 찍으려면 언제 어떤 방법을 써야 하는지만 고안하면 되니까요.

디지털카메라로 찍은 장면 때문에 다큐멘터리 같은 느낌, 다시 말해 종말을 다룬 다른 영화들에서는 찾아보기 힘든 굉장히 사실적인 느낌을 받았습니다. 이런 촬영 방식은 예산상의 문제였나요, 아니면 미학적인 선택이었나요?

요즘에는 많은 촬영이 디지털 비디오로 이루어지고 있어요. 그리고 때로는 현실적인 이유가 미학적으로도 상당히 유용하다고 판명되기도 하죠. 디지털 비디오를 이용하면 비용을 줄이고, 자원을 더 잘 활용할 수 있어요. 하지만 정말로 디지털 비디오의 효과를 보기 위해선 그 이상의 유기적인 이유가 필요해요. 관객들은 아직 이 새로운 테크놀로지에 친숙하지 않기 때문에, 이야기 자체에서 그 테크놀로지를 사용하는 것을 뒷받침해줄 유기적 이유를 찾아내야 하죠.

괴물이 등장하는 영화를 만들 때는 어떤 방식으로 그 괴물을 드러낼지 처음부터 분명히 해야 해요. 스크린에 어떻게 표현할지 명확한 아이디어가 필요한 거죠. 맨체스터에서 두 편의 텔레비전 디지털 영화를 만들 때, 디지털카메라가 돌아가는 어떤 방식을 발견했어요. 빠른 움직임을 녹화하는 특정한 방식이었죠. 격분한 감염자들이 거의 비인간적인 속도로 움직이기를 원했기 때문에 그 촬영 방식을 사용할 만한 충분한 이유가 되었습니다.

그런 방식으로 촬영하면 빠른 움직임을 약간은 불안정하게 기록하니까 기대하는 만큼 영상이 부드럽지 않아요. 일종의 스타카토 같은 효과가 나오죠. 저는 이게 아주 중요한 효과라고 생각했어요. 괴물들을 이렇게 처리하면 되겠다는 확신이 들었죠.

또 다른 아이디어 하나는 운동선수들을 고용해서 감염자 역할을 하게 하는 것이었어요. 육체적으로 일반 사람들이 할 수 없는 것들을 감염자들이 할 수 있게 하려고요. 운동선수들의 움직임은 누구나 할 수 있는 것처럼 보이지만 실제로 해보면 아무나 할 수 없다는 걸 깨닫게 돼요. 만약 그런 움직임으로 감염자들이 공격을 해온다면 그 또한 꽤 섬뜩할 거라고 생각했어요. 결국 이러한 아이디어들을 조합해 감염자를 표현해냈죠.

영화에서 황량한 사실주의적 느낌이 드는 또 다른 이유가 주연급 역할에 비교적

거의 알려지지 않은 배우들을 캐스팅해서였습니다. 물론 브렌던 글리슨과 크리스토퍼 에클리스턴이 나중에 등장하지만요. 주인공인 짐의 캐릭터에 이러한 '보통 사람'의 느낌을 준 것은 의도한 건가요?

네, 이 영화의 진짜 스타는 바로 영화의 아이디어예요. 그래서 짐이 깨어났을 때 관객들이 보통 사람이라는 느낌 외에는 어떠한 친숙함도 느껴선 안 된다고 생각했죠. 우리 중의 한 사람같이 보였으면 했어요. 스타나 유명인, 명사 같은 느낌을 주어선 안 되었죠. 관객들이 주인공과 함께 여행한다고 느껴야 하니까요. 마치 자기들이 그 병원에서 깨어난 것처럼요.

윌 스미스로 깨어나기보다는요?

영화 속 모든 인물들이 마찬가지였어요. 모두 이런 악몽 같은 상황에 던져진 일반인으로 보여야 했거든요. 원래 짐 역할에 아일랜드인을 쓸 의도는 없었어요. 하지만 이 친구, 킬리언 머피를 발견했는데 환상적이더라고요.

처음에 짐은 마치 어린아이 같아요. 이 황당한 상황에 잠이 깬 어린아이처럼 얼떨떨해 보이죠. 세상이 하루아침에 바뀌어 있으니까요. 그는 이 여정의 지도를 만드는 사람이에요. 정신적이기도 하고 육체적이기도 한 여정이죠. 말 그대로 런던에서 갓 태어난 아이의 상태로 여행을 시작하게 돼요. 비록 수염 난 아이이긴 하지만요! 그는 스스로의 힘으로 여정의 끝에 어떤 장소에 도달합니다.

공포영화 요소가 많음에도 불구하고, 공포영화 팬만을 위한 영화로는 보이지 않습니다. 관객들이 이 영화를 어떻게 받아들일 거라고 예상하세요?

놀랄 정도로 감정적인 영화로 받아들였으면 해요. 장르영화의 아이디어를 취해서 가능하면 많은 사람에게 어필할 수 있는 주류 영화를 만들고 싶었어요. 단순하게 시각 효과를 늘어놓은 영화로 보지 말고 감정적인 여정이 담긴 영화로 봐주었으면 좋겠어요. 보는 사람이 감정적으로 몰입할 수 있는 그런 영화요. 아마도 두세 군데에서 그런 감정적인 연관을 맺을 수 있으리라 생각해요. 생존자들이 투쟁하는 모습을 동료애적인 시각에서 볼 수 있을 거예요. 많은 사람들에게 호소력 있는 영화가 되길 진심으로 바랍니다.

텅 빈 런던 거리의
감염자들

interviewer / 샌디 헌터

대니 보일 감독은 최신작 〈28일 후〉에서 질병과 바이러스 감염에 대한 현대인의 공포를 빙글빙글 돌려, 종말 이후의 생존과 광분한 좀비들에 관한 섬뜩한 이야기를 자아냈다. 우리는 2003년 선댄스영화제 기간 동안 보일을 만나 잠시 대화를 나눴다. 그의 이전 작품으로는 〈쉘로우 그레이브〉와 〈트레인스포팅〉, 그리고 촬영감독 앤서니 도드 맨틀과 함께 만든 두 편의 디지털 영화가 있다.

〈28일 후〉는 좀비영화와 공포영화부터 종말론적이고 공상과학적인 주제까지 많은 장르를 뒤섞어놓은 듯합니다. 어떤 점들을 고려하셨나요?

우린 매 작품마다 어떤 한 장르를 선택해 장난치는 걸 아주 좋아해요. 그런 아이디어는 투자받는 데도 도움이 되죠. 주류 관객들의 관심을 끌 수 있기 때문에 영화 배급사들도 마음에 들어하고요. 이런 점들

Sandy Hunter, 28 Days Later: An Interview with Danny Boyle, *RES magazine(res.com)*, January 2003.

이 부분적인 이유가 되었어요. 우리도 주류 관객들을 원하지만, 동시에 그들이 좋아하는 장르를 비틀어 황당하게 만드는 것도 좋아해요. 좀비영화를 기대하고 온 팬들은 피비린내 나는 좀비와는 다른 좀비를 보게 될 거예요. 이런 게 관객과의 훌륭한 역학 관계라고 생각해요.

하지만 좀비영화 팬들은 실망할 수도 있는데요.

시나리오를 쓴 알렉스 갈란드는 좀비영화의 열혈 팬이자 공상과학 소설가 J. G. 발라드의 극성팬이기도 해요. 존 윈덤의 소설 『트리피드의 날』과 보리스 사갈의 영화 〈오메가 맨〉도 좋아하죠. 그렇다고 그들의 아이디어를 그냥 훔친 건 아니에요.

요즘 시대에는 어떤 것도 홀로 존재할 수 없어요. 참조해야 할 이전 것들이 항상 존재하죠. 어떤 의미에서는 훔친 거지만, 훔친 부분들을 다른 방식으로 조립했다고 보는 게 옳을 거예요. 일반적인 좀비공포영화보다는 좀 더 감정적인 영화가 됐으면 했어요. 관객들이 영화 속 인물에 순수하게 감정적으로 반응할 수 있길 원했죠.

문명의 폐허 속에서 탈출하는 생존자들의 이야기가 감독님에게 특별히 호소하는 부분이 있었습니까? 종말을 다룬 영화들의 필수적인 요소일 텐데요.

아마도 그런 장르의 최초의 영화가 〈녹색 광선〉일 거예요. 1920년대 프랑스 무성영화인데, 에펠탑 위로 녹색 광선이 비치죠. 광선은 프레임마다 손으로 그려 넣었을 거예요. 그 광선은 도시 전체를 잠들게 하고, 일군의 생존자들이 차를 타고 도시로 들어와요. 저도 이 영화를 본 적은 없고, 프랑스 기자한테 이야기만 들었어요. 어쨌든 이 영화가 종말 후의 생존자들을 다룬 최초의 영화인 것만은 분명해요. 이 장르는 홀륭한 기본 전제를 가지고 있어요. 생존자들을 한 가족으로 가정해서 가족영화도 만들 수 있게 해주니까요.

영화 속의 바이러스는 피를 통해 전염됩니다. 혹시 에이즈와도 관계가 있나요?

에이즈가 생각날 수밖에 없을 거예요. 하지만 에이즈에 근거했던 건 아니에요. 오히려 에볼라 바이러스에 더 가깝죠. 리처드 프레스턴이 쓴 『핫 존』이란 책이 있어요. 아프리카에서 워싱턴으로 에볼라 바이러스를 운반하는 사람에 관한 이야기인데, 공항에서 읽기 딱 좋은 책이지만 소설 속의 사건들은 정말 경탄할 만해요.

영화에 나오는 증상들은 모두 에볼라 바이러스와 광견병에서 가져왔어요. 약간의 의학적 지식만 있다면 금방 눈치챌 거예요. 어쨌든 에이즈가 생각나는 건 어쩔 수 없어요. 에이즈가 등장한 이래로 사람들은 피 한 방울에도 과민하게 반응하게 됐으니까요.

촬영감독 앤서니 도드 맨틀과의 작업에 대해 말씀해주세요.

뛰어난 촬영감독이에요. 촬영감독에게 일반적으로 기대하는 기술적인 지식 때문만이 아니에요. 디지털 비디오 작업 경험이 많아서인지 촬영감독 특유의 강한 자의식이나 촬영에 대해 신비로운 척하는 태도가 전혀 없어요. 다른 촬영감독들은 속으로 '내가 무슨 말하는지 전혀 모를 거야' 하면서 혼자만의 신비로운 촬영 비법에 대해 횡설수설하곤 하죠. 저는 그런 태도가 그들의 지위를 보호하기 위해 만든 헛소리인 경우가 대부분이라고 생각해요. 앤서니에게는 그런 태도가 보이지 않아요. 굉장히 여유 있고 창조적이죠.

시각적인 스타일에 대해 어떤 부분들을 논의하셨나요?

보통 영화들과는 질감에서 차이가 났으면 했어요. 그리고 세상의 종말을 다루기 때문에 완전히 다른 색조를 사용할 수 있었죠. 사람도 없고 자동차도 없는 세상이 어떤 모습일지는 아무도 모르잖아요. 우리는 원하는 질감을 디지털 비디오를 이용해서 얻어냈어요. 영화의 색깔을 이리저리 바꿔가며 약간은 이상한 느낌이 드는 세상을 만들어냈죠.

그에 반해 감염자들로부터는 엄청난 에너지가 뿜어져 나오길 바랐어요. 그런 느낌은 카메라의 특별한 기능을 이용해서 만들어냈는데, 프레임률을 변경하는 것이었어요. 실제로는 같은 속도지만, 사물들이 그보다 빠른 속도로 움직이는 것처럼 보이죠. 비가 내린다거나 사람이 달리는 것 같은 빠른 움직임을 약간 불안정한 방법으로 녹화한다고 할까요. 관객들이 감염자들을 보면서 사물에 대한 인식, 그러니까 심도나 거리 등에 대한 자신의 평상시 판단력을 의심하게 만드는 게 기본적인 아이디어였어요. 영화가 괴상하게 보일 거라고 반대하는 사람들이 많았지만, 제가 밀어붙였죠.

영화 전체에 대한 스토리보드를 만들고 작업하신 건가요?

가끔은 기술적인 이유로 부분적인 스토리보드가 필요하긴 해요. 하지만 저는 스토리보드 자체를 그다지 좋아하지 않아요. 감독마다 작업 방식이 다르겠지만, 개인적으로는 촬영 당일에 장면들을 구성해가는 걸 선호하죠. 감독의 결정에 많은 사람들이 의존하고 있기 때문에 쉬운 일은 아니에요. 하지만 그럴수록 자신이 하는 일을 잘 알고 있는 척이라도 해야, 다른 사람들도 자신감을 갖고 일할 수 있어요.

저는 결정을 가능하면 나중으로 미루기를 좋아해요. 그런 방식이 저를 굉장히 흥분하게 하죠. 그러나 예산이 커질수록 그런 방식으로 작업하는 게 힘들어지는 것 또한 사실이에요. 악마와 맺은 계약의 일부인 거죠.

디지털 촬영 기술로 얻은 다른 이득은 무엇이었습니까?

텅 빈 런던 장면이 가장 큰 소득이었어요. 필름이었다면 비용 때문에 엄두도 못 냈을 테고, 필름 작업의 본질상 결과도 완전히 달라졌을 거예요. 훨씬 덜 대담하게 표현했거나, 아니면 제작비가 엄청나게 비싸졌겠죠. 제작비가 많이 들면 그것을 만회하기 위해 스타를 써야 하니까 완성된 작품에도 분명히 영향을 끼쳤을 거예요.

그렇다면 불이익은 없었나요?

무엇보다도 와이드샷의 화질이죠. 하지만 우린 운이 좋았어요. 전체적으로 와이드샷은 피했으니까요. 인간의 시력은 너무 탁월해서 스크린의 관심 있는 부분을 확대해서 보게 돼요. 마치 비디오게임 〈할로Halo〉처럼요! 만약 우리 눈이 관심 부분에 다가갔을 때, 거기에 디테일이 부족하면 영화 전체가 형편없어 보이죠. 반면에 필름에서는 그 정도로 가깝게 다가가도 충분한 디테일이 있기 때문에 여전히 그럴싸하게 받아들여져요. 이런 부분이 유일한 불이익이었어요.

디지털 비디오가 시대물에도 적당할지는 아직 잘 모르겠어요. 디지털 비디오 녹화 과정과 결과물에는 필름과는 완전히 다른, 어떤 현대적인 느낌이 있어요. 제인 오스틴의 소설이나 웅장한 시대극을 디지털 비디오로 만들면 어떤 모습일지 감이 안 오네요. 아주 이상한 느낌일지도 몰라요.

텅 빈 런던 장면들을 도대체 어떻게 찍으신 건가요?

말 그대로 열 대의 카메라로 각 장소에서 2분씩 촬영했어요. 카메라를 신중하게 배치해서 촬영했기 때문에, 편집해놓으면 텅 빈 도시를 주인 공과 함께 돌아다닌다는 연속적인 느낌이 들 거라고 확신했죠. 시작부 터 이런 이상하고 새로운 세계 속으로 관객들을 끌어들여야 감염자들 의 공격이 도래했을 때 그만큼 취약한 느낌을 갖게 됩니다.

감염자들 장면에 대해서도 설명해주세요.

편집을 맡은 크리스 길은 정말 대단해요. 특별한 테크닉을 가지고 있 죠. 그를 고용한 이유이기도 한데, 시간을 편집해서 압축할 줄 알아요. 예를 들어 당신이 문을 열기 위해 문 쪽으로 가는 모습을 찍었다면, 실제보다 훨씬 빨리 문에 도달하는 것처럼 보이도록 편집할 수 있어 요. 그런 편집 기술을 쓴다면 관객들이 굉장히 불안해할 거라고 생각 했어요. 아주 훌륭한 효과였죠. 편집감독과 동반자 관계가 되면 그가 나중에 어떻게 편집할지를 이해하면서 촬영하게 돼요.

감염자들의 가차 없고 끈질긴 느낌을 위해 이용한 다른 요소들은 무엇이었습니까?

음악이었어요. 영화가 시작할 때 캐나다 록밴드 갓스피드 유 블랙 엠 퍼러Godspeed You Black Emperor의 곡을 사용했죠. 대단한 밴드예요. 허가 를 받으려고 만났더니, 영화 사운드트랙으로 자신들의 음악을 사용해 본 적이 없다며 무척 꺼리더라고요. 하지만 아주 멋진 사람들이었어요.

느리게 애조를 띠고 시작해서, 점점 종말론적인 클라이맥스로 치닫 는 그들의 음악은 우리 영화에 딱 맞았어요. 결국 그 곡을 영화가 시작할 때 사용했고, 작곡가 존 머피가 그 곡에서 영감을 받아 반복적인 리듬이 중첩되는 영화의 엔딩 타이틀을 작곡했어요. 헤드라이트 불빛 속에 붙잡혀 꼼짝 못하고 있는데 벗어나기엔 이미 너무 늦어버렸고, 음악은 점점 고조되고…… 이런 느낌인 거죠.

개인의 자유와 집단의 이익이라는 윤리적인 딜레마를 감독님 영화의 주제라고 볼 수 있을까요?

지난 20여 년간 영국에서는 사회가 더 이상 유지될 수 없을 정도로 개인주의가 팽배해졌어요. 이건 아주 중요한 질문이에요. 자본주의적 개인주의가 꿈을 파는 것과 같다고 우리는 익히 들어 잘 알고 있죠. 미국인들은 그것에 대해 큰 자부심을 갖고 있고요.

하지만 꿈들을 너무나 잘 팔아서 이제는 그걸 배달할 능력을 넘어서버린 거죠. 사람들은 돈도 없으면서 강박적으로 저걸 꼭 가져야 한다고, 가고 싶은 데는 갈 수 있다고 착각하죠. 현실은 전혀 그렇지 않은데도요. 그러면서 긴장과 갈등이 쌓여가고, 어느새 폭력이 들어오게 돼요. 이런 것들이 그동안 다루었던 주제예요.

다음 작품도 디지털카메라로 작업하실 건가요?

아니요, 다음 작품은 아니에요. 선택에 앞서 먼저 이야기에 부합하는 유기적인 이유가 필요해요. 물론 모두들 결국에는 디지털로 작업하게 될 테고, 필름으로 작업한다는 게 오히려 이상하게 여겨지겠죠. 다음 작품은 필름으로 하겠지만, 언젠가 다시 디지털로 돌아올 거예요. 저는 디지털로 작업하는 데 전혀 문제가 없어요.

다음 영화는 뭔가요?

프랭크 코트렐 보이스가 쓴 〈밀리언즈〉라는 작품이에요. 지루한 이야기라고 생각할지도 모르지만, 영국의 파운드화가 유로화로 통합되는 것에 관한 내용이에요.

이 영화는 화폐 통합이 어떤 특정한 주말에 일어난다고 가정하고 있어요. 그리고 그것이 영화 속 범죄자들에게 어떤 기회를 주게 되죠. 영화제작자인 저희에게도 하나의 기회고요. 생각만큼 그렇게 지루하지는 않을 거예요! 큰 기대를 안 하게, 그냥 이런 식으로 말하고 다닐 뿐입니다. 두 어린이에 대한 아주 낙관적인 영화고, 사물에 작별을 고하는 영화예요.

엔터테인먼트가 필요해

interviewer / 제프리 오버스트리트

성자처럼 신앙심 깊은 소년 데미안이 주인공으로 나옵니다. 하지만 〈밀리언즈〉는 관객들에게 설교하려 들지 않아요. 그렇게 하기 쉽진 않았을 것 같은데요.

만드는 내내 '너무 설교하면 안 돼' 하고 다짐하면서 조심조심 영화를 만들 수는 없어요. 본질적인 것, 긍정적인 것에만 집중해야 해요. 데미안과 그 역을 연기한 소년이 바로 이 영화의 본질이죠. 이 소년이 세상을 보는 방식에 관한 영화니까요.

만약 이 영화에 감동을 받는다면, 데미안으로 인해 삶이란 아주 단순하다는 사실을 다시 깨닫기 때문이에요. "그렇게 단순한 건지 모르겠어요? 왜 그렇게 못 하세요? 어서 돈을 뱉어내요!"라고 사람들에게 설교하는 것과는 다르죠. 우리가 말하고자 하는 바는 이런 거예요. "당신이 데미안 나이였을 때를 돌아보면 모든 것이 단순했어요. 그리고 단순하다는 건 그렇게 나쁘지만은 않아요." 생존과 경쟁의 세상 속

Jeffrey Overstreet, Danny Boyle: The Looking Closer Interview, the Looking Closer website, February 2005.

에 살고 있어도 우리는 여전히 데미안인 거죠.

데미안과 그의 형 앤서니는 세상을 서로 다르게 봅니다. 데미안의 관대함과 동정심이 그의 신앙에 뿌리를 두고 있다면, 앤서니의 물질주의와 불안, 신뢰의 결여는 정확히 어디에 뿌리를 두고 있습니까?

이 이야기의 전체 구조는 데미안이 여덟 살이라는 사실에 근거를 두고 있어요. 데미안 역을 뽑기 위해 했던 오디션에서 나온 아이디어죠. 형 앤서니처럼 이미 열 살이 된 아이들은 어른의 문턱을 넘어서고 있어서 훨씬 더 탐욕스러워 보였어요. 그리고 일단 그 문턱을 넘어서면 다시는 돌이킬 수 없어요. 하지만 여덟 살짜리 아이들에게는 그런 게 보이지 않았죠. 그러니까 여덟 살과 열 살 사이 어디쯤에서 그런 변화가 생기는 거예요. 저도 아이들이 있어서 그 점에 대해 많이 생각해봤는데, 아이들을 키우면 매일 보기 때문에 그런 변화를 눈치채기가 힘들어요. 표본 집단을 조사하는 것과는 다르죠.

어쨌든 영화는 데미안과 앤서니의 차이, 그리고 그들의 갈등을 중심으로 만들어졌어요. 형은 세상을 항상 '현실적'으로 보면서 무엇이 진짜인지, 요즘 세율은 어떤지, 모기지란 무엇인지에 대해 생각하죠. 반면에 동생은 '비현실적'인 것들에 대해서 생각해요. 그것들이 비현실적이라고 의식하지도 못해요. 왜냐하면 그에게는 그게 현실이니까요. 그래서 성상들과 대화도 나눌 수 있어요. 그런 것들이 그의 세계의 일부인 거죠. 그 세계는 눈앞에 실재하고 만질 수도 있어요. 그가 상상해 낸 것이 아니라 실제로 존재하는 세계죠.

마지막에 논쟁에서 이긴 후 데미안은 그 돈을 자기가 옳다고 생각하는 방식대로 써요. 다른 사람들도 자기들이 원하는 대로 시도해봤지만 모두 실패했잖아요. 데미안은 마치 그 구절에 나오듯이…… 뭐였더라…… "가진 것을 모두 나눠줌으로써 보전하라."

마치 U2의 노래에 나오는 후렴구 같네요.

맞아요! 근데 제가 인용한 건 스톤 로지스The Stone Roses의 리드 보컬 이안 브라운이 부른 〈Keep What Ya Got〉이라는 노래에 나온 거예요.

그렇다면 데미안이 실제로 성인들을 만났다고 봐야 할까요, 아니면 단지 활발하고 건강한 상상력을 가진 소년이었던 걸까요?

시인 윌리엄 워즈워스는 어떤 시에서 어린 시절에 대해 이렇게 말해요. "너는 바다로부터 태어났다. 해변으로 다가가보면 너는 알리라, 어디로부터 나왔는지를. 그리고 창조주를 볼 수 있다. 어디로부터 나왔는지 너는 볼 수 있다. 하지만 언어(사물을 묘사하는 너의 능력)가 도착하고 나면, 너는 방금 산등성이를 넘었으리니. 그러면 돌아봐도 더 이상 그것을 볼 수 없다."

언어가 도착하기 바로 전까지 우리는 우리의 근원과 접촉하고 있었어요. 아이들을 바라보면 때때로 그들의 눈에 무엇인가 있다는 걸 알게 되죠. 아이들은 우리의 어깨 너머를 바라보고 있어요. 옹알거리는 게 아니라 실제로 무언가 바라보고 있어요. 그래서 돌아보면 아이들이 바라보던 것은 이미 사라지고 없어요. 그러면 우리는 생각하죠. "무엇을 보고 있었을까?" 제 생각엔 아이들의 눈 속에 무언가 있어요.

요즘 영화에서 종교를 거론하는 것은 용감한 일입니다. 멜 깁슨의 영화 〈패션 오브 크라이스트〉가 많은 논란을 일으켰죠. 하지만 그 영화는 깊은 종교적

확신으로부터 나온 거예요. 데미안의 상상력을 자극하는 가톨릭의 아이콘들과

기독교적 전통들이 개인적으로 감독님에게도 어떤 울림을 주나요?

그럼요. 저는 매우 엄격한 가톨릭 신자로 자랐어요. 어머니가 독실한 아일랜드 가톨릭 신자셨는데, 열세 살이 될 때까지 제가 신부가 되길 원하셨죠. 어머니가 좋아하는 성인 중 한 분이 파티마의 성모마리아 Our Lady of Fátima예요. 그러니까 전 어린 시절, 가톨릭 전통에 둘러싸여 지냈죠. 어머니는 1985년에 돌아가셨어요. 저는 이 영화를 어머니와 아버지께 헌정했습니다.

하지만 데미안이 특정 종교의 신앙을 가진 아이라는 의미는 아니었어요. 데미안도 커가면서 다른 종류의 신화와 성상들을 마주치게 될 거예요. 영화나 여자처럼 우리의 삶을 채우는 그 모든 종류의 것들을 말이죠. 그러니까 성인이 되면서 어떤 성향이 생길 거예요. 하지만 그런 성향들이 생기기 전에는, 저에게 그랬듯이 그에게도 가톨릭 성인들이 중요했던 것뿐이에요.

데미안과 성인들의 관계에서 중요한 건 그의 상상력이에요. 그를 성인들에게 접근할 수 있게 도와주거든요. 상상력이 그들을 실재하게 만드는 거죠. 어떤 사람들은 정말로 실재한다고 믿어요. 심지어 이 영화를 만든 사람들 중에도 그것이 실재한다고 믿는 이들이 있어요. 또 다른 사람들은 단지 상상의 비약일 뿐이라고 생각하지만요.

그러나 데미안은 예술가이기 때문에 그런 것에 접근할 수 있어요. 데미안이 나이가 들면 그런 것들이 그를 또 다른 곳으로 데려다 줄 거예요. 그래서 그가 종교적인 인물이 아니라는 거예요. 도약할 수 있는 힘, 즉 상상력에 연결된 게 바로 이러한 신앙이니까요. 엄격하고 전통적인 의미의 종교적 신앙을 말하려는 게 아니에요.

마틴 스코시즈는 자신이 읽었던 책『여섯 시 정각의 성인들』에 대해서 이야기합니다. 정말로 뛰어난 책이죠. 이야기들이 마치 영화 같아요. 그 책에 나오는 성인들은 폭력적이고 믿을 수 없을 정도로 짜릿하고 흥분되는 데다, 위험하기까지 하죠. 이들 위에 내리는 빛은 마치 〈택시 드라이버〉의 트레비스 비클에게 내리는 빛과 같아요. 그 빛이 그들을 슈퍼히어로로 만드는데, 현실에서 그들이 안티히어로인지 아닌지는 상관없어요. 그들은 아이콘이 될 만한 초인들인 거예요. 영화가 그동안 엄밀하게 종교적인 의미에서 우리를 폄하해온 것과는 정반대의 관점인 거죠.

〈밀리언즈〉는 좀비영화 〈28일 후〉 바로 다음에 나왔습니다. 로맨틱코미디물도 했었고 지금은 공상과학영화를 준비 중이라고 알고 있는데, 작품들을 관통하는 중심 테마나 중요한 도덕적인 질문이 있나요?

작가가 작품의 주제에 대해 말하는 순간, 모든 것이 설교하듯이 보일 수 있어요. 하지만, 네, 맞아요. 제 작품에는 분명히 도덕적인 요소들이 있어요. 매 작품마다 장르적 아이디어에 맞서 저만의 도덕적 원칙들을 시험해왔던 것 같아요.

저는 개인적으로 서구인들에게는 이데올로기가 더 이상 문제되지 않는다고 생각해요. 이데올로기의 선택을 강요받을 필요가 없어졌어요. 대신 소비자들이 되었죠. 소비하는 경주에 참가하고 있는 거예요. 하지만 그 안에서도 개인이 가진 도덕적인 원칙들은 여전히 남아 있어요. 그런 원칙들은 어떤 상황에서 시험을 받게 되죠. 이런 것이 제 작품들 이면에 있는 생각이에요.

제가 만든 영화들이 도덕적인 문제를 다루고 있긴 하지만 특별히 그렇게 알려지길 바라진 않아요. 그렇게 의도된 것들이 아니니까요. 도덕성은 제 작품들의 유전자 같은 거예요. 표면적으로 그게 꼭 드러나야 할 필요는 없죠. 제 영화들은 기본적으로 즐거움을 주는 영화들이라고 생각해요. 제 영화들이 정말로 사람들을 재미있게 해주었으면 좋겠어요.

그리고 가능한 한 많은 사람들이 보길 바랍니다. 어떠한 사람도 제외하고 싶지 않아요. 〈28일 후〉의 관객들 중 단 한 사람도 〈밀리언즈〉의 잠재 관객에서 배제하고 싶지 않아요. 물론 영화의 내용을 듣고 멀리하려는 사람들도 있을 수 있겠죠. 〈패션 오브 크라이스트〉의 관객들 역시 마찬가지예요. 제 영화가 무엇을 다루든, 쉽든 어렵든, 사람들에게 자극이 될 수 있는 영화였으면 해요. 제 목표는 최소공약수의 관객에게만 호소력 있는 영화를 만드는 게 아니에요. 가능하면 많은 관객들이 볼 수 있도록 사람들이 흥미로워하는 걸 끊임없이 찾아내는게 제 영화 만들기의 목표예요.

전 영화에 에너지를 넣으려고 노력해요. 그것이 저에게는 삶을 긍정하는 것이고, 구원이기도 해요. 때로는 끔찍한 것들을 바라볼 때도 있어요. 〈트레인스포팅〉 때처럼요. 그곳에서 일어나는 일들은 정말로 끔찍하죠. 하지만 그런 부정적인 부분에서도 어떤 삶의 에너지 같은 걸느껴요. 삶은 인정하기 힘들 정도로 불쾌하게 어디서나 고동치고 있거든요. 싫든 좋든 삶은 어디까지나 삶이죠. 삶은 본질적으로 하나의 승리라고 생각해요.

감독님 영화를 본 사람들에게서 들었던 가장 보람 있는 말은 무엇인가요?
글래스고에 있을 때였어요. 첫 영화 〈쉘로우 그레이브〉를 만든 후였죠. 하이 가街를 따라 내려오다가 HMV를 지나쳤어요. HMV는 버진이나 타워 같은 레코드 가게예요. 막 가게를 지나치는데 한 젊은 친구가 가게에서 나왔어요. 순간 그 친구가 저를 한 대 치는 줄 알았어요. 저를 향해 달려오고 있었거든요! 그런데 다가와서는 이렇게 말하는 거예요. "[삐-]하게 멋진 영화였어요, 친구!" 그러고는 다시 가게로 들어가더군요. 지금까지도 그 순간이 저와 함께하고 있어요. 그 친구의 얼굴도 아직 기억해요.

주인공 역할을 맡은 아역들에 대해서도 얘기해주세요.

오디션 때 알렉스가 문을 열고 들어서자마자 곁눈질로 보고는 '바로 저 애다' 생각했어요. 그런 경우엔 오디션에서 더욱더 엄격해야 해요. 외모 때문에 캐스팅한 게 아니라는 사실을 확실히 해줘야 하거든요. 정말로 흥미로운 친구였지만 연기가 썩 좋진 않았어요.(갓 여덟 살이 된 아이에게 그런 걸 기대할 수 있나요?) 많은 사람들이 연기를 더 잘하는, 다른 아이를 원했죠. 그러나 우리는 배우를 찾던 게 아니었어요. 영화 속 세상에서 실제로 살아갈, 어떤 존재감을 가진 아이를 원했죠. 전문 배우들에게서 볼 수 있는 그런 가식을 아이들이 배우지 않았으면 좋겠어요. 아이들에겐 그따위 기술이나 지식은 필요 없거든요.

　형 역할로는 전문 아역 배우를 선택했어요. 그는 타이밍에 대한 감각을 갖고 있었죠. 사물들을 웃기게 묘사할 줄도 알고, 대사를 할 때 어떤 느낌으로 잠시 멈췄다 해야 하는지도 알고 있었어요. 어떤 지시도 받지 않고요. 그의 유전자 안에 전부 들어 있었나 봐요. 열여덟 살이 될 때까지 그에게 무슨 일이 벌어지든지 별로 걱정이 안 돼요. 왜냐하면 그 녀석은 결국 배우가 될 테니까요.

아주 다양한 장르를 다뤄오셨습니다. 다음엔 어떤 장르가 될까요?

다음 작품으로는 〈선샤인〉을 준비하고 있어요. 공상과학영화죠. 지금까지 약 스무 개 버전의 시나리오가 나와 있는 상태예요. 〈28일 후〉를 쓴 알렉스 갈란드가 시나리오 작업을 하고 있고요.

〈선샤인〉은 태양에 관한 영화예요. 태양이 힘을 잃어가는 멀지 않은 미래를 배경으로 하죠. 꺼져가는 태양을 재점화하기 위해서 지구 사람들은 아주 큰 폭탄을 만들어 보내요. 밴쿠버나 토론토 정도 크기의 어마어마한 폭탄이죠. 이카루스 2호라고 불리는데, 달의 궤도를 돌며 우주 공간에서 만들어졌어요. 과거에 이카루스 1호도 있었지만 실패했어요. 왜 실패했는지는 알려지지 않았죠. 태양 가까이 가면 모든 무선통신이 작동하지 않으니까요. 1호의 실패 이유를 찾아내는 것도 이카루스 2호의 미션 중 하나예요.

심리학적으로 보자면 창조주와의 관계를 다룬 영화로도 볼 수 있어요. 창조주란 현실적인 용어로 말하자면 태양이고, 영적인 용어로 말하자면 뭐, 원하는 만큼 확대하면 됩니다. '창조주를 마주하고도 살아남을 수 있는가?'라고 질문하는 영화예요.

〈선샤인〉 외에도 아직 출간되지 않은 가즈오 이시구로의 『네버 렛미 고』도 작업하고 있어요. 그의 새 소설인데, 3월에 출간될 예정이에요. 아주 뛰어난 소설이죠.

감독님은 지금 아주 넓은 제작 기반을 가지게 되었습니다. 하지만 많은 독립영화 제작자들에게 영감을 주었던 건 감독님이 고안해냈던 영화적 장치들 때문이었죠. 감독님이 목표한 것이었나요, 아니면 어떻게 하다 보니 그렇게 되었나요?

저는 작은 영화를 만들 때 더 잘하는 경향이 있어요. 큰 스케일의 영화를 만들 때는 그만큼 잘하지 못하죠. 〈비치〉로 스케일 큰 영화에 도전해보긴 했지만, 그다지 행복한 경험은 아니었어요. 저 자신이 무엇을 더 잘하는지 그때 알게 됐죠. 아직도 큰 스케일의 영화를 보는 건 좋아해요. 그런 영화가 훌륭하기까지 하면 더 바랄게 없죠! 그리고 그런 영화를 만들고 싶은 야망은 아직도 있어요. 정말로 스케일이 큰 영화를요.

〈글래디에이터〉처럼 큰 스케일의 영화가 세계적으로 히트를 치면 깨닫는 게 있어요. 정말로 영화라는 건 지구를 감쌀 만큼 큰 하나의 스크린을 통해 이런 신화들을 지켜보는 거구나 하고요. 불행히도 저는 그런 영화를 잘 만들지 못해요. 그래서 더 잘하는 걸 할 수밖에 없어요.

하지만 사람들에게 영감을 주는 건 좋아해요. 특히 목소리 없는 사람들, 자기가 영화를 만들 수 있으리라 꿈도 못 꾸는 사람들에게요. 이런 게 미국에서는 문제가 되지 않을 거예요. 미국 사람들은 훨씬 더 자유롭게 영화를 만들 수 있거든요. 아무나 영화 작가가 될 수 있어요. 스티븐 스필버그의 경우처럼, 평범했던 아이가 자라서 할리우드의 왕이 될 수 있으니까요. 영국에서는 아직 그렇지 못해요. 여전히 울타리가 둘러쳐진 영역이죠. 약간의 예외가 있긴 하지만 지식인 계층의 성역 같은 느낌이에요. 제가 영국에서 그 문제에 대해 지겹게 떠들어대고 있는 이유가 바로 그 때문이죠.

박스오피스에서 〈부기맨〉이나 〈아직 멀었어요?〉 같은 독창적이지 못한 일회용 영화들이, 좋은 영화들을 제치고 1위를 하는 걸 보면 좌절감이 느껴지지 않으십니까?

한번 상상해보세요. 차량 정비소나 슈퍼마켓에서 1주일 내내 일하다가 드디어 금요일 저녁이 왔어요. 1주일 동안 일에 치이다가, 여자친구와 영화를 보며 진탕 웃어댈 단 한 번의 기회가 온 거예요. 뭐가 필요할 거 같나요? 바로 엔터테인먼트죠. 그게 우리가 하는 일이에요. 엔터테인먼트.

돈 많은 메이저 영화사들의 책임이란, 그런 사람들에게 지속적으로 즐거움을 전달하는 데 실수가 없도록 영화 산업이 늘 돌아가게 하는 거예요. 감독들에게도 영화를 오페라로 바꾸지 않도록 조심해야 할 책임이 있어요. "이 영화는 상당히 훌륭한 영화입니다. 아주 약간 전문화되어 있어서 여러분 중 몇몇은 도저히 이해할 수 없겠지만요." 이런 영화는 안 되는 거죠.

스코시즈가 말했듯이, 영화 산업의 틀 안에서 더욱 "교활"해져야 해요. 사람들이 금요일이나 토요일 밤에 보러 올 만큼 흥미로운 것 속에 좋은 아이디어들을 몰래 집어넣어야 하죠. 그래야 조금 전에 당신이 언급했던 그런 영화들보다 더 큰 재미와 감동을 주겠죠. 그게 우리가 하는 일이에요. 나쁜 영화들을 금지하는 대신, 더 재미있고 더 좋은 영화를 만들어내야 해요.

방금 말씀하신 것의 좋은 예가 〈28일 후〉입니다. 어떤 의미에서는 시끌벅적한 좀비영화일 뿐이지만, 그 안에는 시의적절한 주제와 강렬한 감정들이 함께 있어요.

제가 〈28일 후〉에서 가장 좋아하는 장면은 감염된 아버지가 자기 딸에게 작별을 고하는 순간이에요.

정말 가슴 아픈 장면이었어요.

〈글래디에이터〉에도 그런 장면들이 있어요. 전 세계인들에게 일제히 감동을 주죠. 세상 사람들 모두가 공유하는 어떤 것을 건드리기 때문이에요.

저는 평범한 사람이에요

interviewer / 존 수오조

본 질의응답은 랜드마크의 E 스트리트 시네마에서 3월 7일에 이루어졌다. DCFS 디렉터 마이클 키리오글로우가 토론을 진행했다.

키리오글로우 이 영화의 준비 과정에 대해 말씀해주세요.

보일 〈24시간 파티하는 사람들〉과 〈힐러리와 재키〉를 썼던 프랭크 코트렐 보이스가 시나리오를 맡았어요. 그는 4년 전쯤에 시나리오를 완성했는데, 많은 감독들을 전전하다 결국 저에게까지 오게 되었죠. 제가 마지막이었던 이유는 아마도 제가 이 이야기를 가지고 아동을 학대하는 좀비영화쯤으로 만들 거라고 생각했나 봐요.

키리오글로우 시나리오를 전체 다 수정했다고 하던데요.

보일 처음에는 60년대가 배경이었어요. 작고한 알란 베이츠가 범죄자로 나오는 〈우리들만의 비밀〉이라는 흑백영화를 기억하실 거예요.

John Suozzo, Q&A with Danny Boyle, Director of Millions, *Storyboard,* the newsletter for the Washington, DC Film Society website, March 2005. Reprinted with permission.

제 생각엔 그 영화와 조금 비슷한 것 같아서 장면들을 군데군데 수정하기 시작했죠. 수정을 마치고 나니 원래의 시나리오에서 한 장면만 빼고 다 고쳤더라고요.

데미안을 연기한 어린 배우는 어디서 찾아내셨습니까? 그리고 어디에서 촬영했는지도 말씀해주세요. 몇몇 장소들은 제가 아는 곳 같았어요.

보일　위드너스에서 촬영했어요. 리버풀과 맨체스터 중간에 위치한 영국 북서부의 마을이죠. 실제로는 두 개의 자매 도시인데, 축구팀이 라이벌인 관계로 그렇게 불리는 걸 싫어하죠. 그 꼬마 녀석(알렉산더 에텔 분)은 영화에 처음 출연하는 것이었어요. 제가 우연찮게 발견했죠. 오디션을 본 아이들 중에 최고는 아니었지만, 딱히 뭐라 할 수 없는 특별한 것이 있었어요. 오디션 내내 "바로 저 애다, 바로 저 애" 하고 생각했죠. 두말할 것도 없이 그 아이가 바로 데미안이었어요.

키리오글로우　〈네버랜드를 찾아서〉부터 〈천사의 아이들〉까지 최근 영화에 아역 배우들이 자주 나오는 것 같습니다. 요즘에는 아주 자연스런 연기를 하는 아역 배우들이 많던데, 짜증 날 정도로 어른같이 연기하던 예전 아역 배우들과는 다르더군요. 기차가 윙 하고 지나가는 장면이나 집을 짓는 장면들에 대해서도 말씀해주시겠어요?

보일　저는 맨체스터에서 자랐어요. 옛날에는 그 도시를 황량하고 산업적인 풍경으로 묘사하곤 했지만, 저는 항상 데미안처럼 그곳을 멋진 풍경이라고 생각했어요. 그 지역의 위트와 활력을 강조하고 싶었죠. 그래서 크리스마스 때가 배경이었지만 실제로는 여름에 촬영했어요. 맨체스터 여름의 푸른 하늘과 좋은 날씨를 자랑하고 싶었거든요. 아이들과 유일하게 사이가 틀어진 시기이기도 해요. 여름에 코트를 입고 모자를 쓰는 게 "바보 같다"고 하더라고요. 맨체스터를 예쁘게 보이게 하려고 그런다니까 "그래도 바보 같아요" 하고 대꾸하더군요.

키리오글로우　사방에 돈 가방이 널려 있는 것을 보니 기분이 좋았습니다.

보일　돈을 태우는 것이 범죄라는 게 참 이상했어요. 가짜 돈을 태우는 것 역시 범죄라고 해요. 그래서 우리가 촬영할 때 한 짓은 말씀드리기 곤란해요.(웃음)

아이들과 일할 때 연출 스타일은 어떻게 조정하십니까?

보일　아이들과 일하는 건 아주 즐거워요. 간섭을 많이 해야 될 것 같지만, 그러면 아이들에게 더러운 손때만 묻히는 꼴이 돼요. 그래서 뒤로 물러났더니 아이들이 자신감을 갖기 시작했어요. 아역 연출을 잘하면 대개 감독이 칭찬을 듣는 경향이 있어요. 하지만 칭찬을 받을 사람은 바로 아이들이에요. 왜냐하면 그들이 상황을 완전히 파악하고 있다는 걸 보여주니까요.

가장 좋은 예가 아이들이 인터넷으로 브래지어를 보는 장면이에요. 만약 제가 40대 남자의 시각에서 브래지어와 인터넷에 대해 어떻게 생각하는지를 아이들에게 말했다면 정말 복잡해졌을 거예요. 대신에 그냥 아이들이 원하는 대로 연기하게 놔뒀죠. 그 결과 아주 아름다운 장면이 나왔어요. 아이들 스스로가 전적으로 책임을 지고 연기한 장면이에요.

영화가 환상과 실재 간의 균형을 아주 훌륭하게 보여준다고 생각합니다.

보일 성자들이 나오는 장면을 하나 잘라내야 했어요. 나쁜 사람이 쫓아온다고 생각하면서 아이들이 다락으로 도망치는 장면이었는데, 성자들이 모두 그 다락방에 모여 기도를 하기 시작해요. 하지만 기도 소리가 너무 커서 마치 "나 잡아가소" 하는 것 같아서 잘라내야 했죠. 집을 짓는 모습을 내부에서 보여줌으로써 지금 아이의 관점에서 이야기한다는 것을 알려주고 싶었어요.

성자들의 모습도 아주 인상 깊었습니다. 영화에 나오는 성자들의 이야기가 전부 사실인가요?

보일 요즘에는 거의 모든 것에 수호성인이 있어요. 텔레비전의 수호성인은 성 클래어Saint Clare이고, 인터넷의 수호성인은 세비야의 성 이사도레Saint Isadore of Seville죠. 나이 많은 교황에도 불구하고 교회 내의 사람들은 시대에 발맞추기 위해 열심히 노력하고 있어요. 어떻게 보면 참 귀여운 일이기도 한데, 그들은 성인들의 직무를 두 배로 늘려야만 했죠. 때로는 네 가지 일을 맡는 수호성인도 있어요. 하지만 슬프게도 영화감독의 수호성인은 아직 없어요.

예전 영화들에 비해서 이번 영화는 사운드트랙이 좀 별로더라고요. 어떻게 된 건가요?

보일 이번에는 오케스트라를 많이 사용했어요. 〈28일 후〉의 음악을 맡았던 존 머피가 이번에도 수고를 해주었죠. 댄스 그룹 프랭키 고즈 투 할리우드Frankie Goes to Hollywood 출신으로 세상 물정에 무척 밝은 리버풀 젊은이예요. 〈가위손〉의 음악을 만든 대니 엘프만을 좋아한다더군요. 아이들이 나오는 이런 영화에는 오케스트라 곡이 더 잘 어울린다고 생각했어요.

원래대로 60년대를 배경으로 했다면 영화에서 가장 중요한 사건인 유로화 화폐 통합은 어떤 것으로 대체할 생각이었나요?

보일　동독과 서독의 통일에 대한 이야기를 읽은 적이 있어요. 모든 동독 화폐가 엄중한 경호하에 범죄 위협으로부터 보호받고 있다는 이야기였죠. 배경을 현대로 바꾸고 나서는, 만약 영국이 파운드화를 유로화로 통합하기로 결정한다면 믿지 못할 만큼 시사성 있는 영화가 되겠구나 기대했어요. 하지만 애석하게도 영국에서는 그런 일이 일어나지 않았죠. 유로화 통합은 날아가고, 우리 영화는 일종의 판타지영화가 돼버린 셈이에요.

키리오글로우　영화 광고에 썰매를 탄 노인이 나오는 이유가 무엇인가요?

보일　영국이 유로화로 통합될 경우 어떤 홍보가 가장 적절할지 광고 에이전시와 논의했어요. 그들은 화폐 통합에 찬성하는 젊은이들보다는 나이 든 세대들이 납득할 수 있는 광고가 필요하다고 제안했죠. 그래서 영화 〈캐리 온〉 시리즈에서 위태로운 의사로 출연했던 레슬리 필립스를 선택했어요.

〈쉘로우 그레이브〉와 〈밀리언즈〉의 중심에는 돈 문제가 놓여 있습니다. 앞의 영화는 부자가 되는 것으로 끝을 맺고, 뒤의 영화는 가난해져서 끝이 나는데, 거기엔 어떤 이유가 있나요?

보일　각 영화를 만들 당시 영국의 상황을 반영한다고 생각해요. 〈쉘로우 그레이브〉는 냉소적인 시기에 만들었어요. 〈월 스트리트〉의 고든 게코가 주장하듯 '탐욕은 좋은 것'이라는 사고방식이 널리 퍼져 있던 때죠. 반면에 〈밀리언즈〉는 토니 블레어 시대에 만들었는데, 영국 노동당이 나라를 위해 뭔가 좋은 일을 하려고 노력하던 때예요. 영국에서는 보기 드문 시기였어요.

키리오글로우 이 영화의 어떤 점에 끌렸나요? 사람들은 훨씬 더 어두운 영화를 기대하고 있었는데요.

보일 저는 정말로 평범한 사람이에요. 그저 생기가 넘치는 방식으로 이 이야기를 전해주고 싶었어요. 아이들을 피해자로 보는 건 원치 않아요. 그들이 삶의 에너지를 갖기를 바랄 뿐이죠. 마사 스튜어트가 감옥에서 발견한 그런 에너지 말이에요.(웃음)

저는 데미안이 제3세계에 깨끗한 물을 가져다주기로 하는 부분이 아주 마음에 들었어요. 어째서 그런 선택을 했을까요?

보일 저도 그 아이가 어떤 선행을 했으면 하고 기대하고 있었어요. 데미안이 아이의 관점에서 너무나 순진하게 이런 문제를 다루었기 때문에 그런 결정을 할 수 있었던 것 같아요. 결국 이야기로부터 자연스럽게 생겨난 거죠. 실제로 우리는 워터에이드라는 회사를 찾아냈어요. 우리가 약간의 돈을 기부한 자선단체이자 아프리카에 우물을 파는 회사죠. 하지만 그보다 더 중요한 질문은 식수라는 게 공익사업이어야 하는가, 민영화되어야 하는가 아닐까요? 우리는 이런 문제를 강조하는 게 시급하다고 생각했어요.

내 과거에 뿌리를 두고 있죠

interviewer / 브렌던 맥디벳

영화 〈밀리언즈〉로 새로운 전기를 맞이하신 듯합니다. 〈트레인스포팅〉과 〈28일 후〉의 감독이 어린이들이 나오는 천진난만한 영화를 만들었다는 것이 믿기지 않는군요.

급격한 변화처럼 보이겠지만, 저는 전혀 그렇게 느껴지지 않아요. 이 영화를 그다지 다르게 여기지 않았거든요. 제가 걱정한 건 혹시 같은 영화를 되풀이해서 만드는 건 아닐까 하는 점이었어요. 작업할 때는 그런 공포가 매우 현실적으로 다가오죠. 어쨌든 사람들이 보고 기존 작품과 아주 다르게 느낀다면 저야 고맙죠.

시나리오를 받아보고는 제 안의 무언가가 바로 반응을 했어요. 영화를 하나의 사업으로 보고 결정을 내렸다면 아마도 이런 식이었을 거예요. '지난번 영화가 괜찮았으니까 하나 더 만들어보자!' 혹은 '지난번엔 이런 영화를 만들었으니까 이번엔 좀 다른 걸 만들어보자!' 하지만 저의 결정은 단순히 이런 거였어요. '이 영화를 꼭 만들어야겠어.

Brendan MacDevette, *Independent Film Quarterly*, 2005. Reprinted with permission.

여기엔 나 자신과 관련된 무언가가 있거든. 그래서 만들고 싶은 거야.'

이런 마음이어야만 제작과 홍보를 하며 2년이라는 긴 시간을 즐겁게 보낼 수 있어요. 평론가들에게 난자를 당하더라도 작품을 옹호하고 자랑스러워할 수 있죠. 혹평을 받는다면 당연히 실망스럽겠지만, 그래도 여전히 뿌듯할 거예요. 하나의 사업으로 생각했다면 그럴 수 없겠죠. 사업은 반드시 성공해야 하니까요. 그러면 희망보다는 기대 속에서 살 수밖에 없어요. 저는 희망 속에서 사는 게 더 낫다고 생각해요.

물론 이 영화로 돈을 벌어야 해요. 그럴 수 있을지는 잘 모르겠지만, 어떤 의미에서는 그런 건 별로 중요하지 않아요. 가능하면 많은 사람들이 봤으면 좋겠어요. 이 영화가 자랑스럽기 때문이에요.

저는 큰 스케일의 영화를 만드는 사람들을 존경해요. 그들은 어마어마한 중압감 속에서 작업하죠. 큰 스케일의 영화가 훌륭하기까지 하다면 더 바랄 게 없을 거예요. 그런 영화보다 더 좋은 건 이 세상에 없어요. 하지만 제가 그런 영화에 알맞은 감독이 아니란 건 확실해요.

저는 촬영 당일에 결정을 내리는 것을 좋아하고, 때론 말도 안 되는 결정을 내리기도 해요. 하지만 큰 예산의 영화에서는 그렇게 할 수가 없어요. 너무나 많은 돈과 사람이 관여되어 있기 때문이죠. 마치 거대한 유조선 같아요. 귀한 기름으로 꽉 차 있는 이 거대한 배의 방향을 돌리는 데만 오후 한나절이 지나가버리죠. 저는 그런 식으론 작업할 수 없어요. (손가락으로 딱 소리를 내며) 이렇게 일할 수 있어야 합니다.

영화의 종교적인 요소들은 감독님의 가톨릭 성장 배경에서 나온 건가요?
이 영화의 모든 것이 마치 저의 과거처럼 느껴졌어요. 저는 매우 독실한 가톨릭 신자로 자랐고, 열네 살 무렵까지는 신부가 되려고도 했죠.

〈밀리언즈〉에 나오는 성인들의 아이콘은 저에게 아주 친숙해요. 시나리오 작가 프랭크 코트렐 보이스 또한 가톨릭 신자이고, 지금까지도 열심히 교회에 나가고 있어요. 우리는 시나리오 작업을 하면서 1년 정도 함께 보냈는데, 영화의 배경은 현대지만 아이디어 자체는 우리의 과거에 뿌리를 두고 있어요. 만약 이 영화에 어떤 정신적인 메시지가 있다면 그건 우리 두 사람이 함께 믿고 공유하는 신앙에서 비롯한 거예요.

엄격한 의미의 종교적 신앙 같은 건 아니에요. 언젠가는 인간에 대한 믿음으로부터 선함이 나올 거라는, 우리의 개인적인 신앙과 더 관계가 있어요. 가톨릭에는 연극적인 느낌이 있죠. 그 종교를 둘러싸고 있는 과장된 드라마와 성인들에 대한 고딕식의 이야기들을 한번 보세요. 아주 폭력적이고 드라마틱하고 매혹적이에요. 영화처럼 사람들을 매혹하는 것, 그게 종교적인 이야기의 요점이죠. 헤드라이트 불빛 속에 사람들을 붙잡아 꼼짝 못하게 하는 것 말이에요.

영화 속에서 성 클레어가 담배를 피우는데, 성인들을 어떻게 묘사하려고 하셨나요?

성인들이 현실 속의 사람들처럼 각자 개성을 가졌으면 했어요. 경건하고 신성한 체하는 대신에요. 원래 실존했던 인물들인 데다, 주인공 아이에게는 정말로 현실 속에 존재하는 사람들이기 때문이에요. 인물은 개성이 있어야 활기가 넘쳐요. 기독교의 넘버 2, 성 베드로 역에는 뉴캐슬 억양이 있는 배우를 캐스팅했어요. 뉴캐슬은 영국 북동부에 있는 아주 저항적인 노동자 계급의 도시예요. 그런 배경이 성 베드로에게 어울릴 거라고 생각했죠. 미국에서는 그와 비슷한 도시가 어디인지 모르겠네요.

데뷔작 〈쉘로우 그레이브〉와 〈밀리언즈〉는 확연히 다른 영화이긴 하지만, 둘 다 돈가방을 찾는 것과 관련되어 있습니다. 그런 상황이 특별히 호소하는 점이 있나요?

그런 설정은 어느 영화에서건 아주 훌륭한 트릭이 될 수 있어요. 돈가 방 하나가 모든 걸 바꿔놓을 수 있거든요. 방 안에 수류탄을 하나 던져 넣는 것과 같아요. 영화를 위한 좋은 출발점이죠. 〈쉘로우 그레이브〉는 냉소적으로 자기 이익만 추구하던 당시의 분위기에서 많은 영향을 받 았어요. 마가렛 대처는 권력에서 물러났지만 그녀의 유산은 여전히 남 아 있었죠. 〈월 스트리트〉에서 고든 게코가 "탐욕은 좋은 것"이라고 연 설하던 모습과 아주 흡사한 시기였어요.

하지만 1997년에 노동당이 정권을 잡은 후 영국의 상황이 많이 변 했어요. 그들은 공동체 의식을 다시 들여왔어요. 개개인만 번창하는 사회가 아니라, 진정으로 공동체다운 사회를 만들어야 한다는 책임 의식을 북돋았죠. 학교와 대중교통에 돈을 쏟아부었어요. 그래서 오늘 날 분위기가 많이 달라진 거예요. 지금이라면 〈쉘로우 그레이브〉를 만 들진 않을 것 같아요. 시의적절한 영화가 아닐 테니까요. 뭔가 당대적 인 느낌이 빠져 보이겠죠.

반면에 〈밀리언즈〉는 요즘 같은 세상이라면 관대한 행위가 가능하 다고 말하고 있어요. 〈쉘로우 그레이브〉 때라면 불가능했을 영화죠. 그 러니까 두 영화는 두 개의 다른 시기에 속한 영화예요. 사회적으로 봤 을 때 10년은 별 의미 없는 시간일지 모르지만, 그 10년 동안 영국은 완전히 다른 사회가 된 것 같아요.

영화의 마지막에 가족들이 아프리카 마을을 위해 1000파운드를 쓰는데, 그들이 쇼핑하느라 흥청망청 쓴 20만 파운드에 비하면 너무 적은 액수 아닌가요?

네, 맞아요. 하지만 이상적으로만 생각할 순 없어요. 데미안은 자신이 원하는 만큼 돈을 쓸 수가 없었어요. 이미 많은 돈을 다른 사람들이 쓰거나 불에 태워버렸으니까요. 그는 자신이 원하는 곳에 그 돈을 쓸 수 없을 거라는 절망감에 돈을 태워버리죠. 마지막에 중요한 승부에서 승리한 후에야, 남아 있던 약간의 돈을 자기가 꼭 필요하다고 생각하는 일, 즉 아프리카 사람들에게 물을 보내주는 데 썼어요. 데미안은 책임감에 대해 생각해본 적조차 없어요. 그의 순수한 세계관에서는 돈이란 어느 누구도 행복하게 만들지 않고 오히려 상황을 복잡하게만 만들 뿐이죠. 반면에 아프리카에는 그 돈이 필요한 사람들이 있었고요.

아버지(제임스 네스빗 분)의 책임에 대해 생각해봤습니다. 그는 가족의 안전보다 자신의 탐욕을 선택했죠. 그 인물에 대해서 말씀해주시겠어요?

돈이 사람에게 하는 짓이 바로 그런 거예요. 불행히도 사람을 변하게 만들죠. 처음에는 그 돈을 돌려주자고 아이들에게 말해요. 그러고는 마음을 바꿔 자신이 쓰겠다고 하죠. 소름 끼치는 장면이에요. 아이들에게 잔소리를 해대다 그만 입 닥치고 들어가 자라고 하고는, 위층으로 올라가 아들에게서 돈을 빼앗아요. 그리고 돈을 탁자 위에 털어놓으며 이렇게 말하죠. "우리는 다 혼자야. 세상에 신은 없어. 아무것도 없어. 세상은 삭막할 뿐이야. 그러니까 우리는 스스로를 돌봐야 해. 그렇지?" 하지만 어린 소년은 아버지를 믿지 않아요. 자신의 관점을 지키며 세상과 싸워나가죠.

〈쉘로우 그레이브〉이후로도 어른들은 탐욕스럽다는 생각에 전혀 변화가 없으시군요. 그 영화 속의 어른들은 포악하고 비열했죠.

그래요. 돈은 우리에게도 같은 짓을 한다고 생각해요. 아마도 돈가방에 그렇게 관심이 많았던 이유 중 하나일 텐데, 〈쉘로우 그레이브〉를 만들 때 우린 완전 무일푼이었거든요. 다음 장면을 찍을 필름이 없어서 세트의 일부분을 팔아야 할 정도였죠. 그 후로 우리는 돈을 많이 벌었어요. 무릎 위에 실제로 돈 가방이 놓인 적도 있고요. 성공한 영화를 만들면 사람들이 돈을 가져다 바치죠.

수십억 달러짜리 회사(폭스)에서 배급하면서, 돈은 좋지 않다고 말하는 영화를 만드신 거네요?

(웃음) 재미있네요. 왜냐하면 전화상으로는 당신이 왠지 지저분하고 난장판인 다운타운 사무실에서 일할 거라고 상상했거든요. 실제로는 이렇게 깨끗하고 화려한 건물(맨해튼 미드타운에 있는 뉴스코퍼NewsCorp 빌딩)에서 일하고 있는데도요. 예능 사업은 그런 모순들로 가득 차 있어요. 한 개인으로서 어떻게 행동하느냐가 더 중요하죠.

폭스의 기업적인 본질에 도전하는 건 저로서는 상상도 못할 일이에요. 폭스 외에 다른 누가 제 영화를 배급하는 것도 원치 않고요. 〈사이드웨이〉〈가든 스테이트〉〈나폴레옹 다이너마이트〉처럼, 폭스는 작은 영화들을 보살피는 데 정말 뛰어난 회사예요.

데미안의 영혼에는 앞으로 어떤 일이 일어날까요? 나이가 들수록 자신의 아버지를 닮아갈까요?

아니요, 저는 그렇게 생각하지 않아요. 차라리 형 앤서니가 아버지와 닮았죠. 아버지가 놀란 듯이 앤서니에게 "도대체 널 어디서 주워온 거지?"라고 하지만 사실 그들은 같은 종류의 인간이에요. 어떤 의미에서는 한 사람이죠. 저는 데미안이 예술가가 될 거란 생각이 들어요. 작가나 화가, 어떤 예술가든 간에요. 그의 상상력은 너무나 강렬해요. 종교 바깥에서 다른 종류의 아이콘들을 만나, 아주 다른 방식으로 그것들을 개발해나갈 거예요.

아역 배우들을 직접 만나보니까 알렉스(데미안 역)는 여전히 순수한 반면, 루이스(앤서니 역)는 좀 더 나이를 먹어서인지 냉소적이라는 인상을 받았습니다. 서로 주목을 더 받으려는 경쟁심도 있는 듯했고요.

세트장에서 두 아이를 철저히 동등하게 대했어요. 그리고 영화를 홍보할 때가 오면 아마도 둘 중 한 명이 더 관심을 받게 될지도 모른다고 미리 설명해주었죠. 충격이었을 거예요. 바로 그때 아이들이 철이 드는 게 보였어요.

마케팅은 정말 어려운 일이에요. 저는 마케팅을 담당하지도 않고, 하고 싶지도 않아요. 잘하지도 못하고요. 항상 셋이서 함께 영화 홍보용 사진을 찍고 싶었어요. 하지만 그럴 수 없는 현실을 보며 아이들은 인생의 교훈을 배웠을 거예요. 그렇다고 아이들을 과잉보호할 수는 없어요. 그들을 이 세상에 소개한 건 우리지만, 이 세상에 대해서는 그들 스스로 판단해야 해요.

알려지지 않은 배우들과 작업할 때는 촬영장의 분위기가 많이 달라지나요? 레오나르도 디카프리오 같은 스타와 비교해서 어떤가요?

〈비치〉를 만들 때였는데, 태국 푸켓에서 야간 촬영을 하고 있었어요.

사람들로 붐비는 거리 장면이었죠. 저는 디카프리오와 함께 길을 걸어 내려오고 있었어요. 스타로 살아간다는 게 어떤 느낌인지 그때 아주 약간 알게 되었죠. 아주 놀라운 경험이었어요. 수천 명의 사람들이 거리에 줄을 지어 서 있고, 저는 배우들과 출발지점으로 돌아가는 중이었죠. 모든 사람들이 디카프리오를 지켜보고 있었어요. 제가 계속 그들을 쳐다보는데도 단 한 명도 저를 보지 않더군요. 제가 바로 옆에 서 있었는데 모두가 그만을 뚫어져라 쳐다보고 있더라고요.

〈밀리언즈〉의 경우는 많이 달랐어요. 저는 원래 촬영장에서 미숙한 듯 행동하는 걸 즐겨요. 아이들과 있다는 것이 좋은 변명이 되었죠. 스태프들은 아역 배우들과 눈높이를 맞추기 위해서 일부러 그러나 보다 생각했겠지만, 실제로 그렇게 행동하는 걸 좋아해요. 아이들과 함께 일하면 많은 걸 배우게 돼요. "아이들이나 동물들과는 절대로 일해선 안 된다"는 속담은 잘못됐어요. 동물들과 일해선 안 된다는 건 맞아요. 저도 동물들과 일해봤는데 절대로 같이 하면 안 돼요. 특히 고양이는요. 하지만 아이들과 일하면 많은 걸 배웁니다.

아이들에게 어른의 손때를 묻히지 않는 게 가장 중요해요. 너무나 당연한 얘기죠. 아이들에게 간섭하기 시작하면 매 순간 아이들을 이끌어야 하고, 모든 일을 감독이 하게 되니까요. 한 걸음 물러서서 아이들 스스로 그 장면을 연기하도록 내버려둬야 해요. 너무 많이 간섭하면 결국 그 장면을 망치는 꼴이 됩니다.

다음 작품은 〈선샤인〉인가요?

네, 좀 더 많은 돈이 필요한 공상과학영화예요. 〈밀리언즈〉나 〈28일 후〉보다는 제작비가 많이 들지만, 그렇다고 스케일이 정말 큰 영화는 아니에요. 공상과학영화는 모든 것을 만들어야 하기 때문에 돈이 더 들어가죠.

태양으로의 여행을 다루고 있어요. 태양을 향해 지구에서 우주선이 날아가는데, 꺼져가는 태양의 한 부분을 재점화하기 위해 캔자스만큼이나 큰 폭탄을 가지고 가죠. 이 영화의 진짜 미스터리는 7년 전에 또 다른 우주선이 있었는데 사라져버렸다는 거예요. 영화 마지막에는 우주 모든 생명체의 근원을 만나게 돼요. 어때요? 10달러 정도의 가치는 있겠죠?

좀비, 마약중독자, 그리고 스타벅스

interviewer / 브라이언 리비

대니 보일 감독은 1994년 히치콕 스타일의 스릴러 〈쉘로우 그레이 브〉로 평론가들의 호평을 받으며 혜성처럼 등장했다. 그러고는 재빨리 그 여세를 몰아 〈트레인스포팅〉으로 많은 논란을 일으키며 하나의 대중문화 현상을 만들어냈다. 하지만 그 뒤 곧바로 길을 잃어버렸다.

다음 두 작품 〈인질〉과 〈비치〉는 인기 스타(카메론 디아즈와 레오나르도 디카프리오)가 출연했음에도 불구하고 평론가와 관객들 모두에게 깊은 인상을 남기지 못했다. 결국 그의 최대 히트작이 된 스릴 넘치는 지적인 좀비영화 〈28일 후〉에 와서는, 기름기를 뺀 예산과 알려지지 않는 배우들, 암울한 줄거리라는 그의 초기 공식으로 되돌아간 셈이었다.

〈28일 후〉의 성공은 마흔여덟의 보일로 하여금 조금은 더 여유 있게 자신의 경력을 주도하도록 만들어주었다. 그의 새 영화 〈밀리언즈〉

Brian Libby, Zombies, Smack Addicts, and Starbucks, Originally appeared at www.salon. com, March 2, 2005. Reprinted with permission.

는 두 명의 영국 시골 아이들에 대한 이야기다. 영국의 파운드화가 유로화로 통합되기 바로 전날 밤 아이들은 돈가방을 하나 발견하는데, 화폐 통합 전에 그 돈을 바로 써버리지 않으면 모두 휴지조각이 되어버릴 상황에 처한다. 보일은 이 진부했을지도 모를 이야기를 물질문명부터 신의 존재에 이르기까지 세상의 모든 것에 의문을 제기하는, 환상과 꿈이 가득하고 시각적으로 경탄할 만한 영화로 탈바꿈시켰다.

노동자들의 도시 맨체스터에서 거친 어린 시절을 보낸 보일은 연극 연출가로 경력을 쌓았고, 그 경험으로 배우들을 다루는 요령을 터득한다. 하지만 그의 가장 큰 재능은 시각적인 분야에 있었다. 그동안 보일이 만들어낸 많은 이미지들이 우리 마음속에 생생하게 새겨져 있다. 〈트레인스포팅〉의 불결한 변기는 예상 밖으로 에스더 윌리엄스풍의 물속 꿈 장면이 펼쳐지는 무대가 되고, 〈28일 후〉의 텅 빈 런던의 이미지들은 쉽게 잊히지 않을 깊은 인상을 남긴다.

이런 모든 재능에도 불구하고 보일에 대한 최고의 찬사는 그가 여전히 겸손한 젊은이라는 것이다. 영화 홍보를 위해 프로모션 투어를 하는 감독들은 쉬이 지치기 마련인데 보일은 전혀 그런 기색 없이 인터뷰를 위해 세 시간을 운전하고 온 나에게 굉장히 고마워하며 먼저 축구에 대해서 떠들썩하게 수다를 떨었다.(그는 약자를 마구 괴롭히는 스타일의 맨체스터 유나이티드가 "예쁘장하게" 경기하는 라이벌 아스날보다 더 멋진 경기를 보여준다고 열변을 토했다.) 그리고 그의 성공만큼이나 실패에 대해서도 솔직하게 이야기해주었다.

감독님의 영화들은 아주 다양하지만, 전체적으로 봤을 때 탈출구를 찾는 사람들을 다룬다는 어떤 유사성이 있습니다. 헤로인이든, 사회든, 좀비든 간에요.

이런 유사성은 의도한 건가요?

존 베처먼이라는 영국의 계관시인이 있는데, 그는 클린턴이나 블레어보다 훨씬 먼저 '제3의 길'이라는 용어를 사용했어요. 영국은 이상적인 촌락 사회였다고 그는 말해요. 그런데 삭막하게 산업화한 풍경으로 변했죠.

그러고 나서 제3의 길로 맞닥뜨린 게 바로 백화점 쇼핑이었어요. 모든 것을 똑같이 만들어버리는 상업화와 소비주의의 길 말이에요. 거리 모퉁이마다 갭이나 스타벅스 같은 것들이 있죠. 제 영화는 그 제3의 삶의 방식이 오늘날 우리에게 얼마만큼의 위력을 가지는지를 다루고 있다고 봐요. 그것에 얼마나 푹 빠져 사는지 그리고 그것으로부터 얼마나 도망치고 싶어하는지를 보여주죠.

하지만 감독님 작품 속의 인물들은 도망치고 나서도 다시 다른 우상들을 직면하게 됩니다. 〈트레인스포팅〉의 헤로인, 〈비치〉의 정글 유토피아, 〈밀리언즈〉의 청결하면서도 속물적인 시골 풍경들이 그런 우상 아닐까요?

어렸을 적에 아버지는 우리를 데리고 더 좋은 동네로 이사를 갔어요. 이 영화에서처럼요. 예정된 가난에서 우리를 빼내려고 한다는 걸 느꼈죠. 아버지는 육체노동자였어요. 체격이 컸는데 정말로 평생 힘쓰는 일만 하셨어요. 하지만 머리가 좋은 분이었죠. 자식들이 자신과 같은 길을 걸으면 안 된다는 것을 알고 계셨어요. 그래서 누이들과 저에게 그곳에서 벗어날 수 있는 기회를 만들어주셨죠. 옛날 학교 친구들은 아직도 맨체스터에 남아 있어요. 솔직히 그다지 재미있는 일들을 하며 살진 않아요. 이것이 제가 이 영화를 만든 이유 중 하나예요. 어머니는 돌아가시고 안 계시지만, 이 영화는 부모님께 보내는 일종의 사랑의 제스처예요.

시나리오를 수년간 수정했다고 들었어요. 뭔가 잘못되어가는 것처럼 보이진

않았나요?

물론 좋은 일은 아니에요. 하지만 이번만큼은 좋은 일이었다고 생각해
요. 시나리오 작가 프랭크 코트렐 보이스(〈24시간 파티하는 사람들〉의
작가)와 함께 일했어요. 함께 일하려면 둘 다 어느 정도의 자존심은 포
기해야 하죠. 작가는 작품에 대한 비난을 감수해야 하고, 감독은 작품
이 우선적으로 작가의 상상력의 산물이라는 걸 인정해야 해요.

그런 관계는 '영화 작가'로 알려지길 바라는 감독들의 욕심 때문
에 종종 망가지기도 해요. 그런 사람들에게 대본은 단지 영화를 위한
뼈대일 뿐이니까요. 하지만 저는 그렇게 생각하지 않아요. 이 영화는
프랭크의 아이디어였어요. 우리는 오랫동안 아이디어를 주고받았죠.
〈28일 후〉에서도 알렉스 갈란드와 그런 식으로 작업했는데, 그게 영
화가 성공할 수 있었던 이유라고 생각해요. 프랭크는 〈밀리언즈〉를 위
해 1년 동안 수많은 버전의 시나리오를 썼어요. 그러고 나서 저와 함
께 완성했죠. 우리 둘에게는 개인적으로 큰 의미가 있는 작품이에요.

아역 연기자들과 작업하는 것은 큰 도전일 수 있는데요, 어떻게 대처하셨나요?

우선 운이 좋아야 해요. 아역 연기자들을 찾는 일은 그렇게 쉽지 않거
든요. 최고의 아역 배우가 알아서 방으로 걸어 들어오는 일은 일어나
지 않아요. 끝도 없이 검색을 해야 하죠. 그리고 일단 촬영이 시작되면,
지루한 현장학습처럼 아이들을 이리저리 끌고 다니면 안 돼요. 아이들
을 참여시키고, 영화가 아이들의 상상력의 놀이터가 되도록 만들어줘

야 해요. 영화가 그들에게 속해 있다고 느껴지게요.

아이들에게 연기를 강요하고 나서 촬영한 걸 다시 보면 결과가 끔찍했어요. 그냥 시키는 대로만 말하는 느낌이었죠. 대사와 연기가 자연스럽게 나오도록 해야 해요. 만약 그렇게 했는데도 잘 안된다면, 대본이 잘못된 거예요. 아이들이 능력이 없어서가 아니라, 그 대사와 동작이 아이들 세계에 속해 있지 않기 때문이죠.

그러면 말씀하신 방법들은 효과가 있었습니까?

그렇기도 하고 아니기도 해요. 아이들은 재미있는 동업자예요. 그들의 뇌는 마치 스펀지처럼 지식을 빨아들이기 위해 항상 대기하고 있죠. 어떤 것도 두 번 얘기할 필요가 없어요. 하지만 함께 일하기 무척 힘든 것도 사실이에요. 아이들의 마음이 어딘가로 그냥 떠나버리는 경우가 많기 때문이죠. 관심을 잃어버리는 거예요. 협박도 하고 매수도 하면서 배우들에게 할 수 있는 모든 술수를 다 부려봐도 전혀 도움이 되지 않는다고 판단되면 촬영을 접고 그날은 그냥 집에 가야 해요.

어떻게 하면 아이들이 커서 아역 배우 출신의 비극을 겪지 않을 수 있을까요?

영화는 때로 치명적이에요. 사람을 들었다 났다 하죠. 그런 일들이 이 아이들에게 일어나지 않기를 바랐어요. 그 나이에는 세상의 화려함에 굉장히 취약해요. 토론토영화제에서 성공적으로 시사회를 마친 뒤, 아이들이 아주 어렴풋하게나마 이 헛된 것들을 즐기고 있다는 느낌을 받았어요. 우리는 그런 것들로부터 아이들을 보호해야 할 책임이 있어요. 영화판의 화려함이란 누구나 바라는 것이긴 하지만 때로는 아주 잔인해질 수도 있거든요.

〈28일 후〉를 만들기 전에는 어땠나요? 〈비치〉의 실패에서 빠져나오던 중이었는데요.

정말 어려운 시기를 보냈어요. 〈비치〉로 큰 상처를 받았죠. 그렇게 스케일이 큰 영화에는 질려버렸어요. 맨체스터로 돌아가 아주 작은 텔레비전 영화 두 편을 디지털 기술로 만들었어요. 그 영화들을 끝내고 당시 카메라맨과 계속 많은 이야기를 나눴죠. 그러면서 〈28일 후〉가 자라났어요.

제가 얻은 교훈은 계속 배워야 한다는 것이었어요. 눈을 가리고 "아니야, 나는 항상 옳았고 그들이 잘못된 거야!"라고 말할 수는 없어요. 본인이 무엇을 잘하는지, 무엇을 잘 못하는지 알아야 해요. 그리고 자신이 가장 잘하는 걸 활용하는 방법을 배워야 하고요.

디지털 영화제작으로 완전히 전향하신 건가요?

디지털 작업을 좋아하긴 하지만, 먼저 스토리에 그 기술을 사용해야만 하는 이유가 있어야 해요.

이완 맥그리거나 레오나르도 디카프리오 같은 유명한 스타들에게서 멀어지셨죠.

그들은 아주 훌륭한 배우예요. 문제는 영화의 스케일이었죠. 그 정도 액수의 돈이 들어가면 모든 부서가 모든 것에 대해 미리 알고 있어야 하는데, 그런 게 저에게는 맞지 않았어요. 제가 잘하는 건 촬영 당일에 현장에서 영화를 만들어가는 거예요. 어떤 정해진 범위 내에서 느낌대로 해나가죠. 그러면 아주 멋진 기분이 들어요. 그리고 거기서 얻는 에너지가 엄청나고요.

만약 〈밀리언즈〉가 흥행에 성공해서 또 한 번 큰 예산의 영화를 제안받는다면 어떻게 하실 건가요?

(웃음) 내 오른쪽 어깨 위에 걸터앉은 작은 사람은 "안 돼, 절대 해서는 안 돼"라고 말하고, 왼쪽 어깨 위의 사람은 정반대로 말하네요. 저는 스케일이 큰 영화를 좋아해요. 전 세계를 돌며 거대한 스크린 위에 상영되는 영화에는 무엇인가 있어요. 인류가 다 같이 축복하는 국제적인 언어 같은 거죠. 〈글래디에이터〉처럼 스케일이 큰 영화를 보고 나면 저도 그런 걸 만들고 싶어져요. 어떤 목소리는 "해봐! 해봐!"라고 말하고, 또 다른 목소리는 "넌 완전히 망칠걸!"이라고 말해요. 끊임없는 싸움이에요, 정말로.

시각적인 상상력이 바닥난 건 아니잖아요? 감독님의 작품들은 시각적으로 무척 세련되죠.

늘 야심 차려고 노력해요. 예산적인 면에서가 아니라 상상력 측면에서요. 다큐멘터리 스타일의 사회참여적인 리얼리즘 영화를 만들고 싶진 않아요. 현실보다 더 크고, 과장된 영화를 만들고 싶어요. 극장 스크린은 그런 데 쓰라고 만들어진 것 아니던가요?

다음 작품은 무엇인가요?

〈선샤인〉이에요. 알렉스 갈란드가 쓴 태양에 관한 영화죠. 이카루스 2호라는 우주선이 있는데, 태양에 폭탄을 발사해서 태양의 한 부분을 재점화하는 미션을 수행하러 날아가요. 밴쿠버만큼이나 큰 폭탄을 가지고요. 그 전에 이카루스 1호도 있었지만, 미션에 실패했어요. 왜 실패했는지는 미스터리죠. 이 영화에는 종교적인 요소가 들어 있어요. 태양이 바로 신을 의미하죠.

돈이 많이 들어갈 영화로 들리네요. 방금 전에 예산이 큰 영화에는 말려들지 않겠다고 하지 않았나요?

글쎄요, 필요한 예산을 줄이려고 노력 중이에요. 그래도 〈비치〉의 수준에는 근처도 못 가죠. 2000만 파운드에서 2500만 파운드 사이쯤 될 거라고 예상해요. 아마도 유명한 스타는 없는 소규모 캐스팅이 될 거고요. 달러화가 너무 약해져서, 예산보다 적게 쓰고 만드는 건 어려워요. 요즘에는 영화제작 허가를 받아내기 위해서 모스크바나 뉴질랜드, 토론토 등으로 뇌물을 보낸다고 하더라고요. 그런 곳에서 찍는 게 훨씬 싸거든요. 하지만 우리는 영국에서 제작하고 싶어요. 당장 그렇게 하기엔 너무 비싸지만요.

이완 맥그리거는 감독님과 일하기 시작했을 때만 해도 알려지지 않았는데, 지금은 〈스타 워즈〉의 오비완 케노비 역을 맡을 정도로 진짜 스타가 되었습니다. 다시 함께 작업할 가능성이 있을까요?

〈비치〉 일로 사이가 약간 멀어졌어요.(소문에 따르면 보일이 주인공으로 디카프리오를 선택한 것 때문에 맥그리거가 화가 났다고 한다.) 하지만 인사차 두어 번 만나긴 했어요. 그리고 아주 장기적인 계획이 하나 있는데, 〈트레인스포팅〉 속편을 만드는 거예요.

감독님은 속편을 만들 사람처럼 보이지는 않는데요.

쉽게 돈을 벌 수 있는 종류의 속편은 아니에요. 전편의 인물들이 대략 마흔 살쯤 됐을 때 어떤 모습일지 보려고 해요. 머리카락도 빠지기 시작하고, 그동안 살면서 무엇을 이루었는지 여러 가지로 고민이 많은 시기겠죠.

하지만 배우들이 좋은 시절이 다 지나간 사람처럼 진짜로 나이 들어 보일 때까지는 만들지 않을 거예요. 그런 중년이 되려면 아마도 앞으로 10년은 더 걸릴지도 모르지만요. 젊은 시절 자신을 학대했던 이 사람들을 다시 만나보고 싶어요. 늙어간다는 위기감을 어떻게 극복하는지도 보고 싶고요.

처음에 어떻게 영화에 관심을 갖게 되었나요?

어렸을 적에 맨체스터에 있는 '아벤'이라는 극장에 자주 가곤 했어요. 유럽에서 온 아주 기괴한 영화들을 상영했죠. 노출 장면이 많기도 했지만, 그 영화들을 정말 좋아했어요. 적어도 당시에는요. 나중에 몇 편을 다시 봤는데 완전 쓰레기 같더군요. 어찌 됐건 확실히 그때 영화에 맛이 들렸어요. 그런데 영화 쪽에는 들어갈 수가 없었어요. 당시만 해도 영국 영화 산업은 여전히 울타리가 높았고, 매우 배타적이었거든요. 아직도 그럴까 봐 걱정이에요. 이 작은 섬나라는 가장 뛰어난 록밴드들을 만들어냈어요. 하지만 영화는 아직 쓰레기 수준이에요.

왜 그럴까요?

기본적으로 노동자 계급의 아이들이 록밴드를 만드는데, 밴드는 돈도 필요 없고 그냥 하면 되거든요. 그런데 영화는 그렇지 못해요. 어쨌든 전 일이 잘 풀린 편이에요. 저는 연극 쪽으로 들어갔어요. 훨씬 더 개방적이었거든요. 거기서 배우들과 작업하면서 많은 경험을 했죠. 어떤 영화감독들은 배우들을 별로 좋아하지 않아요. 그저 이해하기 힘든 바보들로 생각하죠. 하지만 저는 배우들을 정말 사랑해요. 그들과의 경험이 저에게는 큰 힘이 된다고 생각해요.

〈산사람〉(2007)

선샤인 슈퍼맨

interviewer / 앰버 윌킨슨

런던과 맨체스터에서의 시사회, 그리고 텔레비전과 라디오, 지면 매체 등을 통해 꼬박 2주 동안 신작 〈선샤인〉을 홍보하고 다녔다면, 슈퍼맨 대니 보일이라 해도 멀쩡할 리가 없다. 특히 그가 탑승한 비행기가 연착된 바로 그날, 끝에서 두 번째 인터뷰어로 정해진 나로서는 더욱 그런 걱정이 앞섰다. 하지만 다행히도 그는 지치지 않았다.

"그렇게 생각하면 안 돼요." 에든버러의 스코츠맨 호텔에서 그가 내 옆자리에 앉으며 말한다.

쉰이라는 나이가 무색할 정도로 에너지가 넘치는 이 맨체스터 태생의 감독은 우주를 배경으로 한 자신의 새 공상과학영화에 대해서 더없이 행복해하며 이야기를 이어갔다.

〈선샤인〉에는 〈28일 후〉의 스타 킬리언 머피와 〈판타스틱 4〉의 불꽃 남자 크리스 에반스, 그리고 말레이시아가 총애하는 여배우 양자경

Amber Wilkinson, Sunshine Superman, Eye for Film(eyeforfilm.co.uk), March 2007. Reprinted with permission.

등 다국적 배우들이 참여했다. 영화는 지구온난화의 공포가 이미 과거의 일이 되어버린 50년 후의 미래를 무대로 하고 있다. 영화가 시작하자마자 관객들은 우주선 승무원들과 함께 미션을 수행하기 위해 지구를 떠난다. 그들의 미션은 죽어가는 태양을 되살리기 위해 특별히 제작한 폭탄을 태양을 향해 발사하는 것이다.

심리 스릴러로 시작해서 공포영화 비슷하게 변해가는 이 영화는 〈에일리언 1〉과 흡사한 폐소공포를 느끼게 한다. 실제로 보일은 〈에일리언〉 시리즈의 네 번째 작품을 연출할 뻔했다. 하지만 당시에는 그럴 자신이 없었다고 한다.

"당시엔 영화제작에 대해 잘 몰랐어요. 조스 웨던이 쓴 시나리오는 정말 흥미로웠어요. 1편에 더 가까웠죠. 대단히 심리적이고 섹시한 시나리오였어요. 시고니 위버에게 그런 생각을 얘기했더니 자기도 같은 이유에서 그 영화를 하고 싶었다고 하더군요.

영화사와 약간의 갈등이 있었어요. 그들은 2편처럼 만들기를 원했죠. 승무원들과 에일리언이 서로 쫓고 쫓기는 액션영화로요. 도대체 무엇을 하려는지 이해가 안 되더라고요. 시작하고 나면 분명히 힘들어질 거라고 생각했어요. 나는 내가 뭘 하려는지도 몰랐고, 영화의 중요한 부분인 특수 효과를 어떻게 처리해야 하는지도 몰랐어요. 그래서 결국 물러섰죠. 그쯤에서 깨달은 게 천만다행이었어요."

영화 속 인물들은 지구의 운명은 물론 본인들의 운명에 대해서도 어려운 선택을 하게 된다. 그런 경우 상황을 통제할 수 있는 능력이 무엇보다 중요해진다. 그것은 연출자 보일에게도 마찬가지였다. 하지만 할리우드에 가까이 갈수록 감독의 통제력은 점점 더 약해지는 것 같다. 영화에 대한 통제권을 지키기 위해 그가 예산의 일부를 기쁜 마음으로 포기할 수 있었던 것도 바로 이런 이유에서다.

"틀림없이 하나의 거래였어요." 그는 인정한다. "시나리오를 쓴 알렉스 갈란드의 경우엔 이 영화를 만들려면 할리우드로 가야 한다고 생각했을 거예요. 공상과학영화는 대개 엄청난 예산이 필요하니까요. 하지만 저는 그러고 싶지 않았죠."

"〈28일 후〉처럼 해야 한다고 주장했어요. 그때처럼 이 촬영 스튜디오에서 찍는 거죠. 앤드루 맥도널드가 재정적으로 제작을 통제하고요. 그렇게 하면 모든 결정을 우리가 직접 내릴 수 있어요. 모을 수 있는 대로 돈을 모아서 그 안에서 작업하는 거죠. 아주 좋은 방법이라고 생각해요. 정말로 훌륭한 방법이에요.

그게 4000만 달러짜리 영화를 1억5000만 달러짜리 영화로 보이게 만드는 방법이에요. 실제로 1억5000만 달러를 들인다 하더라도 그중에 5000만 달러는 낭비될 게 뻔해요. 돈이 마룻바닥 틈새로 줄줄 흘러 없어지거든요."

극단적으로 들릴지 모르지만 대니는 위험을 기꺼이 받아들일 줄 아는 사람이다.

"변화한다는 건, 뭔가 다른 것을 시도한다는 건 정말 멋진 일이에요." 그는 말한다. "속편은 절대로 하지 않을 생각이에요. 굉장히 어려운 일이죠. 시간이 많이 지나지 않고서는 아주 어려워요. 신선한 기이드라인과 원칙들을 가지고 새롭게 접근해야 하니까요."

"지금까지는 괜찮았던 거 같아요. 하지만 만든 영화들을 되돌아보면서 '이번 영화는 또 어떻게 하지?'라는 생각에 갑자기 공황 상태에 빠질 때가 있어요. 단순히 힘들다는 게 아니에요. '이번엔 해낼 수 없을지도 몰라' 하면서 정말로 공포감에 휩싸이죠. 하지만 어떻게 보면 그건 좋은 일이에요. 첫 두 편의 영화를 성공하고 나면 사람들이 주위에서 꼬리를 쳐대죠. 그것은 정말로…… 단어가 생각이 안 나네요…… 정말 '신경통'에 걸린 것마냥 병약하고 게으르고 불편한 느낌이에요. 차라리 이렇게 생각하는 편이 훨씬 나아요. '돈이 부족한데 어쩌지?' '어떻게 편집해야 할까?' '결코 어떠어떠한 영화만큼은 좋지 않을 거야' 이런 게 좋은 마음가짐이에요. 저는 그런 상태가 좋아요."

숨이 멎을 듯한 컴퓨터 그래픽 영상을 펼쳐 보이는 영화 〈선샤인〉에서는 게으른 구석이라고는 찾아볼 수 없다. 우주의 광대함과 비행선의 밀실공포증, 태양의 밝은 색깔과 이카루스 2호의 칙칙한 실내, 그리고 갑작스런 폭발음과 우주 공간의 침묵 등을 세심하게 대비시키며 엉덩이가 다물어질 정도의 긴장감을 만들어낸다.

그는 나의 영화평을 듣고는 이제야 이해된다는 표정의 학생들을 보고 만족해하는 선생님처럼 "아주 좋았어요" 하며 칭찬해준다.

"항상 극단을 강조해야 해요. 〈트레인스포팅〉을 극단적인 영화로 만든 이유가 바로 그거예요. 중립적이고 약간은 지루한 영화가 될 수도 있었지만, 우리는 위험을 감수하면서까지 극단적으로 웃기고, 극단적으로 불편한 영화로 만들었어요. 그러면 웃기는 것과 불편한 것이 서로 충돌하죠. 상당히 위험한 도전이에요. 하지만 저는 그런 걸 정말 좋아해요.

관객들은 영화에서 극단적인 것을 원해요. 점점 더 많이 요구하게 될 거예요. 그들은 더 이상 영화관에 갈 필요가 없어졌어요. 영화를 볼 수 있는 방법이 너무나 많아졌거든요. 영화관에서만 볼 수 있는 큰 이벤트가 되려면 영화는 최대한 자동차 충돌 사고 같은 것이 되어야 해요. 극단적인 아름다움과 폭력을 담아내야 하죠. 태양은 아름답고 폭력적이에요. 우리가 상상할 수 없을 정도로 아름답고 폭력적이죠. 따라서 영화도 그런 것들로 가득 채워야 해요. 그게 제가 항상 느끼는 거예요."

'아름다운 폭력beautiful violence'이라는 개념은 보일의 작품들 속에 항상 내재해 있었다. 그 흔적은 〈쉘로우 그레이브〉와 〈트레인스포팅〉까지 거슬러 올라간다. 속편에 대한 열망이 없다는 주장에도 불구하고, 그는 어빈 웰시 원작의 〈포르노〉를 연출하는 데에 관심을 가지고 있다. 〈트레인스포팅〉의 20년 후를 배경으로 하는 후속편으로, 물어보지 않는데도 이 프로젝트가 그의 마음 꼭대기에 자리 잡고 있다는 것을 분명히 알 수 있었다.

"사람들은 그 인물들을 너무 좋아해서 좀 더 알고 싶어해요." 그는 주장한다. "존 호지가 시험 삼아 시나리오를 조금 써놨는데, 아주 좋아요. 그들도 이제 나이가 들었죠. 나이가 얼마나 들어 보이는지가 가장 중요한 부분이에요. 오래돼서 약간은 삐걱거릴 정도로 보여야 해요. 우리는 다시 똑같은 장소로 돌아가는 건 원치 않아요. 지금은 배우들이 나이를 조금 더 먹기만을 기다리고 있는 상태죠. 몇 년만 더 뒤집어 쓰면 훨씬 더 재미있어질 겁니다. 나이를 먹으면 그들도 삶에 대해 예전과는 다른 관점을 가지게 되겠죠. 그러면 〈트레인스포팅〉을 특징짓던 그 쾌락주의도 함께 사라질 거예요."

하지만 그 전에 이미 많은 계획들이 그를 기다리고 있다. 그는 가난과 테리 프래쳇을 아우르며 여전히 극단으로 치우치려 한다. 최근 한 인터뷰에 따르면, 다음 프로젝트 〈슬럼독 밀리어네어〉는 텔레비전 퀴즈쇼 〈누가 백만장자가 되고 싶은가〉에서 우승한 후 부정행위를 했다는 이유로 고발된 인도인 소년에 관한 실화를 바탕으로 한 작품이다.

그리고 그가 기습적으로 만들었던 영화 〈밀리언즈〉(대단히 과소평가된 영화로, 개봉한 주에 〈스타 워즈 III : 시스의 복수〉와 경쟁해야 했다)의 팬들에게는 흥미로운 소식이 있다. 프랭크 코트렐 보이스와 또 다른 프로젝트를 준비 중인데, 테리 프래쳇의 소설 『브로멜리아드 3부작』을 바탕으로 한 것이다. 이 소설은 인간들 속에 숨어 살고 있는 아주 작은 인종 '놈스Nomes'에 관한 이야기로, 「트러커즈」 「디거스」 「윙스」, 세 편으로 구성되어 있다.

"적어도 7년은 있어야 될 거예요." 대니가 덧붙인다. 하지만 대니의 팬들에게는 의심의 여지 없이 기다릴 만한 가치가 있는 작품일 것이다.

대니 보일,
〈선샤인〉을 말하다

interviewer / 앰브로즈 헤론

대니 보일 감독이 자리를 함께하고 계십니다. 신작 〈선샤인〉이 이번 주에 개봉하는데요, 아직 영화를 못 보신 분들을 위해서 간략한 설명 부탁드릴게요.

지금으로부터 50년 후, 태양은 죽어가고 지구는 꽁꽁 얼어붙습니다. 여덟 명의 우주인이 이카루스 2호라는 우주선을 타고 태양을 향해 떠나요. 맨해튼 섬 크기의 폭탄을 싣고 가는데, 이 폭탄을 태양에 발사해 죽어가는 태양을 다시 살리려고 하죠. 태양 표면에 가까이 가기 위해서 우주선은 금으로 만든 거대한 보호막 뒤에 숨어 있어요. 지구 상의 금붙이는 죄다 모아 만드는 엄청난 사업이었죠. 영화는 이카루스 2호가 태양계 생명의 근원인 태양을 향해 점점 다가가면서 벌어지는 일들을 그리고 있어요.

〈스타 트렉〉보다는 〈솔라리스〉에 가까운 영화라고 말해도 무리가 없을 것

Ambrose Heron, Danny Boyle Talks about Sunshine, FILMdetail.com, April 5, 2007. Reprinted with permission. Transcribed by Brent Dunham.

같은데요?

맞아요. 하지만 〈스타 워즈〉보다 나사NASA에 가깝다고 하는 게 더 정확할 것 같네요. 나사의 영화가 늘 우리의 기준이었어요. 나사에서 제작한 영화들을 보면 강렬한 경험을 하게 됩니다. 실제로 태양을 향해 아주 서서히, 친밀하게 다가가는 듯하니까요.

이런 영화를 만들려면 과학자들을 모아놓고 "저기요, 이거랑 이거랑 이것 좀 해결해주세요"라고 할 것 같은데요. 영화를 설득력 있게 만들기 위해 어떤 과학적인 연구들을 하셨나요?

나사와 함께 많은 연구를 했는데, 그것들이 이 영화의 근간이 되었어요. 20, 30년 후에나 하고 있을 연구를 미리 한 셈이었죠. 연구 결과는 우리가 예상했던 것과 무척 가까웠어요. 예를 들어, 우주여행 중에 필요한 산소를 만들기 위해 나사 사람들은 양치식물 정원을 생각해냈어요. 그런데 우리도 우주선 안에 아주 넓은 산소 정원을 생각했거든요. 하여튼 이런 게 정말 재미있었어요. 그리고 과학자문위원으로 브라이언 콕스라는 물리학 교수가 있었는데, 그는 그룹 드림D'Ream의 밴드에서 일하면서 박사과정 학비를 번 사람이에요. 밤에는 록스타로 공연하고, 낮에는 아인슈타인의 공식을 공부한 거죠. 물론 그는 아주 뛰어난 과학자예요.

정말 놀랍군요.

그래요, 멋진 이야기죠.

그가 배우 브라이언 콕스와 같은 사람이기까지 했다면 저는 정말 감동받았을

거예요.

애석하게도 그는 연기 공식은 공부한 적이 없어요. 하지만 며칠 전 이렇게 말하더군요. "나도 이 영화에서 한 역할 맡을 수 있었을 텐데, 안 그래요?" 그도 확실히 영화 일에 맛을 들이고 있어요. 그는 과학적으로 무엇이 가능하고 무엇이 불가능한지 많은 조언을 해주었어요. 그런 조언들이 우리에겐 무척 중요했죠. 그래야 불가능한 것들을 시나리오에서 뺄 수 있으니까요. 하지만 가장 중요했던 것은 과학적인 사실성보다는 드라마였어요. 드라마적인 흥분과 충동, 에너지, 우주여행, 이런 것들이 가장 중요했죠. 이를 위해 어느 부분에서 과학은 잠시 잊어도 되는지도 브라이언이 말해주었어요.

영화가 무척 설득력 있긴 했지만, 한 가지 의심스러웠던 점은 우주선이 태양에 그렇게 가깝게 다가가는 게 가능한지였어요. 태양열이 너무 강해서 모든 것을 녹여버리지 않을까요?

태양의 표면 온도는 섭씨 1만5000도 정도예요. 믿기 어려울 정도로 높은 온도지만, 현대의 많은 위성들은 거의 그 정도까지는 견뎌낼 수 있게 제작됐어요. 위성 내의 기계장치들은 인간이 생존할 수 있는 범위의 온도에서 작동하게 되어 있고요. 그러면 우주선이 태양에 그 정도로 가까이 다가가는 게 가능하다는 가정을 해볼 수 있죠. 마지막 부분에 과학자 킬리언 머피가 손을 들어 태양의 표면을 만지는 장면이 나오는데, 당연히 따라 하면 안 됩니다.

물론 그렇게 가까이 갈 수 있다면 말이겠죠.

우리 평생엔 그럴 기회가 없을 거예요. 어쩌다가 사람들이 태양을 그렇게 잊고 살게 되었을까 생각해보면 참 재미있어요. 선조들은 태양을 그토록 숭배했는데, 우린 완전히 잊고 있죠. 제가 떠올린 유일한 이유는 우리가 전등을 켤 수 있는 전기를 발명했다는 거예요. 이제 우리만의 빛이 있으니 태양은 잊고 살 수 있게 된 거죠. 그러나 태양이 눈만 한 번 깜박해도 우리는 모두 끝장납니다. 태양이 꺼지고 8분 30초 후면 모든 게 전멸하죠. 그러니까 태양은 여전히 아주 중요해요.

지당하신 말씀입니다. 그리고 또 한 가지 흥미로운 것은, 태양의 중요성이 인간의 정신적인 차원들과도 관계된다는 점이에요. 말씀하셨듯이 모든 생명의 근원으로서 태양이 숭배되어 왔는데, 영화 속 어떤 인물들은 확실히 태양과 자신만의 특별한 관계를 맺고 있어요.

네, 그래요. 영화는 승무원들의 정신 건강을 보살피는 임무를 맡고 합류한 한 정신과 의사와 함께 시작되죠. 이전에 실패한 이유가 승무원들이 모두 미쳐버렸기 때문이라고 추측했던 거예요. 그리고 그것은 나중에 사실로 밝혀집니다. 그런데 이 정신과 의사도 다른 사람들과 마찬가지로 임무 도중 태양에 완전히 매료돼서, 이성과 과학으로는 설명할 수 없는 것들을 태양 속에서 보기 시작해요. 이게 승무원들이 직면하는 가장 큰 난관이에요.

인간의 상상을 초월하는 크기와 힘을 지닌 존재 앞에서, 승무원들은 과연 정신을 온전하게 지켜낼 수 있을까? 저도 처음에 태양에 관한 연구를 시작하면서, 밤에 침대에 누우면 머릿속에서 온통 고동치는 소리가 들렸어요. "맙소사! 초당 수백만 톤의 덩어리를 태우면서도 앞으로 45억 년은 더 탄다니!" 스케일이 그 정도로 큰 것은 우리 머리로는 도저히 감당해낼 수가 없어요.

이 영화의 또 다른 볼거리는 바로 태양의 느낌을 전달하기 위해 사용한 시각 효과입니다. 어떻게 태양을 만들어내셨나요?

아마도 예전에 태양에 관한 영화를 만들지 않았던 이유는 태양을 시각적으로 정확히 포착해낼 수 없었기 때문일 거예요. 지금은 CG로 가능해졌죠. CG는 지난 수년간 너무나 많이 발전했어요. 우리 영화의 태양도 CG 아티스트가 만들어낸 거예요. 하지만 오래된 영화적 속임수도 함께 사용했죠.

우주선 내부에 있을 때는 전적으로 여덟 명의 선원이 있는 우주선 실내에만 집중했어요. 강렬한 밀실공포 분위기가 나도록 모든 것을 파란색, 회색, 녹색으로만 칠했죠. 오렌지색이나 노란색, 빨간색으로 된 건 아무것도 없어요. 따라서 처음 20분 동안 관객들은 기본적으로 파란색과 회색, 회청색으로만 이루어진 세상에 익숙해져요. 그러다 승무원들이 우주선 밖으로 나가면 갑자기 관객들에게 그동안 사용하지 않던 색깔들을 들이붓는 거예요. 마치 목말라 죽어가던 사람을 차가운 물에 푹 담가버리는 것과 같죠. 오래된 영화적 수법인데, 어떤 것을 붙잡았다가 풀어주고, 다시 또 붙잡았다 풀어주고 하는 거예요. 여러 테크닉 중 하나죠.

촬영 기술 또한 아주 잘 사용된 것 같습니다. 폐쇄적인 우주선 내부와 바깥의 태양과 우주 공간, 이 두 가지 상반된 요소가 아주 잘 통합된 듯했어요. CG와 실사 촬영이 분리돼서 느껴지지 않더군요. 이런 전체적인 느낌을 만들어내기 위해 촬영감독과는 어떤 점들을 논의하셨나요?

그게 우릴 거의 미치게 만들었어요. CG가 아니라, 정말로 우주여행을 하는 것처럼 보이게 만들고 싶었거든요. 눈이 다치기 때문에 우리는 실제로 태양을 쳐다볼 수 없지만, 영화에서는 태양을 유심히 바라볼 수 있는 기회를 줘요. 그리고 태양 안에서 길을 잃을 기회도 주고요. 영화 속 인물들에게 일어나는 일이죠. 그래서 태양을 승무원들 삶의 한 부분으로 느껴질 정도로 현실감 있게 만드는 게 중요했어요. 분리된 요소처럼 느껴지면 안 되고, 정말로 실재하는 것처럼 느껴져야 했죠. 그게 나사와 함께 연구를 하며 리얼리즘을 추구한 이유이기도 해요. 실제로 태양으로 여행을 떠나는 것처럼 느껴지게 말이에요. 바라건대 관객들을 속이는 데 성공해서 잠깐이라도 태양을 자기 손으로 만질 수 있다고 느꼈으면 좋겠어요.

배우들에 얽힌 이야기는 어떻게 된 건가요? 감독님이 배우들을 이스트런던의 학생 자취방에서 함께 살게 했다고 하던데, 사실인가요?

네, 사실이에요. 마일엔드대학교University of Mile End의 운하 옆에 있는 학생 자취방이었어요. 원하시면 한번 가서 확인해보세요.

아마도 배우들은 도체스트나 리츠 칼튼 같은 고급 호텔을 기대했을 텐데요.

그렇죠. "도체스트일까, 리츠 칼튼일까?" 하면서 왔는데, 실제로는 마일엔드대학교였던 거죠. 약간 충격을 받았을 거예요. 하지만 분명 효과가 있었어요. 배우들은 어떤 거품 같은 걸 두르고 촬영장에 나올 때가 있어요. 일당과 밤샘 촬영, 에이전트, 전직 등을 너무 의식하면서 생겨난 거품들이죠. "내 인터뷰는 언제 하는 거지?" 하는 것들인데, 그들을 영화의 한 부분으로 만들려면 그 거품을 터뜨려야 해요. 그래야 자신이 하는 일이 특별하다는 생각을 갖게 되죠.

알렉스 퍼거슨영국 축구팀 맨체스터 유나이티드의 감독이나 아르센 벵거영국 축구팀 아스널의 감독, 호세 무링요스페인 축구팀 레알 마드리드의 감독가 하는 일도 그런 거예요. 사람들을 모아놓고 항상 적들에게 둘러싸여 있다는 강박관념을 심어주면서 이렇게 말하죠. "세상은 너를 미워해. 너도 잘 알고 있잖아? 세상엔 너 혼자야. 오직 너만이 싸울 수 있고, 이겨낼 수 있어." 그러면 효과가 있어요. 그들을 하나로 묶어주죠. 실제로는 좋은 친구가 아닐 수도 있는 사람들 사이에 일종의 연대 의식이 생겨나거든요.

우리도 그런 걸 원했어요. 2주 동안 그들에게 과학 지식과 실습을 퍼부어댔어요. 히스로공항에서 모의 비행도 하고 스쿠버다이빙도 했죠. 다 함께 특별한 영화를 만든다는 생각이 들게 여러 종류의 자극을 던져주었어요. 그랬더니 효과가 있더라고요. 영화가 개봉될 때까지 16개월 동안 함께 있었어요.

물론 촬영 스튜디오에서였겠죠? 이번에도 이스트런던이었나요?

네, 3 밀 스튜디오였어요. 이제 곧 프레스센터로 바뀐다고 하더군요. 올림픽 때 당신도 거기 있겠네요. 2012년 런던올림픽을 위해 월드프레스센터로 개조할 예정이라고 해요.

영화의 스케일은 엄청난데, 감독님과 배우들은 이스트런던에 있는 그 스튜디오에 있었던 거군요. 영화의 시각적인 효과를 고려한 연기 연출은 특별히 어렵진 않았나요?

그게 감독으로서 제가 하는 일이에요. 지금 배우들 눈에 보이는 것과 나중에 관객들이 보는 게 다르기 때문에, 어떻게 해서든 배우들에게 확신을 줘야 해요. 마치 무대 위에 서 있는 스탠드업 코미디언처럼 열심히 배우들에게 이야기하죠. 지금은 눈에 보이지 않지만 앞으로 있게 될 것들을 납득시켜야 하니까요.

나중에는 복음을 전파하는 사람처럼 느껴졌어요. 배우들을 올바로 이해시키면 그만큼 연기도 좋아져요. 영화를 보고 전혀 CG처럼 느껴지지 않는다면, 그건 관객이 배우를 믿고 있기 때문이죠. 관객은 배우가 실제로 존재하는 어떤 것을 본다고 믿어요. 배우가 상상하는 것, 그러니까 나중에 관객들이 보게 될 것에 배우가 적절히 리액션하도록 만드는 것도 영화적 속임수의 한 부분이라고 생각해요.

경력이 참으로 다채로운데요, 〈트레인스포팅〉이 나온 지 10~11년 정도 됐습니다. 90년대의 아이콘과 같은 영화죠. 그런 영화를 계속 만들어야 한다든가, 아니면 훨씬 상업적인 영화를 만들어야겠다든가 하는 압박감은 없나요? 〈트레인스포팅〉은 특히 우리 세대들에게 많은 영향을 주었어요.

그 영화는 참 운이 좋았어요. 많은 부담감이 있지만, 저는 항상 저에게 흥미로운 것들만 시도했던 것 같아요. 매 영화마다 아주 오랜 시간을 들여 만들고, 너무나 많은 사람들에게 영화를 납득시켜야 하죠. 투자자들은 물론, 밤늦게까지 함께 일할 동료들, 그리고 오늘처럼 당신 같은 사람들도요. 본인이 진심으로 믿지 않고서는 불가능한 일이에요. 그릇된 이유로 영화를 만드는 사람들이 이런 과정을 어떻게 견뎌낼지 상상하기조차 힘들어요. 그래서 상업적이든 아니든 모든 작품들을 동등하게 대하죠. 그 영화들의 운명이 마지막에 어떻게 될지는 몰라도, 저에게는 전부 똑같이 중요해요. 똑같이 가치 있는 영화들이죠.

바로 전 작품 〈밀리언즈〉는 훨씬 작은 스케일이지만 아주 놀라운 영화였어요.

쬐끄만 영화였죠. 무슨 말인지 아시죠? 많은 사람들이 보진 않았다고요. 흑흑.

하지만 아직 기회는 있어요!

네, 당연히 DVD를 붙잡아야겠죠. 저는 진심으로 저의 모든 작품을 아껴요. 종종 이런 질문을 받곤 하죠. "개인적으로 가장 좋아하는 영화가 무엇인가요?" 그러면 대답을 할 수가 없어요. 마치 세 명의 자식이 있는데, 셋이 모두 저를 처다보며 "누가 가장 좋은데?" 하는 것과 비슷해요. 그러면 가장 관심을 못 받은 것 같은 아이를 바라보게 되고, 그 애의 어깨를 감싸 안죠. 하지만 모두 전체의 한 부분이고, 전체의 작은 덩어리예요.

이번 작품에서 가장 유감스러운 부분은 포스터예요. 〈선샤인〉 포스터가 지금 이 방 안에 있네요. 〈트레인스포팅〉 포스터는 우리 시대에 가장 많이 모방된 이미지임에 틀림없어요. 사람들은 그 포스터로 여러 가지 패러디를 했죠. 저는 이번 영화의 포스터를 디자인한 사람이 패러디에 아주 부정적인 사람이 아닌가 늘 궁금했어요.

뭔가 뛰어난 것을 만드는 일은 쉽지 않아요. 〈트레인스포팅〉의 포스터는 놀라웠어요. 리처드 브랜슨영국 버진 그룹의 회장이 어떤 사업을 새로 론칭하면서 우리 포스터를 모방한 걸로 기억해요. 그래서 "어이, 그거 우리 건데. 어서 지불하는 게 좋을걸!" 하고 그에게 편지를 썼죠. 결국 그는 포스터의 저작권료 대신에 자선단체에 기부를 많이 했어요. 자선에 대한 공은 모두 그에게 돌립니다.

〈선샤인〉은 이번 주에 영국에서 개봉하는데요. 다른 나라들은 어떤가요? 곧

개봉되나요, 아니면 조금 늦어질까요?

일자는 조금 다르겠지만, 미국을 제외한 모든 나라에서 4월에 개봉해요. 미국에서는 제 생각에 7월 아니면 9월에 개봉할 것 같고요. 담당자들이 아직도 고심 중이에요.

아주 흥미로운 캐스팅이에요. 영화 속 설정 중 하나가 중국이 최강대국이 됐다는 거죠. 승무원들의 대장은 일본 배우지만요. 어쨌든 아시아계 배우도 있고 미국과 영국 배우도 있는 꽤 재미있는 캐스팅이에요. 그들이 누구를 대표하고 있는지도 재미있고요.

네, 아주 재미있죠. 왜냐하면 우주여행의 현실은 바로 여행이 끝난 후에 날아오는 충격적인 청구서에 있기 때문이에요. 앞으로 50년 후에는 아시아의 경제가 우주여행의 모든 경비와 기술을 책임질 거라고들 하죠. 그래서 대장은 아시아계나 범아시아계 인물로 캐스팅하려고 했어요. 미국인 배우를 캐스팅한 건 분명히 현재의 영화제작 현실이 반영된 것이고요. 하지만 그 역할에 여러 나라의 배우들을 고려해보긴 했죠.

진짜 재미있는 건 우주 공간이에요. 이런 다국적 캐스팅은 대개 다른 영화에서는 좋은 결과를 얻지 못해요. 항상 약간은 부정직해 보이니까요. "어라? 독일 배우가 나오네? 독일 은행이 투자했나 봐?" 이런 식으로들 생각하죠. 그래서 세계 곳곳에서 배우들을 뽑아 우주 공간으로 데리고 갔어요. 우주 공간에서는 국적도 없고 국가 간의 문제도 없어요. 우주는 모두를 겸손하고 동등하게 만들죠.

맞는 말씀이에요. 좋은 결과가 있기를 바랍니다. 저는 충분히 볼 만한 가치가

있는 영화라고 생각해요. 그리고 이 영화의 또 한 가지 좋은 점은 1억 달러 예산의 영화는 아니지만, 그 정도의 스케일을 가지고 있다는 겁니다. 감독님의 제작 방식에 아주 적합한 영화로 보이는데요.

2억 달러짜리 영화로 보였으면 했어요. 그보다 훨씬 적은 돈으로 만들기는 했지만요. 돈이란 건 신중하게 계획해서 좋은 사람들과 일하면 아주 오랫동안 쓸 수 있어요. 우리도 그렇게 하려고 노력했고요. 이 영화는 확실히 수많은 할리우드 쓰레기들보다는 훨씬 더 훌륭한 영화일 겁니다.

다음 작품은 무엇인가요? 어떤 영화가 대니 보일의 차기작이 될까요?

인도의 뭄바이를 배경으로 한 영화를 만들고 싶어요. 어떤 슬럼가 소년에 관한 놀라운 실화죠. 교육도 못 받고 글도 못 읽는 소년이 인도판 〈누가 백만장자가 되고 싶은가〉에 나와 우승을 해요. 하지만 경찰들은 자기들도 이해하지 못하는 문제를 소년이 풀었다는 사실을 믿을 수 없어서, 소년을 잡아다 고문하며 어떤 속임수를 썼는지 알아내려고 하죠.

바로 그때 영화는 소년이 실제로 자신의 인생 경험 속에서 그 문제들의 답을 어떻게 알게 되는지 보여줘요. 하지만 영화를 만들고 싶은 진짜 이유는 러브스토리 때문이에요. 소년은 사랑하는 소녀를 도시의 혼돈 속에서 잃어버려요. 8000만 인구가 사는, 제멋대로 커져가는 이 거대한 뭄바이라는 도시 속에서요. 그가 아는 전부는 그녀가 매일 밤이 텔레비전 쇼를 본다는 사실 뿐이에요. 그래서 소년은 모든 합당한 이유로 퀴즈쇼에 나가서 승리하죠.

우리 모두 기대하고 있을게요. 어쨌든 〈선샤인〉은 이번 주에 개봉합니다. 함께해주셔서 대단히 감사합니다.

네, 고맙습니다.

우주에서 고립되기

interviewer / 파이살 라티프

감독 대니 보일은 거의 모든 장르의 영화를 다루어왔다. 그리고 이번에 〈에일리언 4〉의 연출도 고사한 채, 공상과학 장르까지 손을 대고 말았다. 〈쉘로우 그레이브〉 〈트레인스포팅〉 〈28일 후〉 등의 영화로 24개상을 수상한 이 컬트 감독은 지금 경이로운 경력을 쌓아가고 있다.

런던에서 어느 쌀쌀한 월요일 오후, 대니 보일은 바쁜 일정 중에 시간을 내어 공상과학영화와 로맨스, 그리고 신작 〈선샤인〉에 대해 퓨어무비스와 함께 이야기를 나눴다.

**공상과학영화를 만든 것은 감독님의 아이디어였나요, 아니면 알렉스 갈란드가
끌어들인 건가요?**

알렉스의 시나리오가 끌어들였어요. 그는 폭탄 위에 올라탄 여덟 명의 우주인에 관한 환상적인 아이디어를 가지고 있었죠. 물론 태양에 관한 신비로운 견해와도 연관이 있었고요. 그동안 태양을 다룬 영화

는 없었어요. 태양에 관한 영화를 만든다는 건 믿기지 않을 만큼 대단한 경험이에요. 영화가 다루는 엄청난 전제들 때문에 머리가 실제로 부어오르는 것 같았죠. 효과적인 연기를 위해 배우들과도 그런 생각을 함께할 수 있어서 좋았어요.

훌륭한 고전 공상과학영화들의 발자국을 따라가는 것이 무척 어려웠을 텐데요.
우주선의 좁은 통로에서 촬영하며 〈에일리언〉이나 〈2001 스페이스 오디세이〉 같은 위대한 공상과학영화들의 패턴을 따라가려고 노력했어요. 우리 영화는 그 자체로만 보자면 상당히 기괴한 공상과학영화예요. 그러나 본질은 같아요. 기본적으로 우주선과 승무원, 그리고 어떤 신호가 나오죠. 이런 전형적이고 고전적인 상황 속에서 작업하는 게 한편으론 기이하기도 했지만, 동시에 하나의 독창적인 영화를 만드는 것 같아 기분이 좋기도 했어요. 태양에 관한 영화는 한 번도 나온 적이 없었거든요.

한때 〈에일리언 4〉에도 관여하지 않았나요?
특수 효과에 겁을 먹고 포기했죠. 하지만 공상과학영화에는 늘 관심이 있었어요. 많은 감독들이 그렇겠지만, 〈선샤인〉을 만들면서 나 자신이 얼마나 공상과학 장르의 열혈 팬인지 깨달았어요. 〈콘택트〉나 〈에일리언 4〉 같은 영화의 시사회에는 항상 가는 편이죠. 원래 시사회는 잘 안 가거든요. 그러니 공상과학영화에 참여한다는 것 자체로 신이 났었죠.

미국에서의 반응은 어땠나요?

영화 속에 약간의 희망이 비치는 대목이 있었는데, 그 부분을 아주 조금만 남겨놓고 잘라버렸어요. 그런데 그것이 미국인들을 쫓아버린 셈이 되었죠. 우스운 일이에요. 그들은 희망을 위해선 무슨 짓이든 다할 기세예요. 심지어 그게 영화의 신빙성을 해친다 하더라도요. 우리가 처리한 방식을 전혀 좋아하지 않았던 거죠.

특수 효과를 만들어내는 데 비용이 많이 들었나요?

촬영을 영국에서 했기 때문에 다른 영화보다는 적게 들었어요. 하지만 4500만 달러도 꽤 큰 규모의 예산이에요. 다행히도 이번엔 예산에 맞게 마칠 수 있었죠. 파인우드 스튜디오에서 촬영하지 않았기 때문에 더 많은 자유를 누릴 수 있었고요. 처음부터 〈28일 후〉를 찍은 스튜디오에서 촬영하기로 결정했어요. 그래서 같은 돈으로 더 많은 걸 할 수 있었죠. 훨씬 작은 공간이지만 곧 익숙해졌어요. 배우들을 위해서 가능하면 실제 우주선 내부의 느낌이 들도록 스튜디오를 개조했죠.

배우들을 런던의 학생 자취방에서 2주 동안 함께 지내도록 했다는 게 사실인가요? 〈선샤인〉의 승무원들이 우주선 안에서 함께 보낸 시간과 같은 시간이죠.

네, 배우들은 화장실과 부엌을 함께 쓰면서 좋은 경험을 했어요. 어느 날 밤 그 친구들이 생선을 요리해 먹었는데, 그 후로 2주 동안 자취방에서 생선 냄새가 가시질 않았어요.

컴퓨터 그래픽은 어떻게 만드셨나요?

MPC라는 회사에 맡겼어요. 〈해리 포터〉와 〈나니아 연대기〉를 만든 회사죠. 뱀이나 용의 꼬리를 만드는 데에는 아주 뛰어난 기술을 가지고 있어요. 우리 영화는 그들에게 전적으로 예술적인 작업을 할 수 있는 기회였어요. 관객들이 몰입할 수 있는 그럴싸한 태양계를 만들어내야 했기 때문에 그들의 이전 작업과는 아주 달랐죠. 생물체의 작은 부분만 만드는 게 아니라, 영화 전체에 대해 완전히 예술적 통제권을 가지고 작업했으니까요.

영화의 내용은 과학적으로 얼마나 정확한가요?

브라이언 콕스 박사가 참여해서 과학적으로 잘못된 부분들을 찾아냈어요. 하지만 알렉스의 시나리오는 상당히 정확한 편이었죠. 읽어만 봐도 그가 공상과학영화의 열혈 팬일 뿐 아니라, 말하는 바를 본인이 잘 알고 있다는 걸 금세 알 수 있어요. 태양이 죽어간다는 건 절대적인 사실이에요. 그 부분만큼은 과학적으로 이견의 여지가 없죠. 아주 오랜 기간에 걸쳐 일어나겠지만, 그런 일이 일어난다는 사실이 중요해요.

만약 내년에 그런 일이 일어난다면 지구에서의 마지막 1년을 어떻게 보내시겠어요?

최근에 인도의 타지마할을 방문한 적이 있어요. 처음 가봤는데, 이제까지 내가 본 곳 중에서 가장 아름답고 로맨틱했어요. 저는 그다지 로맨틱한 사람이 아니지만, 어쨌든 그날이 온다면 타지마할로 갈 것 같아요. 다른 사람들에게도 그런 로맨틱한 일을 하라고 권할 거예요.

〈선샤인〉을 통해서 감독으로서 얻은 것이 있나요?

두 번 다시 공상과학영화는 안 만들리라는 걸 알게 됐죠! 잘 아시겠지만 계약서상의 의무만 아니라면 감독들은 또다시 우주 공간으로 가는 걸 꺼려요. 고전 명작들이 세워놓은 기준치가 너무 높아서, 일단 그 기준치까지 도달하는 것만 해도 보통 어려운 일이 아니거든요. 영화의 모든 부분이 그래야 하고, 더구나 함께 작업하는 사람들도 거기까지 밀어붙여야 하니까요.

고수해야겠다고 생각한 장르적 전통 내지 기준이 있었나요? 고전 작품들에 의해 이미 정해진 특정한 원칙들이 있었을 텐데요.

로맨스를 시도했었는데 힘들다는 걸 바로 깨달았죠. 공상과학에서는 로맨스에 성공한 사람이 아무도 없어요. 〈2010 우주여행〉에서 시도했지만, 잘 안됐죠. 그래서 우리도 빼기로 했어요. 장 르누아르가 이렇게 말한 적이 있어요. 삶이 들어올 수 있도록 촬영장 문을 항상 열어놓으라고. 우주 공간을 다루는 공상과학영화의 금언은 이렇습니다. "문을 열어놔선 절대로 안 되고, 우주여행을 떠나기 전에는 모든 것을 정리해두어야 한다."

이전에 〈비치〉에서도 알렉스 갈란드와 작업했고, 〈트레인스포팅〉에서는 어빈 웰시와 작업했습니다. 또다시 소설을 영화화할 계획은 없나요?

제가 가장 좋아하는 소설은 이미 영화로 만들어졌어요. 『눈먼 자들의 도시』라는 소설인데, 등장인물들이 모두 시각장애인이죠. 다른 감독은 어떤 방식으로 그 소설을 풀어내는지 보는 것도 재미있을 거예요.

그러면 다음 작품은 무엇인가요?

뭄바이에서 〈슬럼독 밀리어네어〉를 촬영할 예정이에요. 사이먼 뷰포이

(영화 〈풀 몬티〉의 작가)가 시나리오를 썼어요. 캐스팅이 지금 문제인데, 여덟 살, 열두 살, 열여섯 살, 나이대로 각각 아이들을 세 명씩 구해야 하죠. 남자아이 둘과 여자아이 하나를요. 이 일로 한동안 바쁠 것 같네요!

우주, 또 하나의 황무지

interviewer / 피터 홀리

안녕하세요, 저는 플래시포인트 아카데미 영화학과의 피터 홀리입니다. 영화 〈선샤인〉 홍보차 방문하신 대니 보일 감독이 자리를 함께하고 있습니다. 어젯밤에 학생들과 같이 영화를 봤는데, 아주 마음에 들었어요. 관객들의 반응도 좋았던 것 같고요. 바쁜 와중에도 자리를 함께해주셔서 감사합니다.

천만에요. 제가 감사합니다.

공상과학영화, 특히 우주를 다룬 영화가 영화감독들에게 매력적인 이유가 무엇일까요? 유명한 감독이라면 전부 한 편씩은 만든 것 같은데요. 물론 감독님을 포함해서요. 무엇이 그렇게 매력적이죠?

예전에 산악 영화나 서부영화가 그랬던 것처럼, 어떤 한계에 대한 도전 아닐까요? 인간은 지구를 정복해가면서 우주 또한 하나의 황무지

Peter Hawley, Peter Hawley Interviews Danny Boyle, Interview conducted July 17, 2007, and posted December 1, 2007, on flashpointacademy.com. Reprinted with permission of Peter Hawley, Chair of the Film and Broadcast Department at Flashpoint, The Academy of Media Arts and Sciences. Transcribed by Brent Dunham.

로 여기기 시작해요. 이것은 인간이 자기 자신을 바라보는 방식이기도 하죠.

사실, 강철로 만든 튜브 안에 들어가 우주로 날아간다는 건 분명히 어리석은 짓이에요. 분별력 있는 생명체라면 절대 그런 짓은 안 하겠죠. 우주에서는 모든 것들이 인간에게 적대적이니까요. 만약 그 강철 튜브에 작은 문제라도 생긴다면 그걸로 끝이에요. 우주의 모든 것은 원래 인간에게 해롭도록 고안되어 있죠.

그럼에도 불구하고 인간들은 그곳으로 갑니다. 가장 우수한 과학자들을 뽑아 그곳에 무엇이 있는지 알아보기 위해 올려 보내요. 이것은 인간이 자신을 측정하는 방식일 뿐 아니라, 다른 존재를 찾기 위한 방식이기도 해요. 과연 이 조그마한 이성의 땅 너머에 중요하게 여길 만한 다른 것이 존재할까?

영화감독에겐 특히나 멋진 일일 거예요. 그 세상을 만들어내야 하니까요. 그런데 관객이 갖고 있는 공상과학영화에 대한 기본적인 불신은 어떻게 해결하셨나요? 관객은 극장에 앉아 이렇게 말합니다. "태양에 가시겠다고? 그러시겠지. 이건 영화니까." 그러고는 첫 장면부터 푹 빠져버리지만요.

리얼리즘이 우리의 기반이었어요. 영화 속의 모든 것을 리얼리즘 위에 쌓았죠. 하지만 거기에만 머무르진 않았어요. 마지막 장면에서 주인공이 손을 들어 태양을 만지는데, 어떤 의미에선 정말 말도 안 되는 장면이에요. 하지만 시작부터 리얼리즘에 근거한 현실적인 이미지들을 보여주었기 때문에 그것을 가능한 것으로 받아들일 수 있죠.

관객들은 승무원들이 우주선 안에서 직접 재배하고 음식을 요리하는 것을 보았어요. 모든 디테일이 실재에 기반을 두었기 때문에 그것을 환상이 아닌 현실로 받아들이죠. 그러고 나서 관객은 승무원들과 함께 우주여행을 떠나요. 이 영화의 대전제는 관객을 우주선 안에 가두어두는 거예요. 다른 혹성으로 갈 수도 없고, 아무런 대안이 없죠. 관객은 그저 우주선 안에서 승무원들이 체험하는 걸 그대로 경험할 뿐이에요. 거의 실시간으로 그들과 함께 있는 셈이죠.

어젯밤에 하신 말씀에 전적으로 동의합니다. 영화 속 인물들은 지구로 귀환하지 않아요. 그렇다고 재난영화도 아니고요. 영화는 그냥 하나의 여정으로 남게 되죠. 그 부분에 대해 조금 더 말씀해주시겠어요? 승무원들이 지구로 귀환하는 결말의 시나리오는 없었나요?

없었어요. 영화사에서 몇 번 시도는 했었죠. 그렇게 하면 자신들이 더 안전해지리라 생각했을 거예요.

〈에일리언 1〉처럼 폐쇄된 우주선 안에서 승무원들이 자기 자신을 돌아본다는 게 영화의 가장 기본적인 전제였어요. 승무원들이 우주선을 떠나면 관객도 함께 떠나고, 그들이 남아 있으면 관객도 남게 되죠. 승무원들과 함께 미션을 수행하면서 관객 또한 스스로를 다시 한 번 돌아볼 수 있기를 바랐어요.

캐스팅은 어땠나요? 조지 클루니처럼 의지할 만한 스타가 단 한 명도 나오지 않습니다. 물론 조지 클루니는 훌륭한 배우이기도 하지만요. 어떤 식으로 캐스팅을 했나요?

우주는 정말로 흥미로운 곳이에요. 소규모 캐스팅에 아주 적합하죠. 동등한 급의 배우들을 데려다 놓으면, 그들에게 앞으로 무슨 일이 일어날지 전혀 감을 잡을 수 없거든요. 우주에는 무엇인가 있어요. 너무

어마어마해서 모든 사물을 동등하게 만들어버리죠. 물론 그게 우리에겐 큰 이점이었어요. 원하는 순서대로 인물들을 죽일 수 있었거든요. 관객들은 누가 마지막까지 살아남아 미션을 수행하게 될지 전혀 눈치채지 못해요. 결국 킬리언이 살아남지만, 어떤 의미에서는 누가 살아남아도 상관없었습니다.

저희 영화학과에서는 영화를 제작할 때 협력 작업을 많이 강조하는 편이에요. 대개 젊은 감독들은 자기가 모든 해답을 알아야 하고, 자기가 모든 걸 할 줄 알아야 한다고 생각합니다. 하지만 〈선샤인〉이나 감독님의 다른 영화에서처럼, 실제로는 여러 분야의 사람들과 함께 일해야 하는 경우가 대부분이죠. 시나리오부터 특수 효과까지요. 다른 사람이나 부서와는 어떻게 작업하는지 말씀해주시겠어요? 특히 특수 효과와 관련해서요.

감독으로서 일찍부터 배워두어야 할 것들 중 하나가, 본인이 얼마나 다른 사람들의 기술에 의존하고 있는지를 아는 거예요. 그 점을 알아야 감독으로서 길을 발견할 수 있어요. 다른 사람들과 같이 일하면 자신의 비전을 잃어버릴지도 모른다고 겁을 내서는 안 돼요. 물론 그런 일이 일어날 가능성은 분명히 있어요. 하지만 그 사람들이 그곳에 있는 이유가 당신의 비전을 향상하기 위해서라는 걸 잊어선 안 돼요. 진심으로 하는 말이에요.

성공하면 생기는 문제들 중 하나는 동료들이 더 이상 기여할 생각을 안 한다는 거예요. 당신이 천재니까 혼자서 다 하리라 생각하기 때문이죠. 하지만 그렇지 않아요. 감독은 다른 사람들의 도움에 의존하고 있어요.

우리는 일하면서 항상 가족 같은 분위기를 만들려고 노력해요. 저는 촬영감독, 미술감독, 의상, 시나리오 작가 등을 미니 감독들로 생각하죠. 정말이지 그들은 감독인 저 자신의 작은 분신이라고 할 수 있어요. 궁극적으로 그들을 모아 함께 작업해야 할 책임은 감독에게 있지만요.

하지만 그들은 감독의 아이디어를 더 훌륭하게 실현하는 방법에 대해서만 도움을 줄 수 있어요. 감독에게는 자신이 광적으로 집착하는 것, 남들이 뭐라고 하든 절대로 바꾸지 않을 자신만의 것이 있습니다. 감독 본인이 그것을 분명히 자각하고 있어야 해요. 왜냐하면 그 사람들은 물과 같아서 가장 쉬운 길을 찾아 흘러가는데, 그 길이 항상 최선은 아니니까요. 언제 자신의 비전을 지켜야 할지 알아야 해요. 그럴 때는 "아니, 내 마음은 확고해. 나는 이렇게 할 거야"라고 주장하면서, 당신이 원하는 것을 고수해야 하죠.

〈2001 스페이스 오디세이〉 같은 위대한 고전을 볼 때면, 우주 공간의 사운드 디자인은 정말 힘들겠다는 생각이 들어요. 들리는 거라곤 컴퓨터 소리, 우주의 침묵, 태양과 열 보호막으로부터 나오는 잡음뿐이니까요. 사운드 디자인에 대해서도 말씀해주세요.

어떤 영화에서건 사운드는 촬영장에서 가장 하찮은 것으로 취급되죠. "뭐? 사운드 부서가 다시 한 번 찍고 싶어한다고? 꼭 그럴 필요기 있겠어?" 하지만 영화의 70퍼센트는 사운드예요. 사운드가 빠지거나 형편없다면 영화가 영 이상해지죠. 제대로 된 사운드 없이 제대로 된 영화는 있을 수 없어요.

우리는 사운드에 할당된 예산을 지키려고 노력했어요. 사운드를 만드는 사람들에게 정당한 자격을 주기 위해서죠. 특히나 소리가 없는 우주를 다룬 이런 영화에서는 더욱 그래야 했어요. 이번 영화는 우리에게 하나의 시험대였어요. 우주에는 아무 소리도 없으니까요.

그렇다면 지구에 있는 관객들에게 어떤 사운드를 들려줄 수 있을까 생각해봤어요. 가장 좋은 예는 당연히 〈2001 스페이스 오디세이〉였습니다. 기술적으로나 창의성으로나 영화의 사운드를 새로운 차원으로 끌어올렸거든요. 너무나 대담한 방식으로 클래식 음악을 사용했죠.

우리가 시도한 방법은 〈트레인스포팅〉이나 〈비치〉 등에서 함께 작업했던 언더월드Underworld라는 밴드를 기용한 것이었어요. 그들이 영화음악을 처음 작곡한다는 사실에 너무 어색해하지 않길 바랐죠. 클라이맥스 같은 걸 걱정하면서 너무 심각해지는 대신, 그저 영화를 가지고 이리저리 실험해보길 원했어요. 그들은 결국 훌륭하게 해냈어요. 그러고 나서 좀 더 전통적인 작곡가 존 머피에게, 그들이 만들어놓은 음악을 다듬고 새로운 테마를 추가해달라고 부탁했어요. 그래서 전통적이기도 하고 실험적이기도 한 영화음악을 만들어냈죠.

이쯤에서 대화를 마치면서, 마지막으로 영화 학교와 영화를 공부하는 학생들에 관해 이야기하고 싶네요. 먼저 영화를 공부하는 전 세계 학생들에게 감독님은 영웅이에요. 학생들은 〈트레인스포팅〉과 〈28일 후〉에 대해 이야기하지만 대개 같은 감독이 만들었다는 사실은 잘 몰라요. 어찌 됐든 감독님은 그들에게 영웅 같은 존재예요. 어떤 길을 통해 그곳에 도달했는지 간략하게 말씀해주시겠어요? 사람마다 각자 다른 길이 있다는 건 알지만 학생들은 감독님의 길이 정말로 궁금하거든요.

글쎄요. 영화를 정말 좋아하긴 했지만, 어떻게 영화 일을 시작해야 할지 저도 몰랐어요. 80년대 영국의 영화 산업은 문을 걸어 잠근 가게 같아서 들어가기가 힘들었죠. 여러 사람에게 편지를 썼지만 답장이 없었어요. 참고로 그런 사람들은 절대로 답장 같은 건 하지 않는다는 걸 알아두세요.

결국 자신만의 길을 가는 수밖에 없어요. 그리고 어떤 문이 당신을 들여보내주고 말고 하는 게 아니란 걸 잊지 마세요. 만약에 그런 문이 있다면 그 앞에는 이미 엄청나게 긴 줄이 있을 테니까요. 부자들은 앞쪽에, 가난한 사람들은 뒤쪽에 서 있겠죠.

어떤 길이나 문이 있는 게 아니라, 오직 집착만이 있을 뿐이에요. 영화를 낭만적으로 생각했던 사람들은 자연스럽게 사라지죠. 하지만 영화에 충분히 미쳐 있고 집착하고 있다면 결국 그곳에 이르게 될 거예요. 영화 산업은 젊음의 에너지와 집착을 필요로 해요. 젊은이들의 살짝 미친, 제정신이 아닌, 어찌 보면 측은하기까지 한 것들을 필요로 하죠. 영화 산업은 그런 걸 먹고 살아요. 지금은 학생이라서 잘 못 느낄지 모르지만, 영화 산업이 살아나려면 당신들이 필요해요. 절실히 필요해요. 그러니 계속하세요.

저는 결국 연극 쪽으로 갔어요. 들어가기가 훨씬 쉬웠고, 좋은 훈련이 될 거라고 생각했기 때문이죠. 시각적인 것과는 별로 상관없지만, 배우들과 일하는 건 실제로 아주 좋은 훈련이 됐어요. 그 후로는 배우들과 편안하게 작업할 수 있었으니까요. 많은 감독들이 배우를 두려워하거나 혐오해요. 그러나 감독이 궁지에 몰릴 때마다 탈출구가 되어주는 게 배우들이에요. 그렇게 연극 연출을 하고 나서 텔레비전으로 갔어요. 텔레비전 드라마를 몇 편 연출한 후에 〈셀로우 그레이브〉의 시나리오를 집어 들었죠. 그렇게 시작된 거예요.

아주 멋진 이야기였습니다. 오늘 와주셔서 대단히 감사합니다. 다음에도 시카고에 오시면 학교에 들러 학생들과 이야기를 나눠주시겠어요?

당연하죠.

2007년
스페이스 오디세이

interviewer / 케빈 폴로위

대니 보일 감독은 장르마다 손을 대어 비트는 것이 취미인 사람처럼 보인다. 그의 신작들은 항상 바로 이전의 작품들과 현저하게 달랐다. 블랙코미디에서 로맨틱코미디로, 공포영화에서 가족영화로 옮겨가는 동안 그는 모든 장르를 거쳤다.

〈트레인스포팅〉과 〈28일 후〉를 만든 이 존경받는 감독은 지금 지구의 모든 제약을 뒤로 한 채 공상과학영화 〈선샤인〉호를 타고 멀리 우주로 떠나갔다. 영화 〈선샤인〉은 일군의 과학자들이 죽어가는 태양을 재점화하여 인류를 구원한다는 오싹한 내용의 공상과학 스릴러다. 보일이 〈28일 후〉의 시나리오 작가 알렉스 갈란드, 배우 킬리언 머피와 재결합하여 만든 영화로, 크리스 에반스와 로즈 번, 양자경의 연기 변신이 인상적이다. 보일은 〈무비폰〉을 만나 공상과학영화의 어려운 점들과 〈트레인스포팅〉의 속편 〈포르노〉의 진행 상황, 그리고 그의 다양

Kevin Polowy, 2007's Space Odyssey: Q&A with Sunshine Director Danny Boyle, AOL/Moviefone.com, July 2007. Reprinted with permission.

한 작품들을 놓고 갑론을박하는 팬들에 대해 이야기를 나누었다.

도대체 손대고 싶지 않은 장르가 있긴 하신가요?

우주를 다룬 영화요. (웃음) 다시는 안 할 거예요. 2편, 3편 계속해야 하는 시리즈물이 아니라면 감독들은 대개 한 편씩만 하죠. 딱 한 번만 한다는 게 재미있지 않나요? 물론 제임스 카메론을 제외하면요. 〈아바타〉로 다시 한 번 우주에 가려고 한다는군요. 뭐, 그 사람은 원래 약간 이상한 사람이니까……. 나머지 우리는 딱 한 번만 합니다. 너무 힘들거든요.

우주에서는 감독님의 비명을 아무도 듣지 못하기 때문인가요?

(웃음) 무엇 때문인지는 모르겠어요……. 사실 무엇 때문인지 알아요. 방금 한 편을 마쳤으니까요. 훌륭한 고전 공상과학영화들의 높은 수준에 도달하기는 정말로 어려워요. 실제로 도전해보기 전까진 얼마나 어려운 일인지 모르죠. 무중력상태와 고립된 우주선 속에서 보여줄 만한 다른 장면들은 거의 없고……. 재난영화라면 계속 지구로 장면을 전환할 수 있겠지만요. 그런 점들이 흥미롭기도 해요.

뮤지컬영화는 정말로 해보고 싶어요. 아마도 공상과학영화 이상으로 어려울 거예요. 훌륭한 뮤지컬영화를 만들 수만 있다면 성배를 찾아낸 것과 진배없죠. 그럴듯한 현대적인 창작 뮤지컬영화는 정말로 만들기 어려우니까요.

〈헤어스프레이〉나 〈시카고〉 같은 영화를 말씀하시는 건가요?

그런 극장용 뮤지컬 말고요. 그 영화들은 뮤지컬에 나오는 노래들의 핑곗거리에 지나지 않아요. 스토리가 친숙하거나 모든 사람들이 이미 노래를 알고 있기 때문에 가능한 일이죠. 제가 말하는 건 현대를 배경으로 하는 창작곡 뮤지컬이에요. 극장이나 과거를 배경으로 하지 않고요. 정말 어려울 거예요.

대니 보일표 음악들이 스며든 현대적인 뮤지컬이 되겠군요.

그렇죠. 그런데 현대적인 음악이란 게 뭐라고 생각하세요? 바로 리한나예요. 콜 포터가 아니고, 리한나나 저스틴 팀버레이크죠. 그런 음악에 영향을 받은 것이어야 해요.

공상과학영화를 만들 때의 어려운 점에 대해 말씀하셨는데요, 유리한 점은 없었나요? 내러티브나 전문용어들을 이용해서 좀 더 쉽게 모면할 수 있는 부분은 없었는지요? 공상과학의 허구적인 면을 더 강조한다든가 하는 식으로요.

유치한 용어들이 있긴 해요. 감압 장치인가 뭔가 그런 거죠. 그런 용어들을 이용해서 영화제작상 어떤 자유를 얻을 수 있을지는 모르겠네요. 유리한 점이라면 하나의 완전한 세상을 만들어낼 수 있다는 거겠죠. 그 세상의 법칙들도 만들어낼 수 있고요. 거기에 반론을 제기할 수는 없을 거예요. 왜냐하면 세상과 세상의 법칙이 정해지면 모든 게 그 법칙을 따라야 하니까요. 하지만 불리한 점은 우주선이라는 세상은 하나의 밀실이어서, 모든 것을 결정한 후에 일단 출발하고 나면 그것으로 끝이라는 거예요. 그 세상의 일부분이 아니었던 것은 어떤 것도 나중에 들여올 수 없죠. 하여간 상당히 어려워요.

감독님의 영화에 출연해서 경력의 전환점을 맞은 배우들이 몇 명 있습니다. 이완

맥그리거나 킬리언 머피, 나오미 해리스 같은 배우들이죠. 〈선샤인〉에도 그럴 만한 배우가 있을까요?

그들은 제가 발견한 배우들이 아니에요. 이미 훌륭한 경력을 갖고 있거나, 제가 항상 함께 작업하고 싶어하고 존경하던 배우들이에요. 클리프 커티스나 양자경 같은 사람들 말이에요. 언젠가는 그 배우들을 써야지 생각하지만, 그런 일은 쉽게 일어나지 않아요. 특히 그들 모두를 모아야 하는 영화라면 더욱 그렇죠.

우주 공간의 좋은 점은 다국적인 캐스팅을 해도 별 문제가 되지 않는다는 거예요. 국적도, 인종도 전혀 문제가 안 되죠. 지구를 배경으로 그런 시나리오를 생각해낸다는 건 꽤 어려운 일이에요. 관객들은 캐스팅에 상당히 민감한 편이거든요. 하지만 우주 공간에서는 그냥 쉽게 받아들여요. "오케이, 저들이 우주선 승무원들이군!" 하면서 넘어가죠.

캐스팅한 후에 연기하는 것을 보면서 '이 사람이 정말 내가 원했던 배우인가?' 하고 생각한 극 중 인물이 있었나요?

저는 배우들을 그냥 지켜보는 편이고, 그들을 굉장히 좋아해요. 양자경도 제가 좋아하던 배우인데, 〈007 네버 다이〉와 〈와호장룡〉에서 보았죠. '세상에! 저 여자하고 같이 작업할 수만 있다면' 하고 늘 생각했어요. 너무나도 독립적이고 항상 자기 자신으로 살아가는 여성이에요. 어쨌든 처음에 그녀를 만났을 때는 아무런 역할도 제안하지 않았어요. 등장인물들이 한쪽 성性에 국한되어 있지 않으니까요. 대부분의 인물들이 남자든 여자든 상관없었어요.

그다음에 크리스 에반스를 만났어요. 〈판타스틱 4〉는 개봉을 아직 안 해서 못 본 상태였죠. 하지만 만나고 나니 놀라운 배우라는 생각이

들었어요. 그에 대한 선입견이 전혀 없었거든요. 사람들은 〈판타스틱 4〉 때문에 선입견을 갖고 있었지만 저는 없었어요. 그냥 '이 친구는 정말 뛰어난 배우군' 하고 생각했죠. 저는 원래 연극 연출가 출신이에요. 크리스는 바로 무대 위에 올라가 〈오셀로〉의 이아고 역을 해도 괜찮을 배우라고 느꼈어요. 대개 영화배우들은 그러기 쉽지 않거든요. 그는 제대로 된 배우였어요. 연기를 어떻게 하는지 알고 있었죠.

클리프 커티스는 〈웨일 라이더〉와 〈트레이닝 데이〉에서 봤어요. 아주 뛰어났죠. 반면에 트로이 가리티는 한 번도 본 적이 없었어요. 캐스팅한 후에야 〈우리 동네 이발소에 무슨 일이〉를 봤는데 그를 알아보지도 못했죠. 그는 뛰어난 배우예요. 배역 담당이 과소평가되어 있지만 아주 특별한 배우라며 그를 꼭 봐야 한대서 바로 캐스팅했어요.

그에게는 배우의 피가 흐르고 있습니다. 제인 폰다의 아들이니까요.
〈컨스피러시〉에서 인턴 역도 연기했고요.

캐스팅을 처음 시작했을 때 킬리언에 대해서는 생각도 안 했어요. 아마도 그 역할은 미국인이어야 한다는 생각에, 주로 영국 영화에서 보았던 킬리언은 적역이 아니라고 느꼈던 것 같아요. 그러고 나서 〈배트맨 비긴즈〉를 봤는데 정말 대단했어요. 영화를 거의 장악했고 미국식 발음도 흠잡을 데가 없었죠. 그래서 안 될 이유가 없다는 생각에 다른 사람들처럼 대본 리딩을 시켰어요. 환상적이었어요. 그래서 킬리언이 그 역을 차지하게 됐죠.

그러고 나니 훨씬 말이 되더군요. 킬리언이 출연했던 〈28일 후〉의 성공이 이 영화의 예산(4000만 달러)을 가능하게 해주었고, 그 예산 안에서는 우리가 원하는 배우는 누구나 캐스팅할 수 있었으니까요.

갑자기 킬리언과 다시 작업하는 게 더욱더 그럴듯해졌어요. 네, 때로는 가장 뻔한 일도 눈앞에 일어나봐야 알 수 있는 법이죠.

〈28주 후〉를 다시 함께하는 건 고려해본 적 없나요?

이야기는 했었어요. 가능성은 늘 있었죠. 그런데 〈선샤인〉이 너무 길어져서 현실적으로 고려해보지는 못했어요. 크레디트에 이름이 올라 있진 않지만, 알렉스가 시나리오의 일부분을 썼고, 저도 감독 후안 카를로스 프레스나딜로를 추천 비슷하게 했어요. 미술감독, 편집자, 작곡가도 추천해주었고요. 우리가 그 영화에 흔적을 남기긴 한 거죠. 〈28일 후〉의 속편이지만, 다른 사람에 의해 다른 시각으로 만들도록 한 것은 좋은 결정이었다고 생각해요.

〈28주 후〉의 최종 완성본을 보고 어떻게 생각했나요?

좋은 작품이라고 생각했어요. 보고 나서 상당히 놀랐죠. 실은 영화의 폭력성에 무척 충격을 받았어요. 너무 놀라서 1편도 이렇게 폭력적이었나 생각했죠. 만드느라 매일 보는 사람들은 잘 못 느끼거든요. 하지만 갓 만들어진 것을 보면 충격이 훨씬 크죠.

한번은 이렇게 말한 적이 있어요. "몇몇 폭력적인 장면들은 좀 누그러뜨려야 되지 않을까?" 그랬더니 마치 '무슨 말을 하는 거야? 1편을 그렇게 폭력적으로 만든 사람이 바로 당신이면서!' 하는 눈빛으로 저를 쳐다보더군요. 하여튼 영화는 아주 재미있게 봤어요. 특히 초반 40분은 정말로 압도적이라고 생각해요.

감독님의 팬들은 〈트레인스포팅〉의 속편에 대해 계속 아우성을 치고 있는데요.

원작에 아주 대략적으로 근거해서 시나리오를 하나 마친 상태예요. 〈트레인스포팅〉을 각색했던 존 호지가 기본적인 요소들이 잘 돌아가는지 보려고 만든 초안이죠. 꽤 괜찮더라고요. 기본적으로 베그비 중심의 이야기예요. 베그비는 살인죄로 감옥에서 20년을 보내고 다시 세상 밖으로 나오죠. 따라서 나이 차이가 많이 나요. 〈트레인스포팅〉에서는 20대 초중반이었는데 지금은 모두 중년이 됐어요.

같은 배우들이 같은 인물들을 연기하는데, 베그비 때문에 모두 다시 한자리에 모이게 돼요. 그리고 우리는 그들에게 무슨 일이 일어나는지 지켜보죠. 이 이야기의 재미있는 점은 그들의 의기양양함을 관찰하는 데에 있어요. 젊은 시절 갈 데까지 갔던 이 친구들이 지금은 중년이 되어 더 이상 그럴 수 없어요. 시간 앞에는 장사가 없으니까요. 이것이 우리가 다루고자 하는 기본 아이디어예요.

그런데 배우들이 아직은 그렇게 달라 보이지 않는다는 게 문제예요. 몇 살 더 먹은 것처럼 보일지는 몰라도 그 이상은 아니거든요. 배우들은 그 상태로 상당히 오래가는 편이에요. 머리카락이 빠진다든가 하지 않으면 외관상으로는 큰 변화가 안 느껴지죠. 여전히 20대 후반의 역할을 할 수 있을 정도니까요.

하지만 한 세대가 지나간 듯이 느껴졌으면 좋겠어요. 등장인물 중 한 명의 자식이 첫 번째 영화에서의 그들 나이 정도가 된 것처럼요. 그 정도로 나이를 먹고, 또 실제로도 그 나이로 보인다면 아주 재미있는 영화가 될 거예요. 왜냐하면 그때쯤이면 극 중 인물들뿐만 아니라 배우들에게도 하나의 역사가 생겼을 테니까요. 그러면 관객들에게 어떤 울림이 있을 거라고 생각해요.

젊었을 때 첫 번째 영화를 보았던, 지금은 중년이 된 사람들과, 첫 번째 영화를 최근에 보고 좋아하는 새로운 팬들이 이 영화의 주 관객이 될 거예요. 아주 훌륭한 아이디어라고 생각해요. 우리는 단지 참을성 있게 기다리기만 하면 되죠.

감독님의 영화에 대해선 항상 많은 논쟁이 있는 것 같습니다. 특히 감독님 영화들 중에서 뚜렷하게 좋아하는 작품과 그렇지 않은 작품이 모두 있는 팬들 사이에서 그렇죠. 예를 들어 〈비치〉나 〈인질〉에 대해서 사람들은 아주 다른 관점을 가지고 있어요. 그런 논쟁에 참여하는 편인가요, 아니면 그냥 회피하나요?

재미있는 점은 〈트레인스포팅〉이나 〈28일 후〉처럼 많은 사람들이 좋아하는 작품은 그 영화의 팬들이 모든 것을 장악해버린다는 거예요. 그 영화들에 대해서는 실제로 그들이 저보다 더 많은 것을 알고 있죠. 그래서 그런 영화들은 그냥 내버려두는데, 그러다 보면 저는 약간은 이방인 같은 처지가 되어버려요.

제가 보호해야 할 영화들은 사람들이 그만큼 좋아하지 않는 영화들이에요.(웃음) 무슨 이유에서건 잘 안된 영화들은 조금은 과잉보호하는 경향이 생기죠. 잘 들어보세요. 뭐라고 정확히 말씀드릴 수는 없지만, 어느 날 이러다가는 평생 한 작품도 못 만들고 죽는 건 아닌지 걱정하다가 다음날 일어나 보니 어느새 여섯 편이나 만든 중견 감독이 되어 있고, 사람들 입에 내 작품이 오르내리고 있어요. 여러 편의 영화를 만들 수 있었던 저는 정말 행운아예요. 제가 첫 영화 〈쉘로우 그레이브〉를 만들 때는 주변에 영화를 만들던 사람이 많았어요. 그중 몇 사람은 다시는 영화를 만들지 못했죠. 그래서 제가 이런 위치에 있다는 게 정말로 다행이라고 생각해요.

제가 만든 모든 영화들이 인기를 얻진 못할 거예요. 그런 건 아주 빨리 체득하게 되죠. 그렇다고 인기가 없는 작품들이 반드시 가치가 덜한 건 아니에요. 물론 어떤 영화가 다른 영화보다 더 인기가 있다면, 거기엔 분명히 이유가 있겠지만요.

하지만 감독님에게는 인기가 덜한 작품들조차 지조 있게 옹호해주는 팬들이 있어요.

그런 작품에도 미미하지만 아주 뛰어난 부분들은 있다고 생각해요. 〈인질〉에도 정말로 눈부신 장면이 있었죠. 댄스 장면인데, 이완 맥그리거와 카메론 디아즈는 정말로 훌륭했어요. 어쨌든 잘 모르겠네요. 재미있어요.

그럼 뮤지컬영화를 기대하고 있겠습니다.

(웃음) 아마도 다음 작품은 아닐걸요.

〈슬럼독 밀리어네어〉(2008)

보일의 지상명령

interviewer / 행크 사틴

시카고국제영화제의 일환으로 영화 〈셸로우 그레이브〉 〈트레인스포팅〉 〈인질〉 〈비치〉 〈밀리언즈〉 〈28일 후〉 〈선샤인〉 등을 만든 대니 보일 감독이 신작 〈슬럼독 밀리어네어〉와 함께 영화제를 방문했다.

사랑하는 여인을 찾아 뭄바이 슬럼가의 역경을 딛고, 인도판 〈누가 백만장자가 되고 싶은가〉에서 우승을 하는 한 소년에 대한 서사시적인 이야기다. 보일을 만나 이야기를 나눴는데, 이른 오전임에도 불구하고 그는 놀랄 만큼 열광적이고 달변이었다. 인터뷰는 영화의 배경인 슬럼가와는 묘한 대조를 이루는 호텔 스위트룸에서 진행되었다.

친구에게 대니 보일 감독을 인터뷰할 거라고 했더니 대뜸 "어떤 대니 보일? 〈28일 후〉의 대니 보일? 〈밀리언즈〉의 대니 보일? 아니면 〈선샤인〉의 대니 보일?"이라고 묻더군요. 제작 규모를 염두에 두고 한 말일까요?

Hank Sartin, Boyle's Orders, *Time Out Chicago*, November 13~19, 2008, issue 194. Reprinted with permission.

네, 제작 규모를 거론할 만한 영화는 〈비치〉뿐이긴 하지만요. 유일하게 〈비치〉만 그 정도로 큰 예산이 들었어요. 정말 많은 돈이 들었죠. 그 밖에 다른 영화들은 대개 실제 예산에 비해 더 큰 스케일로 보이게 만들려고 노력했어요. 하지만 〈밀리언즈〉 같은 영화를 그렇게 만들었다면 부적절했을 거예요. 왜냐하면 그 영화의 느낌은 뭐랄까 좀 더……. 하지만 〈밀리언즈〉도 그보다 스케일이 큰 영화로 간주되는 〈28일 후〉와 실제로는 같은 액수의 돈이 들었죠. 제 생각엔 결과물을 가지고 어떻게 하느냐에 따라 달라지는 것 같아요.

확실히 말씀드릴 수 있는 건 그렇게 큰 예산의 영화는 다시는 하지 않기로 마음먹었다는 거예요. 그런데 이 말을 하자마자 마음을 바꿀지도 몰라요. 인터뷰가 끝나자마자요. 저는 큰 규모의 영화들을 그렇게 잘하는 편이 아니에요. 약간은 더 제한된 자원 내에서 작업하는 걸 선호하죠. 아시다시피 그렇게 하면 더 많은 표현의 자유를 보장받으니까요.

돈을 적게 쓰면 더 적은 수의 사람들과 영화를 만들게 되는 건 당연해요. 기자재도 열악할 거고요. 그렇지만 그런 희생을 각오하고 하는 거죠. 물질적인 면에서 그렇단 말이에요. 사람들이 생각하는 만큼 물질적인 부족 때문에 큰 차이가 생긴다고는 생각하지 않아요. 그리고 그런 것 자체에 대해서도 생각하지 않으려고 하는 편이죠.

영화들 사이의 연관성에 대해서도 생각을 안 해요. 그냥 찍는 영화에 집중하려고 해요. 내러티브와 인물들, 아이디어에 집중하죠. 한 번에 하나씩이요. 그런데 만약 연관성이 생긴다면…… 솔직히 말씀드려서, 어느 날 이런 생각이 들지도 몰라요. '맙소사, 이건 정말 그거랑 똑같은데……'

'예전에 했던 것과'?

네, 맞아요. 자의식은 정말 큰 적이죠. 전혀 유용하지 않다고 생각해요. 이런 인터뷰들 때문에 그런 걸 의식하게 되지만, 고맙게도 제 몸에서 기억상실증 약물이 분비되어 다시 일하러 갈 때는 이 모든 걸 잊어버려요. 예전 작품들과의 연관성, 그게 뭔지는 모르겠어요. 지금은 제가 그런 연관성을 기억하지만, 곧 사려져버릴 거예요. 그러면 다시 영화와 스토리로 돌아가 열심히 일하는 거죠.

작품들 사이의 연관성에 대해 한 가지만 더 질문하고 나서, 〈슬럼독〉에 대해서 얘기하기로 약속하죠. 이 영화는 큰 액수의 돈이 나오는 감독님의 세 번째 영화예요. 돈에 관해 논쟁하려는 건 아니에요. 첫 번째 영화는 돈이 모든 것을 타락시키고, 돈을 놓고 서로 으르렁거리며 싸우는 아주 어두운 영화죠. 그리고 〈밀리언즈〉에서는 돈은 위험하고 모든 걸 부패시키지만, 한 아이의 두 눈이 그것을 구원해내요. 그런데 이번 영화에서는 마치 '상금을 탔어요! 만세! 돈이다! 2000만 루피! 정말 굉장한데!' 이런 식으로 보이거든요.

소년은 돈을 좇는 게 아니에요. 그래서 우승을 하게 되는 거고요. 인도에서는 그 퀴즈쇼가 우승하기 아주 어려운 쇼예요. 아마도 처음 쇼가 시작됐을 때 많은 영리한 사람들이 인력거 운전수나 가난한 사람으로 가장하고 나와서 돈벼락을 맞았을 테죠. 그래서 문제를 훨씬 더 어렵게 만들었을 거예요.

미국이나 영국보다 문제 수준이 훨씬 더 높아요. 문화적인 이유 때문에 어려울 수도 있겠지만, 어떤 문제들은 들으면 '젠장! 뭐야, 저 문제는!' 하는 생각이 들 정도죠. 2000달러에나 나올 법한 난이도의 문제가 20, 30루피 때 나와요. '답이 뭐라고? 나라면 절대 저 문제는 못

풀겠는데!' 이렇게 생각할 정도로 아주 어렵게 만들어놨어요.

소년에게 그런 유용한 경험들이 없었더라면 애당초 절대로 우승할 수 없었을 거예요. 실제로 그는 두어 번 예전 경험에 근거를 두지 않고 추측해보기도 하죠. 어쨌든 그가 우승할 수 있었던 이유는 인도의 정신문화와도 관련이 있는데, 마음이 편안했기 때문이에요. 그의 목표는 돈과는 아무 상관이 없어요. 실제로 텔레비전에서 퀴즈쇼에 참가한 사람들을 보면 '아이고, 이건 모르겠네. 하지만 이 문제를 못 맞혀도 다음 문제는 확실히 맞힐 수 있을 거야'라고 생각하는데, 소년에게는 그런 게 없어요. 상금이 손짓하며 부르지만 소년은 결코 그런 식으로 생각하지 않죠. 그가 원하는 것은 가능하면 오래 자리를 지키는 것뿐이에요. 그것이 그의 목표죠. 그녀가 자신을 보기를 바라면서요.

제가 〈슬럼독 밀리어네어〉에서 감명받은 것 중 하나는 이 영화가 일종의 옛날식 사랑 이야기라는 것이었어요.

영원한 사랑 이야기죠.

네, 맞아요.

구식이라고 볼 수도 있겠지만, 실제로는 영원한 사랑 이야기예요. 우리 마음속에는 헌신과 충실함에 대한 갈구가 여전히 남아 있어요. 소년이 자신의 사랑을 절대로 떠나보내지 않으려고 하는 마음과 같은 거죠. 우리는 각 연령대마다 그녀가 주위 환경 때문에 그에게서 찢겨 나가는 것을 보게 돼요. 하지만 그는 항상 그녀에게 충실하게 남아 있어요. 그들은 서로의 마음속에 머물고 있죠.

이 영화에 관한 글에서 디킨스가 언급된 것을 본 적이 있습니다. 아주 적절한 표현이라고 생각했어요. 소년에게 꼭 맞는 사람은 바로 그녀죠. '위대한 유산'인 거예요. 그러고 나서는 꼬마 '올리버 트위스트'가 등장하고요.

네, 아주 디킨스적이에요. 앞서 사이먼과도 이야기했던 기억이 나네요. 그도 분명히 그런 걸 언급했죠. 맞는 말이에요. 현재의 인도에서나 가능한 고전적인 이야기죠. 요즘 서양에는 그런 이야기가 많이 남아 있지 않아요. 우리는 삶의 주위에 어느새 안전지대 같은 것을 만들어놓았지만, 인도에는 아직 그런 게 없어요. 여전히 삶이 극단적이죠.

런던이라는 도시가 출현하고, 성장하고, 매일 변화해갈 때 디킨스가 느꼈을 법한 것들을 인도에서는 여전히 느낄 수 있어요. 디킨스 당시의 런던에서는 부자들이 한순간에 생겨나는 믿기 힘든 일도 있었지만, 엄청난 수의 사람들, 특히 이스트런던의 사람들은 가난과 참을 수 없는 환경 속에서 살아가야만 했죠.

당시와 똑같은 종류의 극단과 부패한 경찰이 현재 인도에 있어요. 이야기꾼들에게는 그런 상황이 멜로드라마이자 판타지이고 리얼리즘이기도 해요. 지금의 서양과는 대조적이죠. 우리는 멜로드라마를 판타지영화에 집어넣거든요. 그게 우리가 지난 15년 동안 해온 일이에요. 〈반지의 제왕〉과 〈배트맨〉이 그런 영화죠. 이제는 판타지가 영화의 가장 기본적인 장르가 되었어요. 하지만 우리는 그런 판타지영화에 더 이상 도전하지도 않고, 심지어 하나의 장르로 느끼지도 않아요.

내년에도 두세 편의 슈퍼히어로 영화가 나올 거예요. 그해 돈을 가장 많이 번 영화가 되겠죠. 우리가 극단적인 드라마를 리얼리즘 영화로 더는 만들 수 없는 이유가 그런 것 때문이라고 확신해요. 아주 어려운 일이긴 해요. 사람들도 그런 이야기를 더 이상 받아들이려 하지 않으니까요. 그저…… 리얼리즘이라기보다는 구식 멜로드라마 정도로 생각하겠죠.

도시에 존재하는 극단에 대해서 말씀하시는 건가요? 주변을 둘러보면 우리가 있는 이곳 시카고에도 믿을 수 없을 정도로 가난과 부의 두 극단이 존재해요. 이 호텔 스위트룸만 해도…… 하룻밤에 얼마나 하는지는 생각하지 말기로 하죠. 지금 우리가 있는 이 지역에서는 사람들이 아파트 한 채에 200만 달러를 주고 구입해요. 하지만 이곳에 오려고 길을 걸으면서 저는 적어도 여섯 명의 노숙자를 지나쳤어요. 하지만 이런 극단은 디킨스적인 런던의 극단과는 또 달라요. 세상이 실제로 변했을까요? 아니면 사람들이 더 이상 예술 속에 반영된 그런 극단을 믿으려 들지 않는 걸까요?

제 생각엔 후자 같아요. 우리 사회에는 사기를 진작하고 의욕을 유지하려는 보호 장치들이 있어요. 제가 안전지대라고 부른 것들 말이에요. 가난한 사람들이 이용할 수 있거나, 이용하도록 도움을 받을 수 있는 어떤 절차가 있죠.

반면에 인도는 아직도 디킨스적인 런던이에요. 모든 사람이 자기 힘만으로 살아가야 하는 곳이죠. 우리와 같은 사회구조가 아직 만들어지지 않았거든요. 슬럼가에는 적당한 급수 시설이나 위생 시설조차 없어요. 건강과 안전에 대한 규정들 또한 당연히 없고요. 물을 깨끗이 하고 위생 처리하는 데만 아주 오랜 시간이 걸려요. 어쨌든 그러한 사회적인 장치들이 현재 인도에는 시급해요.

하지만 슬럼에도 자활 시스템이 있어요. 국가가 아무런 도움을 주지 못하기 때문에 자기들 스스로에게 의지할 수밖에 없었던 거죠. 수완이 좋고 스스로를 보호할 줄 아는 놀라운 이웃들이 생겨났어요. 하나의 공동체로서 서로를 돌봐주는 거예요. 물론 이런 공동체는 자기 영속적인데, 사람들이 영리하거든요. '제길, 도시 외곽에 지어놓은, 암이나 일으키는 아파트에는 들어가 살지 않을 거야. 그래 봐야 여전히 나는 가진 게 아무것도 없을 테니까. 벽돌하고 회반죽으로 만든 아파트는 하나 생기겠지만, 수백만 명의 이웃이 서로를 지켜준다는 느낌은 잃어버리겠지.'

이처럼 슬럼의 공동체는 어떤 면에서 매력적이에요. 서양에서는 경멸의 의미로 쓰는 '슬럼'이라는 단어가 인도에서는 전혀 다르게 받아들여지죠. 사람들에 대한 가치판단이라기보다는 지리적인 정의일 뿐이니까요.

영화의 시각 스타일에 대해서 얘기해볼까요? 영화를 보며 빼어나다고 느낀 것 중 하나가 풍부한 생동감이었어요. 특히 사물에 가까이 다가가는 것과 뒤로 물러서는 것 사이의 균형이 인상적이었습니다. 예를 들어 카메라가 말 그대로 인물의 행동을 찍다가 그 동네 위성사진으로까지 뒤로 확 물러나버리죠.

그건 그냥…… 뭄바이에서는 헬리콥터 촬영을 허가받는 게 너무 어려워서 그렇게 한 거예요. 특히 서양인들에게는 더욱 까다로운데, 군사보안에 워낙 민감하거든요. 헬리콥터로 도시 위를 날아다니며 촬영했어도 시각적으로는 위성사진과 비슷한 느낌을 전달히려고 했을 거예요.

도시의 스케일 말씀이시죠?

네, 스케일이요. 그리고 그들이 어디에서 일하건 항상 자기 주위에 슬럼가를 만든다는 것도 시각적으로 전달하고 싶었어요. 가령 (창문 밖 트럼프 타워를 가리키며) 트럼프 타워 같은 고층 빌딩을 짓는다면 빌딩

주변에 어떤 경이로운 도시가 하나 생겨나요. 빌딩을 짓던 노동자들이 만든 도시죠. 물론 트럼프 타워의 관리자들이 슬럼가를 없애려 하겠지만 노동자들은 다시 돌아옵니다. 와서 다시 전열을 가다듬죠.

실제로 인도인들에게는 자기 삶의 방식을 다른 이에게 강요해서는 안 된다는 관념이 있어요. 모든 것을 있는 그대로 받아들이는 편이죠. 그들이 가지고 있는 운명론이라고 생각해요. 우리는 운명론을 굉장히 부정적으로 여기지만 그들은 그렇지 않은 것 같아요. 운명론은 굉장히 긍정적이고 약간은 재미있는 방식으로 그들을 자유롭게 해주거든요. 우리와는 전혀 다른 감각을 가지고 있어요. 우리는 삶이 운명에 의해 정해져 있다면 아마도 끔찍하게 여길 거예요. 아무것도 안 하려 들겠죠. 하지만 실제로는 그렇지 않아요. 놀라울 정도로 자유로워지죠. 아, 죄송해요. 질문에 대한 답이 아닌 것 같네요.

아니에요, 아주 재미있는 이야기예요. 조금 더 나가볼게요. 이 시나리오에 접근하기가 어려운 점들 중 하나는 이야기가 수년에 걸쳐 일어난다는 거예요. 관객을 위해 배려해야 할 것들이 있었을 텐데요.

처음에는 게으른 짓을 좀 했어요. '이 장면이 다른 시기라면 그렇게 보이게 하면 되잖아?' 영화는 기본적으로 15년 전, 8년 전, 그리고 현재로 구성되어 있어요. 그런데 또 이런 생각이 들더군요. '그렇게 하고 싶지 않아. 회상 장면으로 느끼게 하고 싶지는 않아.' 지금 보고 있는 것을 관객이 각각 별개의 것으로 받아들였으면 했죠. 13년 전에 일어난 일이지만 실제로 지금 일어나는 일처럼, 어떤 시기에 국한되게 느껴지지 않길 바랐어요.

좋은 결정이었어요. 왜냐하면 편집을 할 때 훨씬 더 유동적으로 앞

뒤로 왔다 갔다 할 수 있었으니까요. "이 장면은 플래시백입니다"라고 말하는 대신에, 어떤 대사에서 과거로 갔다가 바로 다시 현재로 오는 거예요. 그리고 사운드도 ('쉬익' 하는 과장된 소리를 내며) 이런 소리는 쓰지 않았어요. 우리의 '기억'처럼 영화가 유동적이길 바랐죠. 어떤 냄새를 맡고 그 냄새와 연관된 생생한 기억이 떠오르듯이 아주 강렬한 것을 포착하려고 했어요. 그래서 유연성에 집중했어요. 뭄바이의 엄청난 역동성을 시각적으로 포착하기 위해서는 시시각각 변화하는 것을 의식하고 즉각적으로 반응해야 했죠.

그래서 이런 디지털 시스템을 고안해낸 거예요. 영화의 70퍼센트는 그 시스템으로 촬영했어요. 굉장히 가벼운 장비인데, 등 뒤에 하드드라이브를 고정한 상태로 (가로, 세로, 높이가 각 20센티미터 정도 되는 상자를 손으로 그리며) 이 정도 크기의 장치를 카메라맨이 가지고 다녔죠. 기본적으로 자이로gyroscope가 장착된 카메라 렌즈라고 보시면 돼요. 렌즈는 분리해서 크레인에 설치할 수도 있어요.

이런 시스템은 다른 방식으로도 도움을 주었어요. 뭄바이에서는 사람들이 가장 큰 문제예요. 거리에 있는 수천 명이 전부 우리가 뭘 하는지 보고 싶어하니까요. 그런데 그 사람들은 우리가 하는 것을 제대로 된 영화로 보지 않더군요. "에이, 영화 촬영하는 게 아니네" 이러더라고요.

커다란 필름 카메라를 가진 사람이 보이지 않아서 그랬을까요?

그런 게 안 보이니까 좀 삐쳤던 거 같아요. 하지만 우리에겐 큰 도움이 됐죠. 디지털 시스템이 특정 시기들에 국한된 영화가 되지 않게, 모든 시기들을 유동적으로 넘나들게 해주었어요. 물론 시기별로 각각 다른 아역 배우들이 나오긴 하지만, 그것만으로도 관객이 이해하기엔 충분하니까요.

네, 듣고 보니 시간을 구분하기엔 그 방법이 훨씬 더 쉬워 보이네요. 한 배우가 20대에서 40대까지 연기하는데, "어, 여기선 나팔바지를 입었네? 그건 70년대구나"라고 하는 것보단 훨씬 좋은 방법 같아요.

무슨 말씀인지 알아요. 어쨌든 아주 재미있었어요. 그런 것들이 저를 자유롭게 해주었죠. 결국엔 사람들이 저를 끌어내야 했는데, 그건 좋은 징조였어요. 당시엔 너무 불만스러워서 '왜 그만해야 하지? 계속해도 된다고 하지 않았나?' 하고 짜증 났지만, 나중에 좋은 일이었다는 걸 깨달았어요. 예전에도 그런 적이 있었거든요. 〈트레인스포팅〉 때였는데, 그때도 영화에 완전히 빠져서 그냥 이렇게 계속하면 안 될까 생각했죠.

이 영화를 영원히 계속 만들면 안 되나, 그런 생각요?

저는 쉬는 날에도 계속 일했어요. 스태프들 쉬는 날을 엇갈리게 짜놔서 원하기만 하면 항상 일할 수 있었죠. 결국 마지막에는 저를 끌어내야 했어요.

우리는 또 초고해상도 카메라를 썼어요. 캐논 EOS 스틸카메라였는데, 8K 정도의 해상도로 초당 11프레임을 찍을 수 있죠. 그렇게 얻은 강력하고 뚜렷한 이미지들을 컴퓨터로 이어 붙이면 동작이 완벽하진 않지만 현실감이 느껴지는 영상을 만들 수 있어요. 인도에서는 그 카메라를 가지고 어디든지 갈 수 있었어요. 아무도 기자나 영화제작자로 여기지 않으니까요. 타지마할에도 그 카메라를 가지고 가서 촬영이 금

지된 곳에서 사용했어요.

열악한 상황에서 일할 때 더 기운이 나시는 것 같습니다. '이 조그만 카메라로 무엇을 할 수 있을지 한번 생각해보자' 이런 식으로요.

그게 제가 좋아하는 거예요. 너무 큰 돈으로 영화 만드는 걸 싫어하죠. 여전히 많은 돈이 들어가긴 했어요. 1500만 달러도 큰돈이니까요. 하지만 5000만 달러를 손에 들고 하고 싶은 건 뭐든지 다 할 수 있다고 착각하는 것보다는 훨씬 낫다고 생각해요. 아이러니하게도, 돈이 많다고 해도 실제로는 그렇게 자유롭지 못하거든요.

그렇게 하기 위해서 인도까지 가게 되었나요? 인도는 아주 먼 나라잖아요.

그런 것 같아요. 하지만…… 조금은 모험 같기도 했어요. 아주 흥분되는 일이죠. 영화감독이란 직업의 좋은 점인데, 촬영을 위해 때때로 다른 곳에 가볼 수 있거든요. 영화를 홍보하러 다니는 것도 비슷해요. 비행기를 갈아타며 미국 각지를 돌아다닐 수 있죠. 아주 멋진 일이에요. 길 가는 사람에게 "3주 동안 미국을 돌아다니게 될 거야"라고 말하면 분명히 "진짜? 나도 가도 돼?" 그러겠죠?

그런데 온종일 호텔 방에 계시잖아요.

(웃음) 그래도 아주 좋은 호텔 방이잖아요. 여기서도 모험은 계속돼요. 특히나 좋은 스토리가 생기면 아주 흥분되죠. 만약 훌륭한 시나리오가 있어서 읽어봤더니 스토리가 아주 심플하고 좋아요. 그러면 "나라면 이런 영화는 꼭 볼 거야. 젠장, 정말 좋은 스토리야!" 하고 혼자서 신이 나죠.

(이때 홍보 담당자가 문을 열고 신호를 보낸다.)

벌써 인터뷰 시간이 다 됐나 보군요. 마지막 질문으로는 이게 좋을 것 같아요. 배우들이 모두 함께 춤을 추는 마지막 장면에서 어떤 생기 넘치는 해방감 같은 것이 느껴집니다. 크레디트가 올라가는 장면요. 저는 갑자기 영화 전체를 다시 돌아보며 이런 생각이 들었어요. '와, 여러모로 진짜 인도 영화 같은데!' 그런데 갱스터와 코미디, 로맨스를 섞어놓긴 했지만, 너무 순수한 거 아닌가요? 대부분의 발리우드 영화가 그렇듯이 키스 장면도 좀처럼 나오지 않고요. 그렇다고 뒤통수를 맞은 느낌은 아니었어요. 발리우드 영화의 전통도 염두에 뒀나요?

방금 말씀하신 건 모두 사실이에요. 그곳에 있으면 감독으로서 그런 것들이 느껴져요. 순수한 로맨스나 키스를 하지 않는 게 그들 문화의 일부임을 알게 되죠. 따라서 영화에도 그런 점을 반영한 거예요. 시나리오를 쓴 사이먼도 마찬가지겠지만, 어떤 문화를 이야기의 배경으로 하려면 그 문화는 현실적이고 믿을 만한, 작가가 존중하는 문화여야만 해요.

저는 그들 사랑의 순수한 측면이 영화의 생동감을 더해주리라 생각했어요. 그런 숨죽임이 영화의 넘쳐나는 활력을 보상해주기 때문이죠. 키스를 마지막까지 하지 않는 그 숨죽임 말이에요.

마지막 장면의 춤에 대해서는…… 저는 춤추는 장면이 들어가리란 걸 직감했어요. 8개월 동안 그곳에서 일하면서 춤을 안 출 수는 없기 때문이죠. 뭄바이에서 살면서 일을 하면 춤을 추게 돼 있어요. 그리고 그런 것을 따르는 게 영리한 무언가를 고안해내는 것보다 훨씬 더 솔직한 접근 방식이라고 느꼈죠.

8개월 동안 만들어왔다는 느낌을 가지고 영화를 마치고 싶었어요. 그래서 그 장면이 아주 자연스러웠고, 일단 시작하고 나니까 우리도 모르게 함께 춤을 추고 있더라고요. 그곳에서는 모든 사람들이 춤을 춰요. 춤추는 게 아무런 문제가 안 되죠.

데브 파텔(남자 주인공)은 추지 않았어요. 영국에서 온 아이라서 그런지 약간 멋쩍어 하더라고요. 프리다 핀토(여자 주인공)가 실제로 많이 도와줬어요. 댄서가 아닌데도 춤을 꽤 잘 추더라고요. 모두 그녀를 좋아했습니다.

사람들이 영화관에 가서 영화 속 유행가를 따라 부르는 것과 같아요. 자기도 모르게 그냥 따라 하게 되잖아요. 그건 정말 육체적인 반응 같아요. 우리 주변에는 너무나 많은 사람들이 있어서, 때로는 그들에게서 몇 걸음 떨어져 나와 춤을 추는 것도 아주 가치 있는 일이라고 생각해요.

하지만 안무를 훌륭하게 짠 춤이었어요. 그 점이 흥미로운데, 사람들이 서로 부대끼는 장면이 대부분을 차지하는 영화에서, 마지막에 수많은 사람들이 기차역에 모여서는 믿기 어려울 정도로 잘 어울려 춤을 추더라고요.

인도에는 어떤 패턴들이 있어요. 그걸 발견하려면 정말로 열려 있어야 하죠. 공격적이거나 소유하려는 태도로는 볼 수 없어요. 처음에는 완전히 혼돈스럽게만 보이지만, 그 안에도 분명 더불어 살아가는 방식이 조직돼 있습니다.

때로는 극단적인 광신도가 일으킨 폭력이 사람들을 나쁜 쪽으로 이끌기도 해요. 하지만 대부분의 시간은 평화 속에서 함께 살아가죠. 그래서 어떻게든 스스로를 조직하게 돼요. 하지만 그런 패턴들을 이방인에게 완전히 드러내지는 않아요. 종종 그 패턴에서 혜택을 받긴 하지만, 우리는 결코 그것이 무엇인지 완전히 이해할 수도 없고, 또 이해하려 들어서도 안 됩니다.

인도에서
스릴러영화를

interviewer / 레베카 머레이

11월 중순 현재, 대니 보일 감독의 신작 〈슬럼독 밀리어네어〉의 아카데미상 수상 여부에 관한 말들이 끊이지 않고 있다. 〈슬럼독 밀리어네어〉는 인도의 뭄바이를 배경으로 18세 소년 자말 말릭의 이야기를 다루고 있다. 자말은 뭄바이의 슬럼가에서 자라난 소년으로, 잃어버린 사랑을 찾으려고 인도판 〈누가 백만장자가 되고 싶은가〉에 출연한다.

보일은 비카스 스와루프의 소설 『Q&A』를 바탕으로 한 이 영화를 모두 현지에서 촬영했다. 그는 자신을 비롯해 배우들과 스태프들에게도 아주 좋은 경험이었다면서, 본 인터뷰에서도 밝혔듯이 언젠가는 다시 인도로 돌아가 스릴러영화를 만들고 싶다고 한다.

영화에 텔레비전 퀴즈쇼 〈누가 백만장자가 되고 싶은가〉가 나오는데요, 퀴즈쇼의 무엇이 그렇게 매력적이었나요?

Rebecca Murray, Exclusive Interview with 'Slumdog Millionaire' Director Danny Boyle, About.com Guide, November 26, 2008.

퀴즈쇼가 매력적이었던 건 아니에요. 퀴즈쇼에 관한 영화를 만들고 싶지도 않았고요. 저도 그 쇼를 텔레비전에서 봤어요. 지금은 아니지만, 처음에 영국에서 방영됐을 때 저도 다른 사람들처럼 쇼에 중독됐죠. 정말 통제가 안 되더라고요. 하지만 그 쇼 자체를 다룬 영화를 만들 생각은 없었어요.

처음에 시나리오를 읽은 이유는 각색한 사람의 이름이 낯익어서였어요. 만난 적은 없지만 〈풀 몬티〉를 썼던 작가라는 건 알고 있었죠. 제가 좋아하는 종류의 영화거든요. 그래서 '조금 읽어봐야겠는걸' 하고 생각했죠. 그와 얘기할 기회가 왔을 때 시나리오에 대해 할 말은 있어야 하니까요. 전부 다 읽은 척하고요. 그런데 끝까지 다 읽어버리고 만 거예요. 인도를 배경으로 하고 있다는 건 그때 처음 알았어요. 놀라운 경험이었어요. 10~15쪽 정도 읽었을 땐 이야기에 푹 빠져버렸죠.

그때 벌써 이 영화를 만들게 될 줄 알았어요. 사실이에요. 이야기 때문은 아니었어요. 10~15쪽 정도면 이야기가 그렇게 진행된 상태가 아니잖아요. 배경이 된 도시 때문이었죠. 〈누가 백만장자가 되고 싶은가〉보다는 이 도시와 그 안에서 펼쳐지는 사랑 이야기에 끌렸어요. 사이먼 뷰포이는 영리한 사랑 이야기를 하나 만들어냈어요. 원작 소설은 퀴즈쇼를 중심으로 전개되는 반면, 시나리오는 사랑 이야기가 핵심이었죠. 사이먼이 가장 중요하게 다루고자 한 것은 퀴즈쇼가 아니고 잃어버린 사랑에 관한 이야기였어요.

로케이션 촬영에 대해서는 선택의 여지가 없었을 것 같아요.

네, 특히 서양인으로서 이 영화를 조금이라도 설득력 있게 만들려면 직접 가서 찍는 수밖에 없다고 생각했어요. 발리우드에서는 로케이션 촬영은 잘 안 해요. 주로 스튜디오에서 찍는 편인데, 거리에 스타들이 나타나면 사람들이 난리를 치거든요. 그런 면에서 우리는 운이 좋았다고 봐요. 퀴즈쇼 진행자 역을 맡은 아닐 카푸르를 제외하고는 전부 알려지지 않은 배우들이었으니까요. 아닐 카푸르가 나오는 장면도 스튜디오에서만 촬영했어요. 전부 퀴즈쇼 장면이었거든요. 경찰관 역의 이르판 칸이 나오는 장면은 경찰서에서만 찍으면 되었고요. 그래서 모든 게 통제가 가능했죠.

스토리보드 없이 촬영한다고 하던데, 사실인가요?
네, 거의 스토리보드 없이 촬영해요.

〈선샤인〉에서는 스토리보드가 있어야 하지 않았나요?
때로는 필요한 곳이 있긴 해요. 주로 CG나 스턴트 장면같이 기술적으로 스토리보드가 요구되는 경우죠. 하지만 그럴 때도 반드시 스토리보드대로 촬영하진 않을 거라고 미리 경고해둡니다. 스토리보드를 좋아하지 않거든요.

이런 저예산 영화에도 꽤 많은 돈이 걸려 있어서 촬영할 때 항상 제2안이 준비되어 있어야 해요. 저의 제1안은 대개 촬영 당일에 벌어지는 일들을 그냥 지켜보는 거예요. 촬영장에 나타나서 일이 진행되는 대로 따라가는 거죠.

그럼 인도에서는 어떻게 작업해야 하는지 말씀드릴게요. 아무 계획 없이 촬영하러 가면 돼요. 우디 앨런이 이런 말을 했죠. "신을 웃기려면 어떻게 해야 하는지 알아? 네가 세워놓은 계획들을 이야기해주면 돼." 하지만 인도에는 신이 한둘이 아니에요. 당신이 계획해놓은 것들을 들으면 신들의 웃음소리로 귀가 다 먹먹해질걸요.

　그곳은 계획이나 통제, 조직, 규율 같은 것과는 거리가 먼 도시예요. 가능하면 개방적인 태도로, 모든 상황에 바로 대처할 줄 알아야 해요. 그런 점이 제가 스토리보드를 좋아하지 않는 것과 잘 맞아떨어졌죠. 그곳에서 스토리보드를 만들어 촬영한다고 하면 비웃음만 살 거예요. 모든 것이 매 순간 달라지는 곳에서 1주일이나 한 달 전에 만든 스토리보드로 촬영한다는 건 말도 안 되죠. 다음 주만 돼도 전부 달라져 있을 테니까요. 정말 정신줄 놓은 것 같은 도시예요.

그럼 상황을 그때그때 봐가며 연출한다는 건가요?
물론이죠.

스토리보드가 없으면 상황에 적응하기가 더 쉬운가요?
그럼요. 저는 항상 이렇게 생각해요. 촬영 당일 감독과 배우가 만나 시나리오에 있는 장면을 찍어요. 그런데 배우는 그 전날 아버지가 돌아가셨을 수도 있고, 평생의 동반자를 만났을 수도 있어요. 완전히 다른 사람이 돼서 나타날 수 있는 거죠. 이것이 영화의 생방송 같은 측면이에요. 배우들이 매일매일 달라지기 때문에 같은 장면을 연기할 때도 조금씩 차이가 나요.

　하지만 지난밤에 무슨 일이 일어났다고 해서 배우가 자포자기하는 경우는 드물어요. 촬영장에 나타나서는 '맞아, 이게 내가 연기할 인물이야' 하고 다시 역할에 몰입하죠. 저는 촬영할 때마다 항상 다른 상황에 처한다고 생각해요. 어찌 되었건 촬영이 잘 안되면 겁이 나기 마련이죠. 그때는 준비한 제2안을 써야 할지도 몰라요. 하지만 촬영이 잘

됐는지 안됐는지 모르는 경우가 대부분이에요.

제2안으로 바꾸면, 그 이후로 모든 것을 다 변경해야 하지 않나요?

그렇게 생각할 수도 있어요. 하지만 영화의 경이로운 점은, 오늘은 안 좋았다 하더라도 내일은 또 달라질 수 있다는 거예요. 매일매일 다른 영화인 셈이죠. 사람들은 영화가 일관된 것이라고 생각하겠지만, 실은 하루하루가 새로운 날이에요. 끔찍한 하루를 보냈다고 해도 다음 날 일어나면 '좋았어, 다시 시작하는 거야' 하고 촬영장에 나가죠. 심지어 전날 찍던 장면을 계속 찍는다 해도 오늘은 또 다른 영화를 찍는 거예요.

이런 사실이 저를 낙관적으로 만들어줘요. 아무리 안 좋은 하루를 보내도, 끔찍한 날들이 계속되어도, 다음 날 아침에 일어나면 '또 시작이군' 하면서 다시 일하러 가죠. 또 한 번의 기회가 온다고 보는 거예요. 그러면 어떤 어려움도 이겨낼 수 있어요. '맙소사, 사흘 연속해서 망치지 말란 법은 없잖아'라고 생각하면 아무것도 배우지 못해요. '아니야, 오늘은 훨씬 나아지겠지. 가보자. 괜찮을 거야.' 저는 항상 이렇게 생각해요.

아역 배우들에게서 항상 훌륭한 연기를 얻어내는데, 도대체 비법이 뭔가요?

아이들을 무척 좋아해요. 저도 세 명의 자식이 있는데, 촬영 때문에 돌아다니느라 볼 기회가 많진 않지만, 아이들하고 함께 보내는 시간을 무척 좋아하죠. 저도 아이처럼 구는 걸 좋아하고요. 그래서 아역 배우들과 작업하는 게 좋은 구실이 돼요. 장난치며 떠들어대는 걸 좋아하니까요. 매사 심각하게 받아들이는 건 싫어해요.

아역 배우들이 촬영장에 아무런 부담감 없이 오는 모습이 참 보기 좋아요. 아이들은 오늘 무엇을 연기해야 하는지 이해하고 나면 정말 뛰어난 연기를 보여줘요. 그것이 성인 배우들이 아역 배우들을 두려워하는 이유죠. 아이들의 순수함이 어른들의 매너리즘이랄까, 기교적인 면들을 들춰내거든요. 아이들은 '연기란 이렇게 심플한 것이다'라는 걸 몸소 보여줘요.

이 영화에서도 '저 아이가 어떻게 그런걸 알지?' 할 정도로 감탄한 장면들이 있어요. 주인공의 형이 여자아이의 손을 잡는 장면도 그중 하나인데, 기차에 올라타서 여자아이의 손을 잡고는 대수롭지 않다는 듯 고의로 손을 놓으면서 그녀를 버리고 떠나가죠. 남자아이의 눈빛은 믿음을 저버린다는 게 무슨 뜻인지 정확히 알고 있는 듯했어요. 배신이 무엇인지 알고 있는 거죠. '일곱 살짜리가 어디서 저런 걸 배웠을까?' 언제 어떻게 알게 됐는지 모르겠어요.

감독님에게서 배운 건 아니고요?

아니에요. 물론 그렇게 하라고 시키긴 했지만, 마치 '썩 꺼져버려' 하는 눈빛이었어요. 그런 눈빛을 일곱 살짜리한테서 보긴 정말 어렵잖아요. '감독님이 손을 뿌리치는 동작을 이렇게 즐기듯이 해보라고 했으니까' 이런 게 아니에요. 진짜로 눈에 분노가 서리면서 '꺼져버려' 하는 느낌이었다니까요. 어디서 그런 걸 배웠을까 정말 궁금했어요. 놀라운 일이에요. 어쨌든 아이들하고 일하는 것은 정말 즐거워요. 전혀 문제 될 게 없어요. 아이들하고 일할 기회가 기다려지기까지 해요.

하지만 아이의 눈을 멀게 하는 장면 같은 것은 정말로 어려울 듯한데, 연기 지도는

어떻게 하시죠?

아이들에게 솔직해져야 해요. 아주 똑똑하거든요. 속이려 들면 안 돼요. "이 장면은 사실 이런 건데……" 하면서 사기 치려 들면 안 돼요. 무엇에 대한 장면인지 정확히 알려줘야 해요. 그 아이는 다른 아이가 장님이 되는 모습을 보고는 그 자리에서 바로 토해버리죠. 뛰어난 연기였어요. 우리가 입에다 뭘 넣은 게 아니고, 정말로 구역질을 하더니 토하기 시작했어요. 어떻게 했는지 모르겠지만 환상적인 연기였어요. 정말 놀라운 아이예요.

신인 데브 파텔을 비롯해서 전부 다 뛰어난 배우들이에요. 데브 파텔은 어디서 발견했나요?

발리우드의 배우들을 오디션 했는데, 제가 원하던 배우들이 아니었어요. 전부 웃통이나 벗으려 들었죠.

근육 자랑하려고요?

네. 팔에는 근육이 이렇게 붙어 있는데, 아직 열여덟 살이니까 머리통들은 또 요만해요. 헬스장에서 몸은 키웠지만 머리가 작으니 아주 이상해 보였죠. "의자에 앉았다가 웃통이나 벗으려 드는 사람을 찾는 건 아니다"라고 말해줬어요.

그런데 제 딸아이가 〈스킨스Skins〉에 나오는 어떤 애를 꼭 보라고 하더라고요. 런던에서 방영하는 텔레비전 드라마인데, 데브가 약간 멍청한 애로 나왔죠. 웃기는 '찌질이' 같은 캐릭터였어요. 어쨌든 만나봤죠. 그랬는데 예상외로 차갑고 지적이더라고요. 열일곱 살밖에 안 됐지만 찌질이 역할 이상을 하고 싶어했어요. 야망이 있었던 거죠.

문제는 그 애 엄마가 어딜 가나 항상 따라다니는 것이었어요. 아들에 대한 소유욕이 대단했어요. 아니, 그보다는 연예계에 뛰어든 아이가 걱정돼서 그랬다고 봐야겠죠. 어쨌든 엄마에게서 떼어놔야 했어요. 촬영 내내 따라다니게 둘 수는 없으니까요. 특히나 사랑에 빠진 주인공 역인데. 결국에는 혼자서 인도로 와서 촬영했어요. 아주 잘해냈죠.

데브 같은 어린 배우들은 종종 감독의 말에 반박하는 경우가 있어요. 감독이 연기에 대해 무슨 설명을 하면, "아뇨, 그 인물이 그럴 것 같진 않은데요" 하면서 반대하려 들죠. 그러면 한 대 쥐어박고 싶은 마음도 들지만, 한편으로는 '좋아, 이제 이건 네 역할이야. 감독이 연기하는 건 아니니까 항상 이래라저래라 할 수는 없지' 하고 좋게 생각해요. 배우들이 자기가 연기할 인물을 꿰차는 건 무척 중요하니까요. 데브의 그런 태도는 정말로 도움이 많이 됐어요.

데브가 정말로 감독님의 말에 반박을 했어요?

네, 몇 번 그랬던 적이 있어요.

그럴 때는 대개 데브가 이기나요?

어느 순간부터 일종의 합의를 봤죠. 하지만 그런 태도가 좋았어요. 편집할 때 보니까 연기가 정말 진실하더라고요. 그 애는 그런 걸 하고 싶었던 거예요. 때로 시간에 쫓기면 기술적인 연기를 요구할 때가 있어요. "여기선 그냥 이렇게만 해주고 넘어가면 돼" 하고요. 그러면 안 하려고 했어요. 쉬운 길로는 가지 않겠다는 거죠. 진짜 감정이 담긴 연기만 하고 싶어했어요.

아카데미상 수상에 관한 소문은 어떻게 받아들이시나요? 기분 좋지 않으세요?

(웃음) 그럼요, 당연히 기분 좋죠. 아니라고 한다면 거짓말이에요. 사실 모든 사람들이 꿈꾸는 거잖아요. 우리로서는 솔직히 믿기 힘든 일이에요. 많은 영화들이 아카데미 시즌을 염두에 두고 만들어지는데, 우리 경우엔 그렇지 않았거든요. 어쩌다 보니 아카데미 시즌에 개봉하게 되었지만요.

우리한테는 아주 좋은 일이에요. 1년 중에 이런 종류의 영화가 관심을 받을 수 있는 때는 지금밖에 없어요. 사람들이 전통적인 영화에 도전하는 작품들을 찾거든요. 주제나 연기 면에서 위험 부담을 안고 만든 영화들을 찾죠. 개봉하기에 정말 좋은 시기예요. 결국에는 시상식 뒤편에서 손이나 흔들고 있겠지만, 어쨌든 시상식에 참가한다는 것만으로도 정말 기분이 좋아요. 그럼요, 좋고말고요.

할리우드 스튜디오 시스템 밖에서 영화를 만든다는 건 어떤 느낌인가요? 혹시 나중에라도 참여한 할리우드 제작사가 있었나요?

유럽의 파테라는 회사와 미국의 워너 인디펜던트를 통해서 자금을 마련했어요. 그런데 워너브러더스가 워너 인디펜던트의 문을 닫아버린 거예요. 우리는 졸지에 북미 쪽 배급사가 없어진 꼴이 됐어요. 최악의 재앙이었죠. 그런데 놀라운 일이 벌어졌어요.

우리가 할 수 있는 일이라고는 침착하게 사태를 지켜보는 것뿐이었죠. 높은 데서 뛰어내려 자살할 수도 없는 노릇이잖아요. 그런데 그때 폭스 서치라이트가 갑자기 나타나서는 영화 판권을 샀어요. 이런 영화를 배급하기에는 완벽한 회사였죠. 그래서 지금 여기 샌디에이고에서 인터뷰를 하고 있는 거예요. 정말 놀라운 일이죠.

영화를 만드는 내내 모든 것이 다 그런 식이었어요. 그래서 인도인들의 세계관대로 어떤 모순된 상황을 만나면 저항하거나 피하려 들지 말고, 있는 그대로 끌어안는 태도가 필요하다는 거예요. 모순된 것들을 전체 과정의 한 부분으로 인식하고, 전적으로 끌어안는 것 말이에요. 재앙과 성공은 항상 서로 팔짱을 끼고 나타나거든요.

이것은 절대적인 진실이에요. 그리고 인도에서 살아가는 유일한 방식이기도 하고요. 그곳 자체가 그런 모순 덩어리니까요. 어린아이가 눈이 멀고, 바로 다음에 발리우드의 춤이 나오죠. 제가 아니고 그 도시가 그래요. 모순들이 나란히 함께 존재하는 곳이에요.

인도에서 영화를 촬영하면서 무엇을 얻었나요? 어떤 것이 감독님이나 감독님의 세계관에 영향을 주었죠?

슬럼가에서 일하면서 사람들은 세계 어디를 가나 똑같다는 걸 깨달았어요. 슬럼가에 사는 사람들도 자녀들이 양질의 교육을 받길 바라는 괜찮은 사람들이에요. 그들도 직장을 갖고 싶어하고 자신의 삶에 약간의 품위를 유지할 수 있길 바라죠. 이런 것들이 그들이 바라는 전부예요.

그런데 우리는 그들을 잘못 판단하고 있어요. 슬럼이라는 단어의 경멸적인 의미 때문이기도 하지만, 그들의 사는 모습이 너무 불결해 보여서겠죠. 우리도 그곳에서 산다면 똑같은 모습일 거예요. 그리고 그들처럼 품위를 가지고 세상 만물을 존중하며 사는 법을 배우게 되겠죠. 어쨌든 정말 신나는 경험을 했어요. 진심으로 즐거운 시간을 보냈죠. 결국 마지막에는 사람들이 저를 그곳에서 끌어내야 했어요.

인도에서 또 다른 작품을 만들 계획이 있나요?

스릴러를 하나 만들어보고 싶어요. 스릴러에 정말 잘 어울리는 도시거든요. 경찰은 부패하고, 오직 현금만이 통하는 사회죠. 심각한 관료주의 때문에 재판을 받으려면 25년이나 걸리고요. 말 그대로 25년이요.

말하자면 사법제도가 없는 사회군요.

사법제도가 있긴 하지만 완전히 다른 세상에서 돌아가고 있어요. 현금이 지배하는 사회예요. 믿기 어려울 만큼의 부와 가난이 공존하고 있죠. 도시는 갱단에 의해 운영되는데, 갱들은 인도가 아닌 두바이에 거주하고 있어요. 도시를 계속 운영하되 나라 밖에서 하도록 정치인들과 협상을 한 거죠. 그래서 갱들은 대리로 운영해주는 지부장 같은 사람들을 두고 있어요. 이 모든 것 위에는 발리우드의 신들이 있고요. 일종의 스타 왕족 같은 건데, 갱들과 정치인들을 포함한 모든 사람들이 그들을 숭배하죠.

정말 기괴하군요.

그런 기괴한 세상에는 어두운 밤에 벌어지는 스릴러가 정말 어울릴 것 같지 않나요? 네, 언젠가는 꼭 다시 가보고 싶어요.

화장실은 평등하다

interviewer / 캐서린 브레이

세계적으로 존경받는 영화감독이 현재의 경제 상황에 대해서 진행자를 자연스럽게 안심시키는 인터뷰는 많지 않다. 그리고 길에다 배변하는 것을 아무렇지도 않게 생각하는 뻔뻔한 남정네들과 달리 인도 슬럼가의 여인들이 어떻게 그리고 어디에다 은밀하게 자신의 배설물을 처리하는지에 관한 논쟁이 담긴 인터뷰 또한 많지 않다. 한마디로 말해서, 지난 10년간 영국에서 가장 뛰어난 다섯 명의 영화감독 중 하나인 대니 보일은 예측 가능한 인터뷰 상대가 아니었다.

"당신은 괜찮을 거예요." 그는 심각한 경제 상황에 대한 잡담으로 대화를 시작한 후 나를 다시 한 번 안심시켰다. "몇 살이시라고요? 에이, 문제없을 거예요. 제가 처음으로 제대로 된 집을 샀을 때도 경제 위기가 있었어요. 부동산 경기가 한창일 때 18만 9000파운드에 샀는

Catherine Bray, Slumdog Millionaire: Danny Boyle Interview, catherinebray.wordpress. com. Originally published in *4Talent* magazine in December 2008. Reprinted with permission.

데, 1주일 후에 시장이 붕괴되면서 갑자기 11만4000파운드로 가격이 떨어져버렸죠. 역자산逆資産이 되어버린 거예요. 끔찍했어요."

대니 보일과 함께 있으면 늘 그렇듯이 무슨 이야기를 해도 영화 이야기가 빠지지 않는다. 아니나 다를까 영화에 얽힌 추억담으로 재빠르게 넘어갔다. "당시에 앤서니 밍겔라를 만났던 기억이 나요. 80년대 후반 아니면 90년대 초였는데, 시장이 붕괴된 직후였죠. "걱정하지 마, 너는 괜찮을 거야"라고 말하더군요. 그가 옳았어요."

경제 문제는 처리했으니까 이제는 정말로 중요한 문제들과 씨름할 차례다. 말 그대로 배설물에 관해 이야기할 시간이 온 것이다. 우리가 한 시간 정도의 인터뷰를 위해 코벤트가든의 호스피털 클럽에서 만났을 때 대니의 머릿속에는 온통 배설물 생각밖에 없었다. 그의 최신작 〈슬럼독 밀리어네어〉가 그 제목처럼 뭄바이의 슬럼가를 배경으로 하고 있기 때문이다.

대니는 그곳에서의 경험을 정말 간절히 전해주고 싶어했다. "온몸 곳곳에 똥이 묻었어요. 똥을 눌 곳이 따로 없어서 사람들이 아무 데나 싸거든요. 하지만 여자들이 싸는 걸 본 적은 없어요. 그곳에서 1년 정도는 띄엄띄엄 있었고 그 후 8개월 동안은 죽 있었는데, 남자들이 그 짓을 하는 건 항상 보았죠. 어른이나 아이나 할 것 없이 남자들은 늘 그래요. 그런 건 이해해야죠. 하지만 여자들이 그러는 건 본 적이 없어요." 그는 미스터리를 푸느라 잠시 뜸을 들였다. "이런 소문들이 무성했어요. '그래, 여자들은 밤에 하는 거야.' 하지만 저는 밤에 주로 깨어 있었는데도 한 번도 본 적이 없어요. 그런데 길 곳곳에 아주 깔끔하게 묶은 작은 비닐봉지들이 있었죠. 똥이 분명해요. 논리적으로 유일하게 가능한 설명이죠."

많은 감독들은 궂은일을 함께하면 팀으로서 유대감이 생긴다고 거들먹거리며 이야기하곤 한다. 그러나 뭄바이에서 문 없는 화장실을 두고 서로 싸우는 것까지 염두에 두고 한 말은 아닐 것이다. 대니는 여전히 가식 없는 목소리로 제작 환경의 가장 사소한 부분을 첨예한 쟁점으로 바꾸어놓는다. 스태프들 사이에는 어쩔 수 없이 상하 관계가 존재하지만 생리 현상의 기본적인 권리 앞에선 모두가 평등하다는 것이다. "너무 깔끔한 척할 수만은 없어요. 우리도 모두 똥을 싸니까요. 서양에서는 단지 그것을 처리하는 정교한 방법을 고안해낸 것뿐이에요. 아니나 다를까 곧 난처한 일이 우리에게도 발생했어요. 어느 시점에 대부분의 사람들이 뒤가 마려워진 거죠. 운 좋게도 저는 아니었지만요."

"영국 스태프들은 다른 사람이 보는 데서 똥을 눠야 된다는 사실에 몹시 당황했어요. 하지만 다른 수가 없었죠. 인도 스태프들이 우릴 한번 쳐다보고는 어깨를 으쓱하더군요. 조명 담당 토머스가 뒤가 마려워진 일도 기억나요. 우리는 아주 작은 섬에 있었는데, 그곳엔 아무것도 없었어요. 어쨌든 해방감이 들긴 했어요. 서구인들은 그런 걸 너무나 조심스럽고 은밀하게 대하거든요. 하지만 우리도 다 똥을 싸잖아요."

최소한 배설을 할 때는 모든 스태프들이 평등했다는 사실을 이 영화의 훌륭한 점에 넣어야 할지 잘 모르겠다. 어쨌든 〈슬럼독 밀리어네어〉는 인도 슬럼가의 가장 취약한 부분에 성공적으로 확대경을 대고 있다. 그렇다고 해서 영화의 주제를 관객들에게 설교하려 들지는 않는다. 그리고 그들의 거리가 화장실처럼 더럽다고 해서 그들의 삶도 더럽다고 말하지도 않는다.

한 세기 전에 찰스 디킨스가 그랬던 것처럼 사이먼 뷰포이도 이 요동치는 거대한 도시의 복잡한 현실에서 고전적인 이야기를 포착해내고 있다. 우리의 선한 영웅 자말은 사랑하는 여인을 쟁취하기 위해 온 갖 역경을 뚫고 나아간다. 그 와중에 〈누가 백만장자가 되고 싶은가〉에 출연하여 터무니없는 거금을 미끼로 하는 신랄한 질문 공세에 시달려야 한다면, 뭐 그것도 우리 영웅에겐 나쁘지 않다.

이 영화에 디킨스적인 분위기가 있다는 것에는 대니도 전적으로 동의한다. "고전적인 이야기예요. 제가 시나리오를 처음 읽었을 때 사이먼 뷰포이가 던진 첫마디가 "이건 디킨스야. 고전적인 디킨스라고"였어요. 디킨스의 그림자를 피해갈 순 없어요. 그의 소설은 완벽한 우화거든요. 인생의 기복, 경미한 히스테리, 정략, 우연, 좋은 형제와 나쁜 형제, 다가갈수록 점점 더 멀어지는 아름다운 소녀, 전부 다 나오죠."

마시던 커피에 살짝 취했는지 대니가 이 주제에 대해 빠르고 유창하게 말하기 시작한다. 그에게는 무척 소중한 주제임이 틀림없다.

"우리 서양인들은 그걸 잃어버렸어요. 그런 고전적인 이야기들을 판타지영화나 슈퍼히어로 영화 속으로 유배시켜버렸죠. 남아 있는 것들은 아주 건조하고 지적인, 심각한 드라마들뿐이에요. 그런 이야기에 생기를 불어넣으려고 약간의 아동 학대 정도는 집어넣겠죠. 반면에 사이먼은 풍부하고 건축적인 디킨스의 스타일을 받아들였어요."

운명에 관한 이야기라는 게 원체 타당성은 길가에 버려둔 채 사람들이 즐길 만한 선명하고 고조된 현실만을 보여주긴 한다. 하지만 대니와 사이먼의 운명적인 이야기가 펼쳐지는 그 배경만큼은 그들이 포착해낸 도시의 모습들로 인해 100퍼센트 사실적이다. 그것은 아마도 대니 보일이, 가령 웨스 앤더슨과는 다르게(그의 2008년도 영화 〈다즐링 주식회사〉는 구역질 날 정도의 능변과 우울한 무신경함, 인도에 대한 부정직한 묘사들을 특징으로 한다), 자신의 머릿속에 있는 것을 단순히 묘사하기보다는 정말로 그곳에 실재하는 것을 포착하기 위해 인도로 갔기 때문일 것이다. 몇몇 감독들처럼 전체 대륙에 대해 미리 포장된 관념을 가지고 가는 것은 좋은 접근 방법이 아닐뿐더러, 그 지역 스태프들이 따뜻하게 환대할 만한 일도 아니다.

"그 사람들, 정말 웃겨요. 어떤 인도인 스태프가 이러더군요. "영화에 소들도 나오는 거 맞죠?" 그러고는 옆으로 가서 오줌을 누는 거예요. 이번에도 어떤 서양인이 나타나 신성한 소나 찍어갈 거라고 예상한 거예요. 그래서 우린 소는 안 찍기로 했죠." 대니는 웃는다. "영화에 소가 두어 마리 등장하기는 하지만, 전부 우연히 나온 거예요. 인도에서 소를 피해 다니기는 힘들어요. 그렇다고 쇠지레로 몰아넣은 것도 아니에요. 머릿속에 영화를 미리 만들어와서는 안 돼요. 물론 시나리오는 있지만, 그때그때 변화에 진심으로 마음이 열려 있어야 해요."

대니는 공동 감독을 맡은 인도인 러블린 탄단과 돈독한 관계를 맺게 되는데, 그녀가 여러 가지 문화적 금기를 피할 수 있게 도와주었다고 말한다. "그녀는 배역 담당자로 시작했지만 상상할 수 있는 모든 방법을 동원해 저를 도와줬어요. 감독에게는 그런 도움이 절실하죠. "당신, 지금 잘못하고 있어"라고 감독에게 충고할 만한 자신감을 가진 사람이 필요해요. 대부분은 그렇게 하질 못해요. 그저 조용하게 살길 바랄 뿐이죠. 그녀는 제가 문화적으로 뭔가 잘못하고 있으면 그렇다고 말해줬어요."

이때 우디 앨런의 최근 런던 영화들이 떠올랐다.

"바로 그게 문제란 거예요! 특히 레전드급 감독들에게는 더욱 그래요. 누가 감히 레전드에게 '그렇게 하면 안 돼요, 이 양반아' 하고 말하겠어요? '물론이죠, 우디. 아주 판타스틱합니다.' 그냥 이렇게 말하고 말죠."

혼란스런 이국땅에서 그 지역 출신의 수많은 스태프들과 함께 연출한다는 것은 어느 정도 신뢰와 협력을 필요로 한다. 우리가 위대한 감독들을 생각할 때 떠올리는 고독한 작가라는 이미지와는 어울리지 않는 대목이다. 그러나 스탠리 큐브릭 같은 완벽주의자가 이런 종류의 영화를 제작한 적이 과연 있었던가? "이곳은 통제된 환경이 아니에요. 하지만 큐브릭이라면 적절히 대응했으리라 생각해요. 이런 상황에 처하면 기존의 작업 방식에 대해서 즉각적으로 다시 생각하게 되죠. 뭄바이를 통제하거나 바꾸길 바란다면 그냥 집에 가서 쉬는 편이 나을 거예요. 돈이나 낭비하게 될 테니까요."

우리가 〈슬럼독 밀리어네어〉는 그때그때 게릴라 방식으로 촬영했겠구나 오해하고 그냥 가버릴까 봐 그랬는지 대니가 분명히 말한다. "다큐멘터리 방식으로 촬영하진 않았어요. 저는 그보다는 야심 찹니다. 그냥 있는 그대로 기록하지는 않아요. 그렇다고 거리를 비우고 차를 몰고 다니지도 않고요. 다른 해결책을 찾아야 하죠. 통제된 환경을 만드는 데 성공한다 해도 가짜같이 보일 게 뻔해요. 그런 식으로 몇 장면 찍어보기도 했는데, 다시 보니까 '이건 뭄바이가 아니잖아'라는 느낌이 들었어요. 그래서 버리고 다시 찍었죠."

뭄바이나 동양인의 심리에 대해 이야기하는 걸 듣고 있으면, 대니가 인도에서 존 레논 같은 깨우침을 얻은 것은 아닌가 하는 인상을 받는다. 창조적인 일을 하는 사람들이 그렇게 전향한 뒤 슬럼프에 빠졌던 경우가 많기에 충분히 우려할 만하다. 워너 인디펜던트와 파테의 경영진들이 영어로 만들기로 했던 영화가 번역을 거쳐야 한다는 사실을 알았을 때, 그들도 분명히 이런 상황을 걱정했을 것이다.

대니는 그들과의 어색했던 전화 통화를 기억한다. "워너와 파테에 전화를 해서 영화의 3분의 1이 힌두어일 것이고, 따라서 영어 자막이 들어갈 거라고 얘기를 했어요. 그러자 침묵이 흘렀죠. 제가 '캐서린?' 하고 말하자 수화기 반대쪽에서 흐르던 그 침묵……. 저는 아주 늦은 밤 호텔 방에 있었거든요. LA에 있는 사람들이 막 일어났을 시간이었죠. 그놈의 침묵! 침묵!" 그는 당시의 고통스러운 긴장감을 회상하면서 다시 웃었다. "그들이 '이 사람이 완전히 미쳤구나. 곧 히피와 힌두어, 라마나 마하리시인도의 힌두 철학자 겸 요가 수행자에 관한 빌어먹을 요가 영화를 한 편 만들어서 나타나겠구나'라고 생각하고 있다는 걸 바로 알 수 있었어요. 실제로도 그렇게 생각했다고 하더군요."

결국 어린 인도 아이들이 나오는 부분을 힌두어로 처리하는 것이 유일한 해결책이고, 따라서 감독의 머리에는 아무런 문제가 없다는 사실이 스튜디오 경영진들에게도 분명해졌다. "처음엔 영어로 만들기로 하고 영화를 워너와 파테에 팔았어요. 하지만 인도에 와서 오디션을 시작하고 나니 일곱 살에 영어를 하는 아이들은 중산층 아이들뿐이라는 걸 깨달았죠. 아주 수준 높은 교육을 받은 아이들인데, 그 역할에는 전혀 맞지 않았어요."

영어만이 문제가 아니었다. 비만 아동 문제는 영국뿐만 아니라 인도에서도 마찬가지였다. "인도에서도 패스트푸드 문제가 심각해요. 중산층 아이들은 아주 토실토실하죠. 하지만 로케이션 헌팅을 위해 슬럼가 주변에 가보니 그곳 아이들은 전혀 달랐어요. 가늘고 유연했죠. 바로 생존자의 모습이었어요." 이때 신뢰받는 조언자 러블린이 투수판으로 올라가 우리의 영웅 자말의 어린 시절은 힌두어로 찍어야 한다고 대니를 설득했다. "그래서 그렇게 했어요. 제작비를 많이 받지 않지 않으면 이런 점이 좋죠. 일반적으로 결정을 하고서 '번역하세요'라고 말할 수 있거든요. 그러고 나니 영화가 활기를 띠었어요. '와우!' 하고 영화가 날아올랐죠."

나는 〈슬럼독 밀리어네어〉의 예술적 성취가 가능했던 또 다른 원인은 대니가 본래의 활동 영역으로 돌아왔기 때문이라고 추측한다. 대도시에서 촬영하는 것 말이다. 대니가 동의할 수 있도록 문장 중간에 나의 목소리가 차츰 잦아든다. "감독님은 도시를 훌륭하게 찍는 방법을 알아요. 하지만 그에 비해……" 대니가 끼어들어 내가 곤혹스러워하지 않게 도와준다. "다른 걸 촬영할 땐 별로죠. 확실히 그렇다고 말할 수 있어요. 도시 속에서는 마음이 편안해지거든요. 도시 속의 자연은 좋아하지만 스키 슬로프나 해변, 시골과는 친해질 수가 없어요. 하루는 지낼 만하지만 이틀째는 끝이에요. 그때부터는 '사람들은 다 어디 갔지? 사람들 좀 줘봐!' 이렇게 되죠."

〈슬럼독 밀리어네어〉는 도시인들의 경멸에 둘러싸인 채 자신 앞에 높게 쌓인 모든 역경에 맞서 싸우는 한 약자에 관한 부산하면서도 애정 어린 이야기로, 어쩔 수 없이 대니의 출세작 〈트레인스포팅〉을 떠올리게 한다. 〈슬럼독 밀리어네어〉에도 머지않아 악명을 떨칠 변기 장면이 들어 있다.

대니는 사람들이 분명히 이 변기 장면을 〈트레인스포팅〉의 장면과 비교하리라 예상하고 있었다. "그 장면을 찍을 때 저도 변기에 대해서 의식하고 있었어요. '지난번에도 이런 적 있는데' 하고 의식하면서 찍었죠. 일반적으로는 그런 게 본능적으로 느껴지면 그 장면을 바꿔버리는데, 너무 좋은 장면이어서 그냥 남겨두기로 했어요." 우리는 다시 영국인다운 강박관념으로 돌아왔다. "영국인들은 변기에 집착하는 편이죠. 다른 나라 영화를 수백 편 봐도 변기가 나오는 영화는 단 한 편도 없어요."

〈슬럼독 밀리어네어〉가 뭄바이의 정신, 슬럼가의 아이들, 힌두어, 빨리 감기를 한 듯한 도시의 모습, 디킨스적인 이야기, 퀴즈쇼, 그리고 영국풍의 변기 유머 등을 성공적으로 섞을 수 있었던 것은, 주연을 맡은 데브 파텔의 연기가 그것들을 단단히 붙들어주었기 때문이다. 그의 연기가 전 세계 관객들의 심금을 울리리라 확신한다.

중요한 것은 다른 감독이 이 영화를 만들리라 상상하기가 어렵다는 것이다. 연출자의 본능과 제작사의 자금 운용 사이에서 균형을 잡는 것이 대니만의 독특한 작업 방식으로 보인다. 그는 시나리오의 이상과 영화제작의 현실을 결합하는 어려움에 관해 이야기한다. "어디에서 촬영을 하든 먼저 허가를 받아야 했어요." 영화의 다양한 촬영 장소들을 되뇌면서 그는 한탄한다.

"그쪽 일들은 평행한 다른 우주에 속한 것처럼 진행했어요. 인도의 관료 체제에서 고무도장을 받는 일은 시간이 많이 걸려요. 때로 수년이 걸리기도 하죠. 가능한 대로 완전히 분리된 일처럼 처리했어요. 촬영 중에는 그런 문제들이 영향을 끼치지 않도록 주의했죠. 영향을 끼치기 시작하면 절대로 영화를 완성하지 못하니까요. 그랬다면 아마 아직도 거기 있었을지 몰라요."

"그래서 우리의 평행 우주 친구들이 서류 일을 도와주는 동안 우리는 촬영을 했어요. 그런 문제들에 거의 신경을 안 쓰고 작업할 수 있었죠." 하지만 타지마할에서 촬영을 할 때는 타협이 필요했다. 관료주의의 바다와 감독의 비전이 충돌했고, 다른 문화와 소통해야 하는 현실적인 필요가 대두되었기 때문이다.

타지마할과 그 주변 지역은 타지마할 관광 수입에 전적으로 의지해서 운영된다. 대니의 표현대로라면 "일종의 마피아 같은 사람들이 장악하고 있어요. 사진사와 관광 안내인들인데, 조직이 아주 정교하죠. 그들은 우리가 아이들과 함께 나타나는 걸 봤어요. 그리고 나중에 우리가 뭘 하는지 알아채고 짜증을 내기 시작했죠. 한때는 분위기가 정말 심각해져서 우리를 내쫓아버렸어요."

"우리의 평행 우주 친구들은 문제가 생겼다는 걸 알아차리고는 짐을 챙겨 우리를 쏜살같이 차로 빼냈어요. 촬영은 아직 끝나지 않았지만, 영화제작 자체를 금지하기 전에 국경을 넘어 도망가야 했거든요. 영화제작을 금지하면 영화가 법원에서 5년은 붙잡혀 있어야 해요. 그들이 우리 영화를 놓아줄 때까지 5년을 기다려야 한다니, 한번 상상해보세요."

훌륭한 스토리텔링과 엄청난 돈을 투자한 경영진의 기대 사이에서 곡예하길 바라는 사람들에게는 어떤 싸움을 해야 하는지, 언제 집요하게 물고 늘어질지, 누구의 충고를 신뢰할지를 아는 것이 가장 중요한 기술이다. 대니가 그와 같은 곡예 짓이 필요한 시나리오에 끌린 것은 우연히 아닐 것이다. 영화 속의 영웅 자말은 끊임없이 타협하고 단기적으로는 차질도 겪지만, 자신의 궁극적인 목표는 결코 포기하지 않는다. 심지어 경찰의 심문과 위협을 받을 때조차 그는 포기하지 않는다.

이미 정해진 일

interviewer / 앰브로즈 헤론

〈슬럼독 밀리어네어〉는 이번 주에 개봉하는 새 영화입니다. 대니 보일 감독이 함께하고 계신데요, 오늘 나와주셔서 감사합니다.

천만에요. 불러주셔서 감사합니다.

우리가 마지막으로 이야기를 나눈 게 〈선샤인〉이 나왔을 때였죠? 그때 다음 영화는 인도판 〈누가 백만장자가 되고 싶은가〉 텔레비전 퀴즈쇼에 나온 한 소년에 관한 영화일 거라고 하셨죠. 그런데 나중에 이런 생각이 들더군요. "어떤 영화가 될까? 발리우드 영화를 만드나? 도대체 어떻게 된 일이지?" 그러고는 런던영화제에서 영화를 봤어요. 완전히 압도당했습니다. 그제야 무슨 말이었는지 다 이해가 되더군요. 영화를 보러 오실 분들을 위해 간략한 영화 소개와 어떻게 제작을 하게 되었는지 말씀해주시겠어요?

굉장히 멋진 이야기예요. 어떤 슬럼가의 소년, 그러니까 제목이 말하

Ambrose Heron, Interview: Danny Boyle on Slumdog Millionaire, FILMdetail.com, January 8, 2009. Reprinted with permission. Transcribed by Brent Dunham.

는 '슬럼독'이 되겠죠. 그 소년에 관한 이야기인데, 소년은 인도판 〈누가 백만장자가 되고 싶은가〉에 나가게 돼요. 세계에서 가장 많은 상금을 주는 퀴즈쇼로, 엄청난 금액의 돈을 이 가난한 나라의 사람들 눈앞에서 흔들어대죠. 소년은 문제가 나올 때마다 하나씩 정답을 맞혀갑니다. 자신은 물론 모든 사람들이 놀라고, 마지막 문제 직전에는 경찰들이 그를 잡아다 고문하기 시작해요. 부정행위를 했는지 자백을 받으려고요. 돈을 노리고 사기를 친다고 생각한 거예요.

하지만 그렇지 않았어요. 소년이 퀴즈쇼에 나온 이유는 돈하고는 아무 상관이 없었고, 완전히 다른 이유로 나온 것이었죠. 그에게는 사랑하는 여인이 있었는데, 뭄바이의 난장판 속에서 그녀를 잃어버렸어요. 그가 유일하게 아는 건 그녀가 이 쇼를 본다는 사실뿐이었고요. 퀴즈쇼에 나가 최대한 오래 버티면 그녀가 자기를 볼 테고, 그러면 다시 함께할 수 있으리라 생각했던 거예요. 그러니까 실제로는 아주 순수한 이유로 나간 거죠. 돈이나 명예, 영광, 인기, 이런 것과는 아무런 상관이 없었어요.

대단히 매력적인 이야기로 들리네요. 아주 많은 다양한 요소들이 들어 있어요. 시나리오에 대해 먼저 이야기를 나눠보죠. 〈풀 몬티〉의 작가로 알려진 사이먼 뷰포이가 소설 『Q&A』를 각색한 것으로, 다양한 시간대를 종횡으로 누비는 퍼즐 같은 시나리오예요. 영화의 첫 10분 동안 '우와, 도대체 어떻게 돌아가는 거지?' 하고 당황했어요. 데브 파텔이 연기한 주인공 소년이 나오다가, 갑자기 다음 장면엔 그의 어린 시절 모습이 나오더라고요. 이렇게 여러 시간대를 옮겨 다니기로 처음부터 의도하셨나요?

이 영화는 시간을 매우 유동적으로 표현하고 있어요. 실제로는 플래시백이지만, 플래시백을 보고 있다고 느껴지진 않죠. 어떤 의미에서는 〈유주얼 서스펙트〉 같은 느낌이에요. 다른 시간대를 같은 시간대인 것처럼 넘나드는데 전혀 혼란스럽지 않아요. 다른 나이대의 주인공을 각기 다른 배우들이 연기하니까요. 관객은 지금이 어느 시간대인지 소년의 모습으로 알 수 있죠.

소년의 인생을 자유롭게 돌아다니면서 삶의 편린들이 서로 자연스럽게 뒤섞여요. 마치 우리의 기억이 그러하듯이요. 그러면서 그의 비극적인 인생이 갑자기 그에게 유용하게 변해요. 그가 경험한 삶의 공포들이 퀴즈쇼 문제를 쉽게 풀도록 어느새 도와주기 시작하죠. 그러나 사람들은 믿지 못해요. 소년이 풀 수 없는 문제들이거든요. 답을 할 수 없도록 고안된 문제들인데 그가 정답을 맞혀버려요. 그러고는 다음 단계로 올라갑니다. 소년은 사랑하는 소녀에게 점점 더 가까이 다가가죠.

영화가 퀴즈쇼의 포맷과도 놀라울 정도로 잘 엮인 것 같더군요. 하지만 영화에서 받은 또 다른 충격은 바로 영상이었습니다. 뭄바이의 혼란과 가난뿐 아니라, 인물들이 그런 삶 속에서 느끼는 기쁨도 함께 담아내고 있어요. 큰 화면 위에 펼쳐지는 극도의 여행 같은 느낌인데, 그런 부분도 의도하셨나요?

뭄바이는 극대치의 도시예요. 모든 게 극한을 달리죠. 끔찍한 일들이 벌어지긴 하지만, 이 도시에는 공포만 있는 게 아니에요. 살아가는 기쁨과 삶에 대한 완전한 헌신 같은, 거부할 수 없을 만치 매력적인 것들 또한 넘쳐나죠.

사람들은 뭄바이가 '기분 좋은 결말'의 느낌을 가지고 있다고 말해요. 영화에 넣기에는 정말 유용해요, 그렇죠? 하지만 우리가 영화를 그렇게 결말지은 이유는 유용해서가 아니에요. 도시 자체가 우리에게 그렇게 끝내도록 요구했죠. 뭄바이는 불완전하게나마 행복에 바쳐진 도시예요. 비즈니스와 쾌락의 조합이죠. 모든 사람들이 거래를 하고, 모든 사람들이 춤과 음악, 발리우드와 영화를 즐겨요. 일단 이곳에 들어서면 흥분과 활기에 전염되죠. 그것이 이곳에 만연한 공포로부터 구출해주기도 해요. 영화를 만들기에는 아주 신나는 곳이고, 그런 느낌을 함께 담아내고 싶었어요.

영화의 영상에 대해서 조금 더 말씀해주세요. 촬영감독은 도그마에서 몇 편의 영화를 촬영한 앤서니 도드 맨틀이죠.

네, 그래요.

그는 현재 덴마크에 거주하고 있다고 들었습니다. 사용하신 새로운 디지털카메라에 대해서도 말씀해주세요. 큰 카메라 장치를 가지고는 들어갈 수 없는 장소들이 영화에 나오더군요.

앤서니와는 그전에도 몇 번 같이 일했어요. 영국 사람이지만 지금은 덴마크에서 살고 있죠. 도그마와 함께 작업해왔는데, 선두적인 디지털카메라맨이에요. 개인적으로 필름 작업을 더 선호한다고는 하지만, 그의 디지털카메라 작업은 정말로 뛰어나죠. 저도 디지털카메라를 무척 좋아해요. 필름 카메라보다 훨씬 더 융통성이 있거든요. 그리고 지금은 필름과 같은 화질의 영상도 만들어내고 있고요.

하지만 아무래도 가장 큰 이점은 사람들이 영화를 찍는다고 생각하지 않는다는 거예요. 우리가 뭘 해도 그렇게 대단하게 생각하지 않아요. 특히 야외에서는요. 영화는 대개 낡고 다루기 힘든 커다란 35밀리카메라로 찍는다고들 생각하니까요. 디지털카메라 같은 작은 장치를 쓰면 무엇을 하는지 사람들이 눈치채지 못하게 움직일 수 있어요. 그리고 작은 공간에서도 역동적으로 일할 수 있고요.

지금 일곱 살짜리 어린애처럼 아주 작고 귀여운 카메라에 대해서 이야기하고 있는 거 알고 계시죠? 아주 작은 카메라요. 필름 카메라만큼 거대한 디지털카메라도 있거든요. 어쨌든 우리가 원하는 건 항상 가지고 다닐 수 있는 디지털카메라예요. 그런 카메라는 놀랄 만큼 신속하죠. 원하는 곳에 곧장 데려다 줘요.

인도의 뭄바이는 시각적으로도 아주 보기 드문 곳이에요. 제대로만 경험한다면요. 여행자들처럼 멈춰 서서 둘러보면 안 돼요. 주인공 소년은 실제로 뭄바이에서 태어나서 자랐어요. 그는 서서 주위를 둘러보지 않죠. 주변을 당연하게 받아들이니까요. 우리도 그처럼 주변을 당연하게 받아들이려고 노력했어요. 하지만 그러는 동안에도 뒤편에서는 도시의 이미지를 계속 쌓아갔어요. 계속 찍어대는 거죠. 작은 디지털카메라들을 쓰니까 사람들이 촬영하고 있는지 전혀 모를 때가 많아요. 거저 작업한 거나 다름없어요.

연기 수준 또한 훌륭했다고 생각해요. 발리우드의 연기는 좀 유치하다는 인식이 있죠. 어느 정도 사실이기도 하고요. 그러나 인도에도 훌륭한 배우들이 있더군요. 주인공 역은 물론이고, 어린 시절을 연기한 배우들도 뛰어났어요. 퀴즈쇼 진행자 역을 연기한 배우는 정말로 환상적이었고요. 함께 작업한 인도 배우들에 대해서 말씀해주시겠어요?

그는 발리우드의 메이저급 스타예요. 예전만큼은 아니지만 여전히 엄청난 스타죠. 아닐 카푸르라는 배우인데 아주 훌륭한 배우예요. 그는 자신의 연기가 '유치'하다는 데 동의해요. 하지만 그건 인도 관객들이 그런 스타일을 원하기 때문이라고 말하죠. 유치한 연기를 하려면 다른 것도 할 줄 알아야 해요. 훌륭한 배우라면 말이에요.

그는 물론 뭐든 할 줄 알아요. 가끔 "제가 지나치지 않았는지 확인해주세요"라고 말하곤 하지만, 저 또한 '지나치게' 하는 걸 좋아하는 사람인데 어쩌겠어요. 왜냐하면 그 도시에서는 모든 게 극한으로 치닫거든요. 뭄바이는 크고 강렬한 도시예요. 무언가 티를 내려면 크게 소리를 질러야만 하죠. 그래서 스타일이 커지기 마련이고, 영화에도 그런 걸 담아내고 싶었어요. 때로 연기가 지나쳐서 저의 기호에 맞게 조금 누그러뜨릴 때도 있었어요. 하지만 바로 그때 엄청난 재능을 보게 돼요.

뭄바이에서만 1년에 1000편의 영화가 만들어집니다. 그 정도의 일이 진행되고 있으면 사람들은 자기가 일하는 업계에 대해서 일종의 자신감을 갖게 마련이에요. 1년 내내 계속해서 많은 영화를 만들어내고 있으니 그럴 만하죠. 이런 자신감이 있기 때문에 때로 그들의 스타일을 조금만 완화해주면 오히려 아주 대담하고 구미에 맞는 연기를 얻어낼 수 있죠.

영화 속 이야기도 놀랍지만, 이 영화가 어떻게 만들어졌는지도 아주 재미있던데요. 제작에 얽힌 일화들도 말씀해주세요. 미국 측 제작사이자 배급사인 워너 인디펜던트가 촬영 중인가 촬영 후에 파산했다고 들었어요. 영화가 지금 미국에서 좋은 반응을 얻고 있는 게 마치 한 편의 동화처럼 느껴지네요. 투자와 제작에 얽힌 일화들을 조금만 부탁할게요.

주인공 소년의 여정을 반영하는 듯해서 굉장히 기이하네요.

네, 정말로 그래요.

아주, 아주 이상한 기분이에요. 어쨌든 〈풀 몬티〉의 작가 사이먼 뷰포이가 시나리오를 쓰고, 대니 보일이 연출한다는 전제로 돈을 끌어모았어요. 1300만 달러를 마련했는데, 800만 달러는 파테라는 회사를 통해 유럽에서 조달했고, 나머지 500만 달러는 미국에서 워너브러더스의 자회사인 워너 인디펜던트를 통해 마련했죠. 그런데 영화를 만들고 났더니 워너브러더스가 경제성이 없다는 이유로 워너 인디펜던트를 없애버린 거예요. 우리는 졸지에 아빠 없는 자식이 되어버렸어요. 워너브러더스가 이런 종류의 영화를 개봉할 리 만무했으니까요.

결국 DVD로나 출시될 처지였는데 바로 그때 20세기 폭스의 자회사인 폭스 서치라이트에서 영화를 보고는 가능성을 발견했나 봐요. 선견지명이 있었던 거죠. 그들 외엔 어느 누구도 이 영화가 미국에서 성공하리라 생각하지 못했거든요. 그들은 우리 영화를 일종의 〈록키〉 같은 이야기로 받아들였어요. 모든 역경에도 불구하고 록키는 결국 해내잖아요? 그리고 이야기의 핵심에 성공이나 돈이 아닌 사랑이 있고요. 이런 점을 간파한 폭스 서치라이트가 영화를 인수해서 지금 상영하고 있는 거예요.

9주 정도 됐는데 3000만 달러 이상 벌어들였어요. 정말로 보기 드문 경우예요. 이 영화에 대해서 지금 말들이 많아요. 골든글로브 4개 부문에 후보로 올랐고, 아카데미 수상에 관한 소문들도 끊이질 않죠. 상을 타면 좋긴 하겠지만 어찌 보면 영화와는 무관한 일이에요. 이미 시장에 내놓을 때 영화의 가치는 결정 난 거니까요.

이 영화는 우리 인지도를 올려놓았고, 우리를 익명의 존재에서 벗어나게 해주었어요. 스타가 한 명도 나오지 않는데도 브래드 피트, 숀 펜과 함께 연단에 설 수 있게 해주었죠. 연단 위에 선 우리 주연배우의 이름이 기사마다 거론되고 있답니다. 정말 놀라운 일이에요. 이것을 두고 꿈은 이루어진다고 하는 건가요? 마치 아름다운 동화의 결말 같아요. 자말 역을 연기한 런던 출신의 소년 데브 파텔은 〈스킨스〉에서 작은 역할을 맡았던 평범함 아이인데, 지금은 갑자기 숀 펜, 브래드 피트와 함께 거론되고 있다고요!

영화 속 대사처럼 "이미 정해진 일"이었던 거죠. 이런 영화에 투자를 받는다는 것은 무척 어려운 일이에요. 영화를 보고 나서 이런 생각이 들었어요. '소규모 투자가 필요한 영화들이 더 많아질 수는 없을까?' 이것은 영화 산업의 문제일까요? 큰 영화에 너무 많은 돈을 써버린 나머지 소규모 영화에 위험을 감수할 만한 여력이 없어진 걸까요?

저예산 영화들이 훨씬 더 많이 만들어질 거예요. 사람들은 항상 "그런 영화가 더 많은 수익을 낼 가능성이 있어" 하면서 어쩌고저쩌고 말들은 많이 하죠. 어찌 되었건 그건 불가피한 일이에요. 현재의 경제 상황이 모든 사람들의 삶에 영향을 끼치듯이 영화 산업에도 영향을 끼치고 있어요. 〈다크 나이트〉처럼 스케일이 큰 영화들도 계속 나올 거예요. 엄청나게 많은 돈을 들여 만든, 성공이 거의 보장된 영화들 말이에요.

그러나 저예산 영화들이 그보다 훨씬 더 많이 만들어질 거예요. 그럴 수밖에 없는 이유가, 그런 큰 영화들에 투자할 만한 돈이 더 이상 없으니까요. 따라서 더 적은 돈으로 일하는 방법을 배워야만 해요. 그래야 어느 누구도 우리가 돈을 너무 많이 쓴다거나, 경기가 너무 안 좋다거나 하면서 징징거리지 않죠. 이런 상황은 젊은 영화제작자들에게도 좋은 기회가 될 거예요. 그들은 큰돈도 기대하지 않고 많은 자원도 기대하지 않아요. 단지 하고 싶은 이야기만 있을 뿐이죠.

물론이에요. 〈슬럼독 밀리어네어〉는 올해의 영화 중에 제가 가장 좋아하는 영화입니다. 관객들에게서 좋은 입소문을 탈 거라 생각하고요. 이번 주에는 영국 관객들도 볼 수 있다니 정말 기대되는군요. 시간 내주셔서 감사합니다.

네, 감사합니다.

해답은
자신 안에 있다

interviewer / 타비스 스마일리

대니 보일은 격찬을 받은 영화 〈트레인스포팅〉과 〈28일 후〉를 만든 매우 재능

있는 영화감독입니다. 올해 가장 많이 회자되는 영화 〈슬럼독 밀리어네어〉가

그의 최신작인데요, 이미 많은 상을 받기도 했지만 무엇보다도 최우수작품상과

최우수감독상을 포함해 아카데미상 10개 부문에 후보로 올라 있습니다. 그럼

〈슬럼독 밀리어네어〉의 한 장면을 보실까요?

(영화 클립이 나온다)

저는 여기서 대니 보일과 함께 영화 클립을 보며 앉아 있습니다. 보는 동안 두

가지가 저의 주의를 끌더군요. 조금 전에 다른 장면을 골라줘서 고맙다며 저에게

속삭이셨는데, 방송에서 항상 같은 장면만 보여주는 게 신경 쓰이세요?

네, 그럼요. 어쩔 수 없는 일이긴 해요. 하지만 이번엔 다른 것을 보게

Tavis Smiley, Danny Boyle, "Tavis Smiley" courtesy KCET/Hollywood and TS Media, Inc.
January 30, 2009.

되어서 좋았어요.

방금 보여드린 장면에 대해서는 어떻게 생각하세요?

배우의 연기가 나오는 부분이라 기분이 좋네요. 데브가 "메시지가 없었어, 메시지가 없었어, 메시지가 없었어" 하는 장면인데, 사실 그날 저에게 아주 화가 나 있었죠. 연기에 대한 의견 차이로 서로 싸웠거든요. 열여덟 살이지만 연기에 대한 자기만의 생각이 확고한 친구예요. 저랑 싸우고 나서 느낀 좌절감이 연기에 묻어나온 거 같아요.

　저는 저 장면이 정말 좋았어요. 연기를 보고 충격을 받았죠. 보면 아시겠지만, 약간 초점이 안 맞아요. 아무도 그런 연기가 나올지 예상하지 못하고 있었거든요. 하지만 그냥 넣어버렸어요. 저런 연기는 다시 반복할 수 없으니까요. 어느 순간 갑자기 벌어진 일이죠.

저도 방금 말씀드리려고 했어요. 그런 일들이 분명히 일어나죠. 기술적으로 부정확하게나마 반드시 붙잡아야 할 순간이에요.

네, 정말로 그런 느낌이 들 때가 있어요. 바로 이거다 하는 느낌인데, 영화 한 편이 거기에 다 들어 있는 듯한 이상한 순간이죠. 그런 일들은 대개 통제할 수 없는 상황 속에서 일어나는 경향이 있는데, 뭄바이에서 작업하는 것은 그런 면에서 놀라웠어요. 통제하기 무척 어려운 도시거든요. 모든 것이 너무나 정신없어서 많은 부분을 그냥 알아서 가게 내버려둬야 했죠. 다른 작품들에 비해 훨씬 더 많은 부분을 통제하지 않고 그대로 두었어요.

인구 1800만 명을 붙잡아두는 건 어림도 없는 일이죠.

엄청나게 많은 사람들이 살고 있는데, 그 사람들 전부를 영화에 넣고 싶었어요. 꽤 많이 집어넣긴 했죠. 다행히도 인도에선 아직 책임면제 양식release form, 영화제작자가 영화에 대한 다양한 권한을 확보하기 위해 관계자들로부터 서명을 받는 서류이 필요하지 않더라고요. 그래서 그 많은 사람들한테 서명을 받으러 다닐 필요는 없었어요.(웃음)

(웃음) 방금 말씀하신 건 할리우드 사람들끼리 하는 농담인데요. 영화에 관여하는 모든 사람들로부터 책임면제 양식에 서명을 받아야 하는데, 영화제작자들이 진저리를 치는 일이죠. 좀 전에 영화 클립을 보면서 제 주의를 끈 또 한 가지는 방금 하신 것처럼 그 장면의 대사를 아직도 외우고 계신다는 거예요. 영화의 대사를 모두 알고 있나요, 아니면 우연히 그 장면의 대사만 알고 있었나요? 조금 전에는 배우들을 따라 대사를 같이했죠.

네, 대사를 전부 알고 있어요. 머릿속에 다 들어 있죠. 감독들은 머릿속에서 자기 영화를 살아가니까요. 그래서 때로 배우들이 헤매면 그들을 도와줄 수 있는 거예요. 머릿속에서 영화가 계속 돌아가고 있거든요.

하지만 배우들에게 대사를 읽어줘서는 절대로 안 돼요. 최악의 짓이죠. 대신에 그 장면에서 무엇을 원하는지만 말해주고, 나머지는 배우들이 스스로 찾도록 해야 해요. 때로는 싸움이 일어날 수도 있어요. 연기에 대해 다른 생각을 갖고 있다면요. 그런데 종종 배우들이 옳을 때가 있어요.

배우들은 시나리오 전체를 다 읽지 않는 경우가 많아요. 가끔 이렇게 말하죠. "그냥 내 부분만 읽었는데."(웃음) 그러면 우리는 이렇게 생각하기 쉽죠. '어떻게 그럴 수가 있지?' 하지만 그런 식으로 배우들은 자기만의 관점을 갖게 되는 거예요. 왜냐하면 그들이 연기하는 인물은 영화 속의 다른 인물들에 대해선 모를 수도 있거든요. 어떤 의미에서는 다른 배우들의 대사를 모르는 것이 더 좋아요. 자기 역할만 속속들이 알면 되는 거죠.

〈레슬러〉에서 미키 루크의 연기를 보면 그 인물을 속부터 훤히 알고 있다는 게 느껴져요. 그런 연기를 발견하면 완전히 매료되어버리죠. 정말로 특별해요. 영화 예산이 얼마건, 어떤 상황에서 그 영화를 보고 있건 하나도 문제가 안 돼요.

영화에 대해서는 잠시 후에 다시 얘기하도록 하고요. 우선 수상 후보에 오르신 걸 축하드려요. 최우수감독상 후보에 오르셨더군요.

감사합니다.

다른 9개 부문에도 후보에 올라 있는데, 최우수감독상 후보와 관련해서 잠시 연출 작업에 관해 질문 드리고 싶어요. 조금 전에 배우들에 관해 이야기하면서 "때로는 그들이 옳다, 왜냐하면 시나리오 전체를 다 읽지 않아도 배우로서 자기 역에 대한 느낌을 가지고 있기 때문이다"라고 하셨는데요. 배우들과는 어떤 식으로 타협하시나요? 어떤 방식으로 배우들과 관계를 만들어가시죠?

배우들에게 항상 하고 싶은 말은 언제든지 하라고 확실하게 일러둡니다. 나에 대해서 무슨 생각을 하든지, 나이가 많건 적건 관계없어요. 이 영화에 출연한 대부분의 배우들은 데브처럼 어리고 경험이 적었어요. 하지만 언제든지 생각하는 대로 말해도 된다는 것을 확실하게 알려주었죠. 필요하다면 그들의 의견을 무시할 수 있는 권리가 저에게 있긴 하지만, 배우들이 무슨 생각을 하는지 아는 것은 감독에게 정말로 중요해요. 배우들은 맡은 역할에 대한 자신만의 해석으로 아주 많은 것을 가르쳐주기 때문이죠.

그리고 배우들은 항상 감독을 궁지에서 벗어나게 도와줘요. 감독이 배우들에게 배워야 할 게 바로 그거예요. 감독이 궁지에 몰려 시간도 없고 돈도 부족할 때 배우들이 거기에서 벗어날 수 있게 도와주죠. 저는 그걸 배우들의 무료 서비스라고 부르는데, 카메라만 갖다 대면 그들은 당신을 다른 곳으로 데려다 줄 수 있어요. 당신이 몰린 궁지를 왕궁으로 바꾸어놓죠.

연출에 대해서 조금 더 물어볼게요. 연기 경험이 많지 않은 배우들로 이렇게 많은 호평을 받은 영화를 연출하는 것은 어떤 느낌이었나요?

아주 어린 배우들은 연기 경험이 거의 없었어요. 두어 명 정도만 경험이 있었죠. 퀴즈쇼 진행자 역할을 맡은 아닐 카푸르는 인도에선 엄청난 스타예요. 발리우드의 대스타죠. 저는 그들 모두와 작업하는 게 정말 즐거웠어요. 감독으로서 아주 흥분되는 경험이었죠. 그들은 배우로서 어떠한 짐도 가지고 오지 않았어요. 특히 어린 배우들은 더욱 그랬죠.

나이 많은 배우들은 때로 어린 배우들의 순수함에 약간 겁을 먹기도 해요. 일단 어린 배우들이 장면을 이해하고 대사를 하기 시작하면 '이런 연기를 하면 내가 좋게 보일까, 나쁘게 보일까? 사람들이 내가 연기하는 인물을 좋아해줄까?' 하는 걱정은 하나도 안 하니까요. 그들의 연기는 비즈니스와는 아무 관련이 없어요. 그저 그 대사와 장면을 연기할 뿐이죠.

"이건 계약서엔 없던 부분인데요! 저는 합의한 적이 없어요!"(웃음)

맞아요. 그런 게 전혀 없어요.(웃음)

아직 영화를 못 보신 분들을 위해서 간략하게 이야기를 소개해주시겠어요? 제가 질문 드리고 싶은 것도 몇 가지 있고요.

뭄바이 슬럼가 출신의 한 소년에 대한 이야기예요. 그는 세상에서 가장 큰 텔레비전 퀴즈쇼 〈누가 백만장자가 되고 싶은가〉에 출연하게 돼요. 물론 인도에서요. 시청자 수로나 상금으로 보나 전 세계에서 가장 규모가 큰 퀴즈쇼죠. 소년은 그 쇼에 출연해서 문제를 풀기 시작하고, 결국엔 다 맞힙니다.

인도판 〈누가 백만장자가 되고 싶은가〉의 문제들은 처음 두 문제를 제외하고는 굉장히 어려워요. 그래서 사람들은 의심하기 시작하죠. 그가 부정행위를 하고 있을지도 모른다고요. 방청객 중 공범이 있어서 기침으로 신호를 줄 수도 있고, 아니면 피부 밑에 마이크로칩을 넣어 왔을 수도 있고요. 그 소년은 절대로 그런 문제를 맞힐 수 있는 사람이 아니니까요.

사실 소년은 문제를 듣고 깜짝 놀랐어요. 그가 겪어온 역경들, 그의 인생에서 벌어진 일들이 문제를 풀 수 있는 정보와 지식의 원천이 되어주거든요. 그래서 문제를 하나씩 풀어가기 시작하고, 결국 마지막 2000만 달러짜리 문제를 눈앞에 두고 방송국 사람들에게 끌려 내려오게 돼요. 그들은 속임수를 알아내려고 소년을 경찰에 넘기죠. 그렇게 전국적으로 떠들썩한 사건이 돼요.

사실 그는 전혀 다른 목표를 가지고 퀴즈쇼에 나왔어요. 돈이나 성공, 텔레비전, 명성, 화려함 같은 것들과는 전혀 상관이 없죠. 그의 목표는 오직 하나, 자신이 사랑하는 소녀예요. 그는 뭄바이의 혼돈 속에서 그녀를 잃어버렸죠. 그가 아는 전부는 소녀가 이 퀴즈쇼를 즐겨 본다는 사실뿐이에요. 그래서 생각하죠. 만약 퀴즈쇼에 나가 최대한 오래 앉아 있을 수만 있다면 그녀가 자신을 볼 테고, 그러면 다시 만날 수 있을 거라고요. 그러니까 이 영화의 핵심은 사랑 이야기예요.

정말 매혹적인 이야기예요. 제가 너무 깊게 들어가는 게 아닌가 싶지만, 저는 이야기의 이런 부분에 끌렸어요. 그가 부정행위를 하지 않고 단지 삶의 경험에 근거해서, 그러니까 자신 내부로 깊숙이 들어가서 문제의 답을 찾는다는 점이 인상 깊더라고요.

너무 심각하게 생각하는 것 같지만, 저는 이것이 삶의 어려운 도전과 질문을 해결하는 방법에 관한 놀라운 상징이라고 생각해요. 문제가 생길 때는 가끔 자신 속으로 들어가야만 하죠. 해답이 바로 거기에 있으니까요.

네, 해답은 바로 그곳에 있죠.

제가 너무 진지한가요?

전혀 아니에요. 말씀하신 것이 실제로 이 영화에서 아주 중요한 부분이에요. 많은 사람들은 그렇게 생각하지 않지만 사실 그것이 영화의 숨겨진 주제 중 하나죠. 그 소년은 아주 하찮은 사람이에요. 교육도 거의 못 받았고, 별로 잘되는 일도 없어요. 그러나 아주 풍부한 인생을 살아왔죠. 좋든 나쁘든 지금의 그를 만든 모든 사람들이 그를 위한 해답을 가지고 있어요. 모순되게도, 살면서 대면하는 어려움에 대해서 그들이 답을 찾도록 도와주는 거죠.

바로 그것이 이 영화가 세상 사람들에게 주는 교훈이라고 생각해요. 누구나 저마다의 인생 이야기가 있는 법이죠. 그 이야기는 엄청난 가치가 있어요. 단지 우리가 모를 뿐이죠.

이 문제를 거론해도 될까 모르겠어요. 제가 조사를 좀 했거든요. 저는 항상
뒷이야기에 감탄하는 편이죠. 토크쇼 진행자로서 감독님 같은 사람과 이야기할
때 가장 흥미로운 것은 누구나 다 아는 것들 이면에 있는, 사람들이 잘 모르는
부분을 캐내는 거예요. 저는 전혀 몰랐어요. 이 영화가 바로 DVD로 출시될
뻔했다는 사실을요.

저야 당연히 알고 있었죠.

그 뒷이야기를 해주세요. 사람들이 올해 가장 많이 이야기하는 영화고 아카데미상
10개 부문에 후보로 오른 영화인데, 극장에서 개봉할 수 없을 뻔했더군요. 바로
DVD로 출시하려고 했었다고요?

네, 이 영화의 여정 자체가 한 편의 동화 같아요. 워너브러더스가 여러
가지 이유로 그들의 독립영화 부서인 워너 인디펜던트를 없애버렸어
요. 우리 영화와는 무관하게요. 영화를 배급할 전문 배급사가 없어진
거죠. 워너브러더스는 스케일이 큰 〈다크 나이트〉나 〈매트릭스〉 같은
영화들만 주로 배급해요. 그래서 다른 배급사를 찾아야 했어요. 그런
데 워너브러더스가 마지막에 옳은 결정을 내려주었어요. 전적으로 워
너 브러더스의 공입니다만, 그들이 우리 영화를 폭스 서치라이트에 보
여준 거예요.

　워너브러더스로서는 잘못된 결정을 하는 편이 더 쉬웠어요. 그랬다
면 우리 영화는 사라져버렸겠죠. 하지만 그들은 폭스 서치라이트에 영
화를 보여주었어요. 폭스 서치라이트는 처음에는 천천히 보살펴줄 필
요가 있는 저예산 영화들을 배급하는 데 아주 탁월한 회사죠. 그들

은 우리 작품을 정말 마음에 들어했어요. 텔루라이드영화제와 토론토 영화제에 선보일 수 있도록 빨리 준비하라고 재촉할 정도였죠. 그런데 영화제에서 영화가 호평을 받기 시작한 거예요. 그러고는 사람들의 입소문을 타기 시작했죠. 아주 놀라운 일이에요.

평론가들에게도 많은 호평을 받긴 했지만 사람들의 입소문이 가장 큰 도움이 되었어요. 이 영화에는 관객에게 다가가기 힘든 많은 장애물이 있어요. 영화의 3분의 1이 힌두어로 되어 있고 영어 자막이 나오죠. 그리고 인도를 배경으로 하고요. 지구 반대편에 관한 영화인데 알아볼 만한 스타도 전혀 나오지 않아요. 그럼에도 불구하고 이야기의 핵심이 사람들에게 감동을 준 거예요.

제가 질문 드리려고 했는데 고맙습니다. 그 모든 장벽과 장애물에도 불구하고 어떻게 이 영화가 그토록 성공할 수 있었을까요?

텔루라이드와 토론토에서 미국 관객들에게 선보이기 전까지는 솔직히 저도 잘 몰랐어요. 그때 이 영화가 기본적으로는 〈록키〉와 같은 이야기라는 걸 깨달았어요. 갑자기 어디에선가 튀어나온 아무것도 가진 것 없는 사내 록키를 사람들은 응원하죠. 그는 모든 역경에도 불구하고 자신만의 가치, 자신만의 내적인 가치로 꿈을 이루거든요. 말씀하신 대로 자신의 인생, 자신의 내부로 들어가 해답을 찾는 거죠.

저는 깜짝 놀랐어요. 미국 관객이 인도 소년을 응원하는 모습을 눈앞에서 지켜보는 것은 개안을 하는 듯한 경험이었어요. 그리고 생각했죠. '도대체 무엇 때문에 저러지?' 바로 〈록키〉 이야기였어요. 결국에는 돈에 대한 이야기가 아니에요. 소년이 상금을 타게 되는 것은 그에겐 무척 좋은 일이긴 한데, 이런, 제가 영화에 대해서 너무 많이 얘기하고 있네요.

이 영화는 또 소녀에 대한 이야기예요. 결국 사랑에 관한 이야기죠. 자신이 사랑하는 소녀를 끔찍한 상황으로부터 구출해내는 사랑이야기요. 세상에서 가장 큰 퀴즈쇼를 이용해서 그는 결국 해내고 말죠.(웃음)

잠시 저의 불만을 털어놓도록 할게요. 하지만 곧 마이크를 넘겨드리죠. 이 문제에 대한 감독님의 견해를 듣고 싶으니까요. 아카데미 최우수감독상 후보에 오른 감독과 이런 이야기를 나눈다는 게 정말 뿌듯하네요.

조금 전에 '휴머니티'에 관해 언급하셨는데요, 저는 영화 산업에서 유색 인종들에게 주어지는 불평등한 기회에 대해 이런 식의 논쟁과 대화를 계속하는 게 늘 불만이었어요. 물론 그런 문제가 충분히 논의되고 있지도 않지만요. 저는 어떤 인종인지, 어느 나라에 살고 있는지는 아무런 문제가 되지 않는다고 생각해요. 영화가 그 인물의 휴머니티만 보여준다면 성공할 수 있다고 보거든요.

네, 맞아요.

성공할 수 있어요. 모두가 아카데미상 10개 부문에 후보가 될 수는 없겠지만, 어쨌든 그 인물의 휴머니티에 도달하는 것이 중요해요. 그리고 이런 식의 사고방식이 흑인이나 히스패닉, 인도인들이 영화에 나오지 않는다며 인종차별이라고 떠들어대는 논쟁을 대체해야 해요.

이 영화 때문에 그런 문제에 대해 생각하게 되었어요. 그만큼 감독님의 영화가 정곡을 찌른 것이죠. 영화를 성공하게 만드는 것은 휴머니티예요. 저는 왜 할리우드가 그런 교훈을 배우지 못하는지 이해할 수 없어요. 유색인종을 영화 속에 집어넣고, 그 인물의 휴머니티와 복잡한 성격을 가지고 다차원적인 인물을

만들어낸다면 그 영화는 성공할 수 있거든요.

답변 드릴 필요도 없겠네요. 이미 잘 알고 계시니까요. 어찌 되었건 세상은 변화하고 있어요. 변화하고 있는 것이 피부로 느껴져요. 우리는 그 변화로부터 엄청난 이익을 얻었죠. 인터넷과 그 모든 것들이 생겨나면서 통신은 너무나 순간적인 것이 되었고요. 세상에는 지금 너무나 많은 일들이 진행되고 있어요. 세상은 더 작아졌지만, 놀랄 정도로 풍요로워지기도 했죠.

모든 사람들의 이야기는 이야기될 만한 가치가 있어요. 모든 사람들의 이야기를 이야기하는 것이 영화 산업 종사자로서 우리의 책임이죠. 전부 다 호평을 받진 못하겠지만 그래도 이야기될 만한 자격은 있으니까요. 바라건대 〈슬럼독 밀리어네어〉의 성공이 어떤 방식으로든 그런 것들을 시작할 수 있는 계기가 되었으면 좋겠어요. 그런 일에 기여한다는 것은 무척 특별하죠.

우리 영화에 출연한 배우들이 며칠 전 미국배우협회Screen Actors Guild로부터 상을 받았어요. 굉장한 일이에요. 미국배우협회는 미국 영화 산업의 수많은 배우들이 가입된 단체니까요. 그들이 손을 뻗어 상을 준 거예요. 전혀 모르는 배우들에게요. 우리 배우들은 세상 반대편의 또 다른 영화계에서 온 사람들이잖아요. 정말 압도적인 순간이었어요. 역사적인 순간처럼 느껴지기까지 했어요. 이런 게 전형적인 미국의 모습이기도 해요. 자기가 모르는 곳에 이렇게 손을 뻗을 수 있다는 것이요.

배우들은 그런 일을 어떻게 받아들이죠? 미국에서 이렇게 유명인 대접받는 것에 대해 어떻게들 말하던가요?

완전히 압도당했어요. 아닐 카푸르는 아주 세련된 사람이지만, 그 역시 압도당해버렸죠. 그는 시상식에서 사람들의 반응에 어쩔 줄 몰라 했어요.(웃음) 그래서 몇 가지를 깜박하고 언급하지 못했죠. 결국 프리다가 대신 사람들에게 말해줘야 했어요.

아닐 카푸르는 우리 영화의 대사 역할을 훌륭하게 해주고 있어요. 인도에서뿐만 아니라 전 세계에서요. 왜냐하면 엄청난 수의 인도 관객들이 전 세계에 흩어져 있거든요. 미국과 영국에도 많은 인도 관객들이 있죠. 그들은 인도인이 등장하는 영화를 보는 걸 무척 기뻐해요. 이제는 미국이나 영국이 자기들 조국이긴 하지만요.

네, 맞아요. 어디서 들었는지 읽었는지는 모르겠지만 대다수의 인도인들은 이 영화를 축하하고 있다고 하더군요. 하지만 모든 일이 항상 그렇듯, 그 이면에는 감독님에게 불만을 갖고 있는 사람들도 있어요. 뭄바이의 이미지에 대한 배려가 부족했고, 인도를 너무 지나치게 가난한 나라로 그렸다고 불평을 한다고 해요. 어떻게 생각하시나요?

인도의 가난에 관해 큰 논란을 불러온 건 사실이에요. 슬럼가는 거대하고 복잡한 뭄바이의 한 부분이죠. 발리우드 영화들은 일반적으로 슬럼가를 배경으로 찍지 않아요. 우리 영화 때문에 발리우드에서도 슬럼가의 이야기를 더 많이 해야 되지 않느냐는 논란이 생겨났죠. 그런 논란에 일조했다는 것은 아주 멋진 일이에요.

그곳에서 작업할 특권을 얻었듯 우리에게는 비판을 받아들일 책임도 있어요. 어느 누구도 그 도시를 완벽하게 포착하지는 못할 거예요. 하지만 우리는 그 도시의 모습을 가능하면 많이, 그리고 정확하게 담아내려고 노력했어요. 그것이 우리가 시도한 것이죠.

저는 이 부분에 대해서도 뒷이야기가 궁금해요. 시나리오를 읽었을 때 무엇이 그렇게 매력적이었나요?

때로는 시나리오를 읽으면서 이상한 순간을 경험하게 돼요. 그런 순간이 딱 두 번 있었는데, 〈트레인스포팅〉 때 한 번, 그리고 이 영화에서 한 번이죠.

〈트레인스포팅〉에 대해선 잠시 뒤에 말씀드리고 싶었는데. 어쨌든 계속하세요.

시나리오를 읽기 시작했을 때 영화로 만들리라는 걸 알았어요. 10~15쪽도 읽지 않았을 때였죠. 물론 나중에 다시 생각해보면서 이럴 수도 있었을 거예요. '말도 안 돼. 시나리오의 나머지 부분이 끔찍했으면 어쩔 뻔했어!' 하지만 시나리오가 저를 선택했어요. 마치 집 잃은 개가 당신을 쫓아 집까지 따라오는 것과 같아요. 그 개는 이미 마음을 먹었어요. "지금부터는 당신이 나를 돌봐줘야겠어."(웃음) 이상하게 들리겠지만 사실이에요.

　이야기의 보편성 때문이었다고 생각해요. 보편적이기도 하지만 동시에 아주 특별하기도 하죠. 이런 보기 드문, 활기찬 도시를 배경으로 하고 있으니까요. 모든 어려움을 뚫고 도시는 계속 앞으로 나아가요. 사람들로 붐비고 가난으로 고통 받지만, 슬럼가의 사람들에게는 놀랄 만한 회복력이 있죠.

　이런 생명력과 삶을 축하하는 태도는 발리우드의 춤과 노래뿐 아니라 비즈니스에서도 표현되고 있어요. 비즈니스는 이 사회의 모든 곳, 모든 계급에서 이루어지고 있죠. 정말 놀라운 도시예요. 저는 이런 도시를 사랑해요. 80년대 초에 뉴욕에 간 적이 있는데, 뭄바이가 당시의 뉴욕 같아요. 목덜미를 잡고는 "환영합니다만, 다시는 예전으로 돌아갈 수 없을 거예요"라고 말하는 도시들이죠.

**뉴욕을 언급하셨으니 물어볼게요. 뭄바이를 그동안의 다른 촬영지들과
비교해보면 어떤가요?**

아주 특별하죠. 모든 도시가 극단적인 면이 있겠지만, 뭄바이는 극단들
이 서로 맞닿아 있다는 점이 특이해요. 두 극단이 서로의 곁에 존재하
죠. 그렇기 때문에 슬럼가가 모든 곳에 존재할 수 있어요.

거대하고 부유한 빌딩이 있으면 슬럼가가 그 빌딩을 둘러싸요. 하지
만 누구도 그 두 극단의 삶을 분리하려고 하지는 않아요. 모든 계급의
사람들에게 그 극단들은 지리적으로, 감정적으로 그렇게 자리 잡고
있기 때문이에요. 뭄바이에서는 끔찍한 것들과 경이로운 것들을 동시
에 경험하면서 놀라운 나날을 보낼 수 있어요.

바로 그런 느낌을 담고 싶었어요. 그래서 영화에 다양한 분위기가
들어 있죠. 깜짝 놀랄 정도로 슬프고 무섭지만, 마지막엔 춤을 추며
삶을 축복하거든요. 그런 다른 분위기들을 부드럽게 넘어가려고 하지
는 않았어요. 그냥 서로 충돌하게 내버려두었죠. 다행히도 의도한 대
로 효과가 있었어요. 그렇지 않았다면 저는 지금 이 자리에 없었겠죠.

**흥미로운 질문이 하나 생각나네요. 어떻게 표현할 수 있을진 모르겠지만,
감독님의 작품에는 어떤 스타일이 있어요. 〈트레인스포팅〉에 대해선 잠시 뒤에
이야기하겠지만, 감독님의 스타일은 마치 긴 뮤직비디오 같아요. 아주 빨리
진행되고 촬영하는 방식에 에너지가 넘치죠. 제 말이 이해가 되시나요? 움직임에
집중하는 스타일 말이에요.**

영화 속에 음악이 있건 없건 저는 음악과 그 영향력을 좋아해요. 영화

가 표현하는 탄력 있고 가속도 붙은 움직임들도 좋아하고요. 영화 산업을 'motion picture industry'라고 부르는 데는 다 이유가 있다고 생각해요.

(웃음) 이해가 되네요. 'Motion pictures', 네, 그렇죠.
무성영화를 만든 우리의 선조들은 기차가 스크린을 가로질러 지나가는 것을 맨 처음 보았을 때 비명을 질러댔어요. 영화에 표현된 움직임에는 뭔가 비범한 게 있거든요. 그리고 두 시간이라는 상영 시간 속에는 다른 많은 종류의 시간들이 함께 들어가 있고요. 영화를 보면서 이야기에 빠지면 사람들은 숨도 제대로 못 쉬면서 겁먹고, 울고, 행복해하죠.

저는 영화에 표현되는 탄력의 느낌이 좋아요. 액션영화를 만들진 않지만, 모든 영화를 가능하면 액션영화처럼 만들려고 하죠. 그게 제 원칙 중의 하나예요.

정확한 단어를 고르셨어요. 그것이 제가 찾던 단어예요. '탄력momentum', 감독님 영화는 확실히 탄력이 있어요. 마지막 질문을 드릴게요. 아까 잠깐 언급하기도 하셨고 저도 얼마 전 다시 보기도 했는데, 지금 생각해보면 어떤가요? 최근에 〈트레인스포팅〉을 보신 적이 있나요?
(웃음)

최근에 본 적 있으세요?
저는 부분들만 보게 돼요.(웃음) 항상 다른 장소에서요.

그 영화에 대해선 어떻게 생각하세요? 정말 뛰어난 영화예요.

믿기지가 않아요. 저에겐 일종의 발사대 같은 영화였어요. 우선 원작 소설이 뛰어났어요. 영화 10편은 더 만들 수 있는 비범한 책이죠. 수많은 다른 방식으로 접근할 수 있는 소설이에요. 우리는 항상 근원을 잊어선 안 돼요. 그 영화는 그 책에서 나왔어요. 그 책을 영화화할 수 있었던 특권이 영화 작업 또한 쉽게 만들어주었죠. 약간은 재미있는 방식으로요.

대화를 끝내기에 좋은 순간이 왔군요. 먼저, 아직 〈트레인스포팅〉을 보지 못한 분들이 있다면 꼭 한번 확인해보세요. 하지만 감독님이 여러분에게 권해드리고 싶은 영화는(웃음) 〈슬럼독 밀리어네어〉라고 합니다. 본인이 감독한 영화죠. 그는 아카데미 최우수감독상 후보에 올랐습니다. 영화는 아카데미상 10개 부문에 후보로 올랐고요. 시상식 날은 대단한 밤이 될 것 같아요. DVD로만 출시될 뻔했던 영화 〈슬럼독 밀리어네어〉에 무슨 일이 일어날지 한번 지켜봐야겠습니다. 이렇게 될지 누가 알았겠어요? 나와주셔서 감사합니다.

만나서 반가웠어요.

네, 저도 반가웠습니다.

대니 보일,
고향에 돌아오다

interviewer / 베리 타임스

영화감독 대니 보일이 떠들썩한 환영을 받으며 휘황찬란한 할리우드로부터 멀리 떨어진 고향 마을 래드클리프로 돌아왔다.

일요일, 약속한 대로 그가 파인 가街에 있는 세인트 메리 가톨릭 소셜클럽을 방문하자, 수많은 팬들과 사인 수집가들이 〈슬럼독 밀리어네어〉로 8개 부문에서 아카데미상을 수상한 이 쉰두 살의 감독을 에워쌌다.

환호하는 팬들과 모여 있는 기자들을 보고 무척 놀란 듯 대니는 말한다. "LA의 레드 카펫 위에서나 기대할 수 있는 일인데, 여기 래드클리프에서 이럴 거라고는 전혀 예상 못했어요."

기다리던 팬들 중에는 파크로프트 가街에 사는 일곱 살 먹은 아렐 맥마나몬도 있었다. 대니의 고향 방문은 세인트 메리 앤드 세인트 필립 네리 성당의 오전 예배 시간에 발표되었다. 대니는 어렸을 때 이 성

Bury Times, Director Danny Returns Home to a Rip-Roaring Welcome, *Bury Times newspaper*, Greater Manchester, U.K., March 5, 2009.

당의 복사였다. 아렐은 대니에게 성당 주보를 건네며 사인을 해달라고 부탁했다.

아렐의 엄마 테레사는 말한다. "방금 성당에서 나왔는데 대니를 만나보면 좋을 것 같다는 생각이 들었어요. 그가 고향을 잊지 않았다는 게 너무 좋아요. 무척 친절해 보여요. 사람들에게 시간을 내줄 거예요. 그의 가족들은 분명 그를 자랑스러워할 겁니다."

세인트 메리 초등학교 출신인 대니는 클럽에 들러 아카데미 최우수 감독상 트로피를 자랑했다. 그는 아버지 프랭크와 누이 마리아, 그리고 다른 친척들, 친구들과 함께 레모네이드를 즐기며 트로피를 돌렸다.

그는 금으로 만든 아카데미상 트로피를 '별 특징 없는 청색 가방'에 넣어 가져왔다. 2주 전에는 영국 아카데미와 골든글로브 트로피를 막스 앤 스펜서 쇼핑백에 넣어왔다. 그러나 그는 클럽의 동료 회원들에게 트로피를 조심히 다루라고 경고했다.

"트로피를 여기저기 가지고 다니면서 만져보게 했더니 약간 흠집이 났어요. 대개는 그냥 선반 위에다 놓아두죠."

"술집에 있는 사람들에게 아카데미상을 수상하면 전부 한 잔씩 돌리겠노라 큰소리쳤었어요. 영국 아카데미와 골든글로브 때도 똑같은 말을 했고요. 이제는 경제적으로 조금 부담되기 시작하네요!"

어린 시절을 보낸 홀랜드 가街의 고향집을 떠난 이후 보일은 아주 먼 길을 걸어온 것 같았다. 그러나 한시도 자신의 뿌리를 잊은 적은 없었다.

"영국 아카데미와 골든글로브 트로피를 들고 여기 왔을 때 어떤 사람이 제게 이런 말을 했어요. '도대체 당신 같은 사람이 어떻게 영국 아카데미상을 수상할 수가 있지?' 이게 바로 여러분이 제게 해야 할 말이에요."

"저는 항상 LA나 다른 어느 곳보다도 이곳에 속한다고 느껴왔어요. 요즘엔 아이들과 일 때문에 런던에 거주하고 있지만, 가능하면 자주 고향에 내려오려고 하죠. 지금 이 순간을 고향 사람들과 함께하고 싶어요."

이 시골 소년은 일련의 히트 영화들을 만들어내며 혼자만의 힘으로 자신의 이름을 세상에 떨쳤다. 하지만 그런 일은 일어나지 않을 수도 있었다. 어린 대니는 기관사나 가톨릭 신부를 꿈꾸었기 때문이다.

"기관사가 되고 싶었죠. 나중에는 신부가 되려고도 했고요. 어머니께서 무척 종교적이셨거든요. 볼튼에 있는 대학에 다닐 때 신부 한 분이 저는 신부가 되어선 안 된다고 말씀하셨어요. 그분께 정말로 감사합니다. 그런데 저를 위해 그런 말씀을 하신 건지, 아니면 사제직을 지키기 위해 그런 말씀을 하신 건지 지금도 궁금해요."

대니는 1980년대 이래로 텔레비전과 연극 쪽에서 일하다가 15년 전에 영화 연출의 길로 들어섰다.

"저는 아주 운이 좋았어요. 〈트레인스포팅〉 덕분에 사람들에게 많이 알려졌고, 〈28일 후〉로는 흥행에도 성공했죠. 하지만 이번 영화처럼 불이 붙은 적은 없었어요. 주체할 수 없을 정도예요. 무엇보다 타이밍이 좋았던 것 같아요. 무슨 이유에서인지 사람들은 이런 영화를 보고 싶었나 봐요."

대니는 〈슬럼독 밀리어네어〉의 성공에 너무 들뜬 나머지 자녀들과 약속한 대로 코닥 극장아카데미상 시상식이 열리는 극장의 무대 위를 〈곰돌이 푸〉에 나오는 티거처럼 뛰어다녔다. 〈슬럼독 밀리어네어〉는 최우수작품상과 최우수감독상을 포함해 총 8개 부문에서 아카데미상을 수상했다.

"수상 소감은 전혀 준비를 못한 상태였어요. 그래서 약간은 충동적으로 티거가 머릿속에 떠올랐죠. 아이들과 약속했던 것은 티거 의상을 입고 티거 노래를 부르는 것이었지만, 다행히 45초의 시간 제한 이 있어서 그 짓은 모면할 수 있었어요."

〈슬럼독 밀리어네어〉의 성공 덕분에 또 다른 히트작에 대한 기대감이 커지고 있다. 그는 다음 작품에 관한 계획은 아직 없다고 말한다. 하지만 〈007〉 영화의 연출을 맡을지도 모른다는 소문이 이미 무성하고, 텔레비전 퀴즈쇼 〈누가 백만장자가 되고 싶은가〉의 유명인사 편에 출연하리라는 얘기도 들린다.

"앞으로의 일에 대해서는 잘 모르겠어요. 다음 주부터 다시 일을 시작하면 읽고 쓰면서 다음 작품으로 무엇이 좋을지 생각해볼 거예요. 자전거에 다시 올라타 무슨 일이 벌어지는지 지켜봐야겠어요."

게다가 그는 베리 자유상Freedom of Bury 수상자로 지명되었다. 대니가 농담을 한다. "모두들 그러더군요. 이제는 아버지가 당신의 잔디밭에서 양을 키울 수 있을 거라고요!"

"영화 일을 하면 길을 잃기가 쉬워요. 하지만 저는 결코 그런 적이 없어요. 항상 고향 사람들도 즐길 만한 영화들을 만들려고 노력해왔죠. 이제는 래드클리프에 영화관이 하나도 남아 있지 않아요. 영화를 보려면 베리나 볼튼으로 가야 하죠. 그렇게 해서라도 제가 한때 함께 살았던 사람들이 제가 만든 영화를 꼭 보러 왔으면 좋겠습니다."

그는 또한 베리에 기반을 둔 록밴드 엘보우Elbow를 칭찬했다. 엘보우는 장애인 올림픽 선수 조 로빈슨과 함께 로워크로프트Lowercroft, 영국의 베리 자치구에 있는 마을로부터 '자유' 명예 훈장을 받기로 되어 있다. 엘보우의 리드 보컬 가이 가비는 아카데미상 수상 직후 대니에게 축하 메시지를 보냈다. 대니가 말한다. "저는 엘보우의 열렬한 팬이에요. 그들의 성공을 보는 건 정말 신나는 일이죠."

"저에게 가장 큰 영향을 준 것은 음악이에요. 뛰어난 음악과 걸출한 록스타들을 배출한 이 지역 출신이라는 게 자랑스러워요."

대니는 동분서주하던 바쁜 생활로부터 잠시 휴식을 갖고, 런던의 집으로 돌아가 그레이스, 가브리엘, 케이틀린, 세 아이와 함께 시간을 보낼 계획이다.

"최고의 시간은 우리 아이들과 함께할 때예요. 아이들이 저에겐 다른 무엇보다 중요하죠. 아이들이 태어나고 그들에게 아무 문제가 없다는 것을 알게 될 때, 바로 그때가 저 자신이 가장 자랑스러울 때예요."

그러나 래드클리프로 다시 돌아와 처리해야 할 일들이 아직 남았다. 무엇보다도 세인트 메리 가톨릭 소셜클럽의 평생 명예 회원이 되었기 때문이다.

그는 또한 기그 레인Gigg Lane, 축구팀 베리 FC의 홈구장을 자주 방문해서 그가 아끼는 축구팀 베리 FC가 경기하는 모습을 더 많이 보려고 한다. 셰이커스베리 FC의 애칭의 평생 팬으로서는, 아카데미상을 탔다고 해서 모든 꿈이 실현된 것은 아님을 잘 알고 있기 때문이다.

"마지막으로 FA컵에서 우승한 게 1903년이에요. 아직도 기원해야 할 일들이 많이 남아 있어요!"

〈127시간〉(2010)

진퇴양난

interviewer / 레베카 머레이

대니 보일 감독은 아카데미 수상작 〈슬럼독 밀리어네어〉의 다음 작품으로 〈127시간〉을 내놓았다. 유타의 외딴 협곡에 갇혀 끔찍한 날들을 보내게 되는 등반가 애런 랄스턴의 실제 이야기를 극화한 작품으로, 무거운 바위에 손이 끼인 애런이 어쩔 수 없이 자신의 팔을 자르고 탈출한다는 내용이다.

이것은 스포일러가 아니다. 영화가 실화에 근거하고 있고, 랄스턴 자신도 이미 토크쇼에서 경험담을 이야기했기 때문이다. 더욱이 자신이 겪은 일들을 엮어 책으로 출판하기도 했다. 보일은 애런이 쓴 책 『127시간』을 바탕으로 이 영화를 만들었다.

"그가 탈출해서 잘 살고 있다는 사실을 사람들은 알고 있죠. 텔레비전에서 인터뷰하는 것을 봤으니까요." 관객들이 결과를 이미 알고 있는 것이 드라마의 효과를 반감시키지 않겠느냐는 질문에 보일이 설명

Rebecca Murray, Danny Boyle Talks About '127 Hours', November 5, 2010, About.com Guide.

한다. "그가 살아 있다는 사실을 알아도 조마조마해하며 영화를 보게 될 거예요. 그것이 이 영화의 놀라운 힘이죠. 연기가 좋으면 이야기의 결말을 알고 있다 하더라도 영화를 즐길 수 있거든요."

〈슬럼독 밀리어네어〉에는 화장실이 나오고 〈127시간〉에는 소변을 담은 봉지가 나옵니다.

화장실 유머예요. 영국 영화를 보면 화장실 장면들로 가득하죠. 다른 나라 영화들은 화장실에 별로 신경을 안 써요. 그들에겐 대수로운 게 아니죠. 장담컨대 화장실 장면이 없는 영국 영화는 찾아보기 힘들 거예요. 이유는 모르겠어요. 아무리 지저분한 유머라 해도, 유머는 언제나 필요해요.

〈127시간〉의 주인공도 어떻게 해서든 그런 유머 감각을 발휘하려고 애쓰죠. 약간 순한 유머이긴 해요. 이런 식이죠. "응가가 안 나오네. 내 곤충 친구들이 실망하겠는걸. 좀만 더 기다려봐." 그리고 소변을 마실 때도 훌륭한 대사를 하나 해요. "음, 슬러피얼음을 갈아 만든 음료하고는 다른 맛인데." 이와 비슷한 대사였는데, 재미있는 유머죠. 그런 지옥 같은 상황에서 유머 감각을 가지는 건 아주 중요해요. 유머 본능이 살아 있다는 건 아직 목숨이 붙어 있다는 증거니까요.

애런의 실화에 충실하면서 동시에 자신만의 영화를 만든다는 것은 어떤 의미인가요?

만약 저와 프랑코가 항상 애런의 눈치를 보느라 이인삼각 경주를 하듯이 제약을 받는다면 어떻게 그의 이야기를 충실히 전달할 수 있겠어요? 그의 이야기에 푹 빠져서 그의 경험을 존중하면서도 자기만의 해석을 가지고 영화를 만들어야 해요. 반드시 그래야만 한다고 믿어요. 그렇지 않으면 재현 드라마일 뿐이지요. 관객들이 배우와 함께 실제로 여행을 떠날 수 있어야 해요.

제임스 프랑코를 알기 전인 2006년에 이미 애런에게 말했어요. "나는 배우와 함께 여행을 하듯이 당신의 이야기를 영화로 만들고 싶다. 나는 배우들을 믿고, 그들이 우리에게 해주는 이야기를 믿는다. 그것이 영화의 힘이다. 정말 멋진 일이다." 하지만 100년 정도밖에 안 된 영화예술만이 그런 힘을 가지고 있는 건 아니에요. 그 힘은 인간의 역사를 한참 거슬러 올라가죠.

우리는 어떤 드라마가 감정을 가지고 힘 있게 이야기할 때 카타르시스를 느껴요. 동일한 감정이 우리 마음속에 차오르면서 그 이야기를 체험하게 되죠. 이야기를 잘 전달하면 갑자기 어떤 한 장면에 모든 것이 집중될 때가 있어요. 이 영화에서는 절단 장면이 그래요. 그러면 사람들은 모든 종류의 감정을 그곳에다 쏟아붓죠.

기분이 들떠서 "그래!" 하면서 외쳐대는 사람도 있을 테고, 아예 쳐다보지 못하거나 기절하는 사람도 있을 거예요. 어떤 두 사람이 제 앞에 앉아 있었는데, 그 장면 내내 긴장감을 잊으려고 콧노래를 흥얼거리더라고요. 드라마는 그런 거예요. 그런 힘을 전달하죠. 애런의 이야기는 그런 드라마를 만들 수 있는 훌륭한 소재가 되었어요. 하지만 훌륭한 드라마를 만들기 위해선 이야기의 내용을 통제할 줄 알아야 하죠.

애런의 개인적인 배경이 나오는 초반부와 조난당하는 순간까지의 장면들에 대해 얘기해주세요.

첫 번째 질문에 대해서는…… 영화의 초반부는 자기 삶에 대한 애런의 견해일 수도 있는데, 이 영화는 기본적으로 시점에 관한 영화예요. 애런에 대한 우리의 관점이기도 하죠.

어쨌든 우리는 그와 함께 협곡에 빠져서 일인칭 시점으로 모든 것을 똑같이 경험하죠. 그래서 이렇게 생각했어요. '좋아, 그럼 그의 삶은 어떻지? 자기 삶에 대해서 어떻게 생각하고 있을까? 그는 인생이란 멋진 것이라고 생각하고 있어.'

이것이 영화 초반부에 그의 인생을 멋있고 만족스럽게 그린 이유예요. 일종의 무책임한 만족이죠. 그렇게 보이지 않을지 몰라도, 실제로는 무책임한 거예요. 그 여자애들과 하는 짓을 보세요. 그들 중 하나는 자칫하면 죽었을지도 몰라요. 하지만 그들은 그렇게 생각하지 않겠죠. 대개 스물일곱 살에는 '죽이는데! 노인네들은 조심하라고 할 테지. 웃겨. 우린 신경 안 쓰거든!' 하면서 그냥 신나게 놀아대는 법이니까요.

우리는 이 영화가 아드레날린으로 가득 차길 바랐어요. 황야와 음악, 역동에 대한 애정이 넘치는 그런 영화요. 그는 자전거를 타고 가다 사고를 당해요. 큰 사고였죠. 그런데 무엇을 하죠? 그냥 웃으면서 사진을 찍어대요. 페이스북이나 유튜브가 보편화되기 3년 전 일이에요. 하지만 그는 모든 것을 기록해요. 그러다가 어느 순간에 멈추죠.

우리는 그 순간을 관객들이 그에게 다가갈 수 있는 기회로 여겼어요. 그때까지 관객을 아드레날린에 싣고 내달리죠. 그런데 모두가 그런 만족감을 계속 기대하고 있을 때 갑자기 멈춥니다. 그러면 관객은 다시 한 번 생각하게 되죠. 아드레날린으로 충만한 여행은 언젠간 끝이 나기 마련이라고.

이제부터는 다시 그 상태로 올라가는 과정이 시작돼요. 애런은 처음에 이렇게 생각해요. '이 바위를 옮기고 말 거야. 이건 한낱 바위에 불과할 뿐이고, 난 애런 랄스턴이잖아. 나는 산을 타고 초장거리 마라톤을 하는 남자야. 남성호르몬이 넘쳐나는 남자라고.'

우리는 그가 바위를 움직이려고 하는 장면도 찍었어요. 미친 짓이었죠. 제임스는 바위가 움직이지 않으리라는 걸 알고 있었으니까요. 바위가 강철로 고정되어 있다고 이미 얘기해줬거든요. 하지만 그는 "내가 옮기고 말 거야" 하면서 계속 시도했어요. 마지막엔 힘이 빠져서 더이상 할 수 없게 됐죠.

애런도 똑같은 과정을 겪었어요. 그래서 아무 생각 없이 음료수의 3분의 1을 마셔버린 거죠. 그때 바위를 옮기는 것은 체력이나 근육과는 상관없는 일이란 걸 깨달아요. 그러고는 "생각을 해, 생각을" 하고 말하죠. 방금 자기 생명의 3분의 1을 허비해버렸으니까요. 앞으로 남은 인생의 3분의 1을 한 번에 꿀꺽해버렸던 거예요. 그래서 다시 전략을 짜야만 했죠.

이 영화는 애런의 육체적인 여정일 뿐만 아니라 감정적인 여정이기도 해요. 육체적으로도, 감정적으로도 계속 버텨내야 하죠. 이런 아이디어들을 가지고 영화를 만든 거예요.

물의 중요성을 어떻게 전달하려고 했나요?

팔이 더 이상 썩어 들어가지 않는 이유는, 너무나 심하게 바위틈에 끼어서 그 이상은 독이 올라가지 못하기 때문이에요. 대신에 탈수 때문에 죽을 처지에 놓이죠. 자신의 소변을 마시는 이유가 바로 그거예요. 저는 관객들이 그의 경험 속에 들어가 함께 느끼기를 바랐어요. 그 소변의 소중함을 말이에요. 절망적인 순간에 이르러 마지막 남은 한 방울까지 모두 핥아 먹는 기분을 관객들도 똑같이 느끼길 바랐죠.

촬영에 사용한 카메라 장비들에 대해서도 이야기해주세요.

촬영감독이 카메라 케이블을 팔 쪽으로 해서 등에 멘 하드드라이브에 연결해요. 그 상태로 촬영을 하면 배우의 움직임을 엄청 유연하게 찍을 수 있죠. 놀랄 만큼 직접적인 느낌이 영화에 생겨나는 거예요. 카메라가 제임스와 모든 것을 함께하며 그의 움직임에 반응하기 때문이죠. 이 영화에는 카메라가 뒤로 물러나 '저기서 고생하는 사람 좀 보세요' 하는 식의 객관적인 시점은 없어요. 카메라도 실제로 그와 함께 고난에 참여했죠. 하여튼 그러려고 노력했어요.

절단 장면에 대한 관객들의 반응은 어떻게 생각하세요?

그런 반응은 불가피한 일이라고 봐요. 사실 그 장면은 하나의 통로예요. 무언가 중요한 것으로 다가가는 통로죠. 애런도 그 사건에 대해 그렇게 말해요. 분명히 팔은 잃었지만 훨씬 더 많은 것을 얻었다고요. 그러니까 절단 장면은 무언가로 들어가는 입구예요. 훨씬 더 중요한 어떤 것으로요. 하지만 사람들은 어쩔 수 없이 그 장면에만 집중하게 되죠. 그럴 거라고 충분히 예상했어요. 작가의 의도를 떠나 장면 자체에 관심이 쏠리는 건 어쩔 수 없는 일이에요. 그래서 가능한 대로 정직하게 표현하려고 노력했죠.

절단 장면은 다른 어느 부분보다도 원작에 가장 가깝게 묘사한 부분이에요. 애런이 팔을 절단하는 데만 40분이 걸렸어요. 40분 동안 그는 고통의 순간들을 뚫고 지나가죠. 말씀드렸듯이 거기에는 어딘가로

가고자 하는 의지가 담겨 있어요. 잔혹한 행위에 대한 것이 아니에요. 단지 자극적인 장면들을 보여주고 싶었던 것도 아니고요. 잔혹하긴 하지만 그 안에는 분명히 메시지가 담겨 있어요. 바로 그것 때문에 애런도 버텨낼 수 있었던 거고, 우리도 마찬가지였어요.

〈해머 하우스 오브 호러〉처럼 피를 처발라 선정적으로 다루어서도 안 되고, 그렇다고 절단 과정을 너무 쉽고 단순하게 보여줘서도 안 되었죠. 그의 고통이 충분히 전달되어야 하니까요. 어쨌든 그게 우리가 시도한 것들이에요.

감독님 작품의 극단적인 성향에 대해선 어떻게 설명할 수 있을까요?

저는 인기를 좇는 선정주의자가 아니에요. 제 영화가 인간 경험에 솔직하고 진실하기를 바랄 뿐이죠. 역겨운 공포영화 광신도와는 거리가 멀어요. 하지만 제 영화들을 가능하면 세게 밀어붙이고 싶긴 해요. 극단적인 감정과 경험이 들어 있는 이야기에 끌리는 편이거든요. 관객들이 보면서 극단적인 경험을 함께할 수 있는 역동적인 영화들을 좋아하죠. 제임스의 연기는 그런 면에서 아주 뛰어났어요. 하지만 너무 걱정하지 않으셔도 돼요. 마지막에는 관객들을 항상 안전한 곳으로 데려다 주니까요.

아카데미 시즌에 영화를 개봉하는 것은 의도하신 건가요?

이 시기에 영화를 내놓으면 몇 주에 걸쳐 영화의 입지를 세울 수 있는 좋은 기회가 돼요. 제임스의 연기 때문에 사람들이 보러 올 테니까요.

영화를 비교하는 것은 잔인하기도 하고 그다지 공정하지도 않아요. 예술가들은 비교되는 것을 원치 않죠. 하지만 현실적이어야만 할 때가 있어요. 때로 '그런 건 별로 문제가 안 되지' 하는 태도가 필요해요. 우리 영화를 다른 영화들과 비교하면서 영화의 수명을 늘릴 수 있거든요. 지금이 아카데미 회원들이 흔쾌히 영화를 보러 가는 때예요. '중요한 영화는 다 봐야겠어. 어떤 연기가 좋았는지 얘기할 수 있으려면.' 저는 이런 면이 좋다고 생각해요.

최상의 영화 마술

interviewer / 브래드 브러벳

지난 주말, 폭스 서치라이트는 〈슬럼독 밀리어네어〉로 아카데미 최우수작품상을 수상한 대니 보일 감독의 신작 〈127시간〉을 네 군데 극장에서 개봉했다. 개봉 당일 나는 대니 보일 감독을 만나 이야기를 나눴다. 올해 초 토론토국제영화제에서 〈127시간〉을 보고 너무 마음에 든 나머지 그와 인터뷰를 하기 전에 다시 한 번 보겠다고 다짐했었다.

세계 각지의 호평 속에 벌써부터 아카데미상 후보로 거론되고 있는 〈127시간〉은 이번 주말에 2010년 두 번째로 높은 극장당 평균 관객 동원 수를 기록하며 순조롭게 출발했고, 앞으로 몇 주에 걸쳐 미국 전역으로 확대 개봉될 예정이다. 〈127시간〉은 등반가 애런 랄스턴의 실화를 바탕으로 만들어졌다. 애런은 도보 여행 도중 팔이 바위에 끼인 채 유타의 외딴 협곡에 갇히게 되고, 영화는 그가 협곡에서 탈출하는 과정을 보여준다. 이 영화에 A+를 준 영화평에서 나는 이렇게 말한 적이 있다.

Brad Brevet, INTERVIEW: Danny Boyle Talks '127 Hours', His Upcoming Projects and Favorite Film of All-Time, www.ropeofsilicon.com, November 8, 2010.

"경외감 속에 멍한 눈으로 스크린을 바라보고 있는 나 자신을 발견하자 기괴한 느낌이 들었다. 너무 지친 나머지 영화가 끝나고도 자리를 뜨지 못했다. 훌륭한 감독의 비범한 작품을 보고 있노라면 참으로 마음이 놓인다. 대니 보일 감독과 작가 사이먼 뷰포이가 해냈듯이, 이런 작은 이야기에서 풍부한 감정을 만들어내는 것이 바로 최상의 영화 마술이다."

〈127시간〉은 관객의 감각기관을 최대치로 활용하도록 만든 경이로운 작품이다. 아마도 이런 것이 진정한 영화적 경험이리라. 전날 20여 분간 한담을 나누었음에도 불구하고, 보일과 다시 한 번 자리를 함께할 수 있어서 정말 즐거웠다. 독자들도 우리의 대화에서 재미있는 부분들을 찾을 수 있길 바란다.

인터뷰를 하며 〈127시간〉뿐만 아니라 〈28개월 후〉나 〈트레인스포팅 2〉 같은 다음 프로젝트들에 관해서도 질문을 했고, 〈마이 페어 레이디〉의 리메이크작 연출을 포기한 이유에 대해서도 물어보았다. 나는 온갖 수단을 동원하며 최선을 다해 인터뷰를 진행했고, 그 결과 꽤 흥미로운 사실들이 담긴 인터뷰가 나왔다고 자부한다.

다음 작품으로 여자 이야기를 다뤄보겠다고 말씀한 적이 있는데요, 〈127시간〉도 여자에 관한 영화가 아니었어요.

알아요. 이번에도 제 문제점이 여실히 드러났죠. 점점 더 그 문제를 의식하게 돼서 걱정이에요. 여자가 이야기의 중심이 되는 영화를 만들어본 적이 없거든요. 단 한 번도요. 정말로 약점이라고 생각해요.

한번은 어떤 인터뷰에서 "감독으로서의 자신을 어떻게 평가하시나요?"라는 질문을 받은 적이 있는데, 제 생각엔 바로 이 문제가 가장 심각한 결점이에요. 언젠가는 여자 이야기를 꼭 다룰 겁니다.

그런 것을 요즘 영화의 일반적인 문제로 생각하지는 않나요?

물론이에요. 영화 산업은 매우 남성 지배적이죠. 어떤 의미에서 우리
는 하늘의 반쪽을 무시하고 있는 거예요. 단지 여자들을 무시한다는
차원이 아니에요. 어떤 과격한 종교 종파가 여자를 억압한다는 얘기
가 아니라, 전체 하늘이 다 남성이라는 것을 설득하기 위해 여성을 하
나의 도구로 이용하는 게 문제예요. 중요한 이슈라고 생각해요. 그들
이 여자라는 이유 때문만은 아니에요.

캐스린 비글로우가 그 점을 정확히 지적했어요. 기자들이 "여성 영
화감독이란 건 어떤 느낌이죠?" 하고 물었더니 "남자 감독들한테도 남
성 영화감독이란 건 어떤 느낌인지 묻느냐"고 되물었다는군요. 옳은
말이에요. 그녀는 여성 문제의 전도사 역할을 하고 싶은 게 아니고 그
저 일하고 싶을 뿐이니까요. 그런 관점에 동의하든 안 하든, 그녀는 문
제점을 명쾌하게 밝혔어요.

우리는 더 많은 여성들이 필요해요. 여성 감독들을 기용하지 않아
서인지, 아니면 그들이 이 바닥에서 충분히 살아남지 못해서인지는
모르겠어요. 어쨌든 여성들만이 발견할 수 있는 보물들이 아직도 많
이 남아 있어요.

〈마이 페어 레이디〉의 리메이크에 대해서 한동안 고려하신 걸로 알고 있습니다.
여성에 대한 이런 생각들이 그 영화의 제작과 어떤 관련이 있나요? 〈마이 페어
레이디〉는 어떻게 되었나요?

관련이 있기도 하지만 원래부터 뮤지컬영화를 하고 싶었어요. 〈마이

페어 레이디〉에는 멋진 곡들이 많이 담겨 있죠. 그런데 문제는 히긴스 (1964년 작품에서 렉스 해리슨이 연기) 역을 캐스팅할 수가 없었어요. 히긴스 역할은 연기하기 무척 어려워요. 여자 주인공과의 나이 차이 때문이죠. 나이 차이는 많이 나지만, 징그러운 느낌이 들면 안 되거든요. 여러 면에서 히긴스는 여자에 별 관심 없는 인물이긴 해요. 그럼에도 아주 매력적이죠. 정말 어려운 역이에요. 리메이크작의 시나리오는 엠마 톰슨이 썼어요. 훌륭한 시나리오죠. 원작과 거의 같은 내용에 같은 시기가 배경이지만, 새로운 활력을 주고 있어요.

그래도 뮤지컬영화는 여전히 생각하고 계신 거죠? 〈127시간〉이나 〈슬럼독 밀리어네어〉를 보면 영화 평론가나 마니아가 아니더라도 음악이 감독님 작품에서 중요한 부분이라는 걸 쉽게 알 수 있습니다. 음악에 대한 열정이 느껴져요. 〈127시간〉에도 빌 위더스의 노래가 나오고, 영화 마지막에 협곡에서 탈출하는 부분에서는…… 그런데 그 노래 제목이 뭐였죠?

시규어 로스의 〈페스티벌Festival〉이에요.

완벽한 노래였어요! 그런데 영화의 마지막에 이르면 관객들은 마치……

이제 뭘 해야 하지?! 그런 느낌이죠. 애런이 탈출하고 나서 어떻게 처리해야 할지가 문제이긴 했어요. 실제로는 탈출하고 나서 네덜란드 가족을 만나 구조되기까지 네 시간을 걸어야 했거든요. 무려 네 시간을요! 우리도 그렇게 찍긴 했어요. 사람들을 만날 때까지 다양한 난관에 봉착하는 장면을 전부 찍었죠. 물을 발견하기까지도 실제로는 엄청나게 고생을 해요.

애런의 책을 보면 설사로 고생하는 에피소드도 나와요. (움찔하며)

근데 그 정도면 충분하다는 생각이 들더라고요. 팔도 절단하는데 나중에 설사까지 하면……. 책으로 본다면야 상관없겠지만요. 그리고 결말에 대해서도 문제가 있었어요. 대화가 주를 이루는 장면들이 뒤에 더 있었죠. 그가 병원에서 회복한 뒤 엄마를 만나고, 동생 결혼식에 가고, 그다음에 다시 여자친구에게로 돌아가는 장면들이 맨 마지막에 있었어요.

그런 장면들을 다 찍으셨나요?

세 장면을 다 찍었어요. 전부 훌륭했죠. 연기도 좋고 감동적이어서 영화를 끝내기엔 적당했어요. 하지만 그런 관습적인 장면들을 넣고 나니 이 영화가 얼마나 비관습적인지가 더 잘 보였어요. 잘 안 어울렸죠. 보기 힘들 정도로요.

제임스가 나에게 이렇게 말한 게 기억나요. "헬리콥터가 착륙하고 나면 이 영화는 거기서 끝난 거예요. 사람들은 빨리 나가서 영화에 대해서 말하려고 안달이 나 있을 텐데, 그런 대화 장면들을 보려고 15분이나 더 앉아 있으려고 하겠어요?"

토론토영화제에서 이 영화를 처음 봤을 때 마지막 장면에서 완전히 멍해져버렸어요. 영화를 보면서 좀처럼 안 그러는데 희한했죠. 음악이 서서히 고조되면서, 구출되고 난 후의 그의 삶이 몽타주로 나오는 부분이었어요. 그런데 두 번째 봤을 때는 똑같은 장면에서 '어디서 내가 그렇게 멍해졌던 거지?' 하고 의아해지더라고요.

(웃음)

그런데 네덜란드 가족이 애런을 돌아보면서 음악이 고조되는 부분은 달랐어요. 영화를 두 번 보았지만 그 순간만큼은 변하지 않더라고요. 그 부분이 나오면 '바로 이 장면이야!' 하게 됩니다. 무언가 더 추가했다면 효과는 확실히 덜했을 거예요. 요즘 많은 영화들은 그런 장면에다가 뭔가 더 넣고 싶어서……

계속 끝도 없이 추가하려고 하죠. 저도 알아요.

이전 장면에는 대화가 하나도 없는데 말이에요.

네, 그래요. 누가 이렇게 말하더군요. 처음에 편집해놓은 걸 와서 보더니 "그렇게 끝내려고? 대화 없는 장면만 가지고 밤새도록 편집하더니 결국에는 끝에 대화로 가득 찬, 그런 뭣 같은 장면을 세 개나 넣었네! 그게 얼마나 잘못된 건지 모르겠어? 이 영화엔 안 어울려. 너무 관습적이야. 근데 이 영화는 관습하고는 상관없는 영화잖아! 그냥 원래대로 가!"

어제 말씀하실 때 이 영화에 사용한 카메라 이름이 뭐라고 하셨죠?

'실리콘이미징 2K'예요. 우리는 'SI-2K'라고 부르죠.

디지털로 촬영하면 편집하는 방식에도 변화가 생기나요?

현상소에서 필름이 돌아오기를 기다릴 필요가 없어요. 현상소에서 필름이 처리되어 올 때까지 하루가 허비되거든요. 그 밖에 특별한 변화는 없어요. 이 영화에서는 아주 긴 롱쇼트로 촬영을 했어요. 제임스가 바위를 옮기려고 시도하는 모습, 도르래를 설치하고 조작하는 모습, 마실 물이 줄어들수록 달라지는 반응 같은 것들을 한 번에 쭉 연기하면서 실시간으로 찍었죠.

그러면 한 컷이 20분 정도 되는데, 편집자 존 해리스가 그 커트에서 세 개의 섹션을 뽑고, 다시 섹션별로 열 개의 부분을 추려낸 것을 이어서 한 시퀀스를 만들었어요. 제임스가 실제로 경험하는 것을 중단하지 않고 찍었기 때문에 그렇게 조각을 모아놔도 연속되는 느낌이 그대로 있어요. 그러면 그런 시퀀스들을 너무 기술적으로 만들 필요가 없어져요.

이런 스타일의 영화는 연출이 너무 기술적으로 될 위험이 있죠. 많은 조각들을 모아서 영화를 만들게 되니까요. 그러는 대신 우리는 제임스의 연기에 의존했어요. 그의 연기는 정말 뛰어났죠. 각 시퀀스에 나오는 캐릭터의 변화를 모두 기억해서 한 번의 촬영으로 다 연기해냈거든요.

결과적으로 연극 무대 위의 연기처럼 아드레날린 넘치는 연기도 얻었고, 디지털 편집의 정교함도 그대로 유지할 수 있었어요. 장면들이 탁, 탁, 탁, 탁 넘어가면 어느새 첫날 밤이 되어 있고, 다시 탁, 탁, 탁, 탁 넘어가면 밤이 지나고 다음 날이 밝아오죠.

고다르의 〈네 멋대로 해라〉를 처음 봤을 때 그와 비슷한 느낌에 충격을 받았죠.
그 영화가 개봉됐을 때는 정말 경이로웠을 거예요.

제가 가장 좋아하는 영화예요.
당시에 그 영화를 보고 어땠을지 상상이 가나요? 다들 "뭐야?" 이랬을 거예요.

〈127시간〉은 사이먼 뷰포이가 시나리오를 쓴 두 번째 작품인데요. 〈맥시멈 시티〉의

각색도 그가 하고 있나요, 아니면 벌써 마쳤나요?

그를 설득해서 〈맥시멈 시티〉의 시나리오를 쓰게 하려고 했어요. 그도 시도는 해봤지만 잘 안됐어요. 그래서 판권을 다시 작가 수케투 메타에게 넘겨주었죠. 아직도 그 작가와는 같이 일해보고 싶어요. 물론 사이먼하고도요. 하지만 지금은 아니에요. 〈맥시멈 시티〉말고도 두 개의 다른 프로젝트를 진행하면서 여전히 인도와 관련을 맺고 있어요.

세자르 카푸르 감독과 함께 뭔가 준비한다는 기사를 읽은 적이 있어요.

네, 세자르 카푸르는 두 편의 〈엘리자베스〉를 만든 감독인데요, 지금은 〈파니〉라는 시나리오를 준비하고 있어요. 〈파니〉는 물을 의미하죠. 뭄바이 같기도 하고 〈블레이드 러너〉같기도 한 미래 세계를 배경으로 물의 중요성을 다룬 영화예요. 잘 진행되면 저도 프로듀서로서 일을 돕게 될 거예요.

연출을 맡는 건 아니군요?

아니에요. 그건 세자르의 프로젝트고, 저는 그저 도와주는 것뿐이죠.
아누락 카쉬압이라는 뛰어난 인도 영화감독의 작업에도 관련되어 있어요. 세자르만큼 알려지진 않았지만 재능이 많은 감독이에요. 지금 뭄바이를 배경으로 3부작을 준비 중인데, 저도 그중 하나를 연출하게 될지도 모르겠네요. 물론 결정은 그에게 달려 있죠. 그가 만든 이야기이고, 세 편을 다 자기가 연출하고 싶어할지도 모르니까요.

영화 일 말고도 굉장히 바쁘세요. 2012년 런던올림픽 개막 행사를 맡아서 준비 중이신데요. 그것에 대해서도 말씀해주세요.

네, 지금 작업 중이에요. 첫 번째 기한인 내년 3월까지 국제올림픽위원회에 준비한 아이디어를 보여줘야 하죠. 워낙 큰일이라 정치와 관련된 일도 많아요. 하지만 아주 자랑스럽게 일하고 있어요. 주 경기장이 저희 집에서 1.6킬로미터 정도 떨어져 있는데, 런던의 무척 쇠퇴한 지역이에요. 지금은 많은 투자가 이루어지고 있는데, 늦은 감이 있어요. 당연히 투자되었어야 할 지역이죠. 그리고 무엇보다 저는 열렬한 스포츠 팬이에요. 야구를 제외하고는 거의 모든 스포츠를 좋아해요. 야구는 이상하게 보기 힘들더라고요.

저도 그래요. 경기 진행이 너무 느려서요. 별로 벌어지는 일이 없어서 틀어놓고 일하기엔 딱이죠.

네, 경기도 아주 오래 걸리고요. (웃음)

어젯밤에 〈트레인스포팅 2〉와 〈28개월 후〉에 대해서 잠시 얘기를 나눴죠.

그래요. 〈트레인스포팅 2〉는 확실히 하게 될 거 같아요. 물론 저만의 생각이기는 하지만요. 관련된 사람들이 많은데 그들도 동의를 해야겠죠. 어쨌든 어느 시점에는 언제 만들게 될지 확실해질 거예요.

소설 『트레인스포팅』의 속편인 『포르노』를 읽었는데, 전편의 10년 후가 배경이었어요. 그런데 인터넷에는 감독님이 20년 후이길 원한다고 나와 있더라고요. 그러면 아직도 시간이 좀 남은 건가요?

네, 10년으로는 배우들이 그다지 달라지지 않으니까요. 차이는 있겠지만 눈에 띨 정도는 아닐 거예요. 지금도 1편 때의 모습을 그대로 흉내 낼 수 있어요. 20년 후라면 확실히 나이 든 모습이 느껴질 거예요.

그들이 나이 든다는 건 무척 중요해요. 그것이 속편의 기본적인 아이디어죠. 속편에서도 첫 번째와 똑같은 것을 시도한다면 실패할 게 뻔해요. 그보다는 관객들에게 어떤 울림이 있어야 한다고 생각해요. 나이 든 그들의 이야기를 풍부한 상상력으로 잘 다뤄서 사람들을 자극해야겠죠. 1편의 성공을 이용해서 돈이나 벌려는 게 목적이 아니에요. 다른 이야기를 만들어내고 싶어요.

〈28개월 후〉로 〈28일 후〉 시리즈를 계속할 거라는 대단히 반가운 소식이 들리는데요, 이 시리즈에서 어떤 매력을 느끼신 거죠? 새로운 형태의 좀비영화가 가능할까요?

〈28일 후〉를 만들었을 때 시나리오를 쓴 알렉스 갈란드와 저는 많은 부분에서 이견이 있었어요. 그는 좀비영화 마니아거든요. 마치 수업을 듣고 온 사람처럼 좀비영화에 대해 아는 게 너무나 많았어요. 저는 그런 게 별로 내키지 않았고요. 그런 두 사람의 차이가 오히려 긍정적으로 작용한 것 같아요. 실제로 아주 좋은 조합이었어요. 그리고 두 번째 영화 〈28주 후〉에는 거의 관여하지 않았죠. 〈선샤인〉을 만들고 있었거든요. 저는 관객으로서 나중에 그 영화를 봤어요.

영화를 만들면 때로는, 아니 언제나 자기가 만든 영화를 관객의 입장에서는 볼 수가 없어요. 관객에게서 항상 분리되죠. 당연히 사람들이 영화를 좋아해주면 기쁘고 안 좋아하면 걱정이 되지만, 정작 본인은 항상 분리되어 있어요. 〈28주 후〉를 보고는 사람들이 이 시리즈에서 무엇을 좋아하는지 정말로 알게 됐어요. 그래서 하나 더 하고 싶어졌고, 그러려고 하는 거죠.

알렉스가 시나리오를 쓰고 있나요?

아니요. 하지만 그럴 가능성도 있어요.

이번엔 바이러스가 러시아로 전염된다고 어디선가 읽었어요.

그건…… (웃음) 지금으로선 너무 많이 얘기해드릴 순 없고요. 벌써 조금 새어나간 것 같은데, 사람들이 어디서 그런 얘기를 듣는지 모르겠어요. 하지만, 네, 그런 아이디어도 있어요. 정말 재미있는 아이디어죠. 시리즈물이니까 전체 이야기에 기여하는 부분도 있어야 할 테고요.

그러면 아직까지는 다음 작품으로 확실히 정하신 것은 없나요? 현재는 올림픽과 연극 〈프랑켄슈타인〉의 런던 공연에만 집중하고 계신가요?

네, 지금은 그 두 가지만 생각하고 있어요. 계획대로라면 2012년 7월까지 계속되겠죠. 크리스천 콜슨과 함께 많은 아이디어를 개발 중이에요. 어떻게 될지 봐야죠.

독자 한 분이 좋아하는 영화가 무엇인지 말씀해주실 수 있느냐고 묻네요.

〈지옥의 묵시록〉이 저에게는 최고의 영화예요. 언제나요. 모든 면에서 최고의 작품이죠.

왜 그런가요?

많은 이유가 있어요. 그리고 그 이유는 해가 갈수록 계속 늘어갑니다. 나온 지 31년 된 영화인데, 지금 봐도 "오래전 영화지만……"이라는 말이 안 나와요. 그런 영화는 아주 드물죠. 사람들이 "오래전 영화지만 세월이 흘러도 변치 않는 좋은 작품"이라고 평을 하는 영화들이 종종 있어요. 〈지옥의 묵시록〉에 대해서는 감히 그런 말을 못하죠. 정말로 경탄할 만한 영화예요. 궁극적인 액션영화라고도 볼 수 있고요. 이 영화는 일종의 여정인데 멈춰 서는 곳마다 굉장히 공포스러운, 도덕적이고 물리적인 위기가 찾아와요. 그런 것이 영화의 구조를 이루고 있죠. 믿기 힘들 만큼 경이로운 영화예요.

톱5 다 채워야 하나요? 그러면 나머지 네 편은 당연히 픽사의 영화죠. 일단 〈업〉으로 할게요. 목에 깔때기를 씌우는 장면 때문에요.

〈토이 스토리 3〉는 보셨나요?

네, 정말 훌륭했어요. 픽사에서 〈127시간〉 시사회를 한 적이 있는데, 리 언크리치〈토이 스토리 3〉의 감독가 시사회가 끝난 후 우리에게 질의응답 시간을 마련해주었어요. 마음이 아주 따뜻한 사람이에요. 그때 그에게 〈토이 스토리 3〉는 정말 놀라운 작품이라고 이야기해주었죠. 사람들에게 그런 느낌을 줄 수 있다니, 정말 진심으로 감동을 주는 영화예요.

운명의 돌

interviewer / 피터 커프

〈127시간〉의 감독 대니 보일과 〈타마라 드류〉를 감독한 또 한 명의 영국 거장 스티븐 프리어즈는 무척 대조적인 사람들이다. 한 사람은 생기 넘치고 늘 바쁘고 열광적이며, 솔직하고 친근하고 유익하고 명쾌하다. 그 반대가 스티븐 프리어즈다.

〈28일 후〉나 〈트레인스포팅〉과 같은 다양한 작품으로 알려진 대니 보일은, 2008년에 〈슬럼독 밀리어네어〉로 최우수감독상과 최우수작품상을 포함한 8개 부문에서 아카데미상을 받았다.

그의 영화에는 때로 혐오스런 장면들이 나오는데, 그중 내가 가장 좋아하는 것은 〈트레인스포팅〉에서 죽은 아기가 천장을 기어 다니는 장면이다.

하지만 그런 장면들도 〈127시간〉 앞에서는 모두 빛이 바랜다. 제임스 프랭코가 연기한 실존 인물 애런 랄스턴은 저명한 산악 등반가로,

Peter Keough, Interview with Danny Boyle ("127 Hours"), The Boston Phoenix, November 10, 2010.

도보 여행 중 유타의 협곡 사이로 떨어져 커다란 바위에 팔이 끼이게 된다. 생존하기 위하여 그는……

더 이상 말하면 스포일러가 될 수도 있으나 딱 한 가지만 더 말하고 그만두겠다. 생존하기 위해 그는 자신의 소변을 마셔야만 했다.(영화에서 가장 마음에 들었던 대사가 "음, 슬러피랑은 전혀 다른데!"이다.) 하지만 보일이 다음의 인터뷰에서 지적하듯이, 이런 필사적이면서도 역겨운 행위가 반드시 필요했던 것은 아니었다. 그렇다고 그 대안이 확실히 더 좋은지는 직접 들어보고 판단하길 바란다.

인도에서 가난한 사람들을 돕고 있다고 알려진 그의 딸에 대해 물어보는 것으로 보일과의 인터뷰를 시작했다.

따님은 〈슬럼독 밀리어네어〉가 만들어진 이후에 인도로 떠났나요?

네, 간 지 1년 정도 된 것 같아요.

그 영화로 인해서 봉사 활동을 할 생각이 들었던 걸까요?

아니에요. 그 애는 원래 그린피스와 미래 정치학에 관심이 있었어요.

감독님 역시 몇 가지 선행에 관여하고 있는데요, 남아프리카에서 하는 연극에도 참여한다고 들었습니다.

그 자선단체의 이사직 같은 걸 맡고 있어요. 친구 한 명이 아무것도 없이 맨손으로 시작한 단체죠. 남아프리카의 교육과정에는 예술 관련 과목들이 전혀 들어 있지 않아요. 그래서 그 친구가 흑인 거주 구역에서 일종의 문화 교육 사업을 시작했습니다. 저는 이사로서 지원해주고 있고요. 지금은 아이들의 독백으로 구성된 연극을 하나 하고 있죠.

〈슬럼독 밀리어네어〉에 나왔던 아이들과는 계속 연락하시나요?

네, 그럼요. 안 그래도 프로듀서 크리스천 콜슨이 지금 그곳에 가 있어요. 저는 이 인터뷰 때문에 못 갔고요. 인도에서 두 개의 자선사업체를 운영하고 있죠. 위생 교육 등 여러 가지 교육 관련 사업을 아이들과 함께 아주 작게 하고 있어요.

영국영화협회에서 주는 상을 받았다는 기사를 최근에 읽었어요.

상이 아니고 회원 자격이에요. 대단한 사람들이 회원이어서 약간 겁도 났지만, 아주 기분이 좋아요. 〈127시간〉의 유럽 개봉일이 28일이고, 영국영화협회의 수여식은 27일이에요.

그럼 상금은 받나요?

아니요.(웃음) 실제로 뭘 받는지는 모르겠어요. 약간 쑥스럽기도 하고 자랑스럽기도 해요. 다른 사람들도 다 그러겠지만요.

아카데미상을 10개 받고 나면 나머지는 다 덤 같지 않나요?

아니에요. 아직도 상 받는 데 익숙하지가 않아요.

그런 것이 감독님의 삶에 어떤 변화를 가져왔나요?

아니요. 하지만 주변 사람들은 변하는 것 같아요. 모두들 저를 "보일 씨"라고 부르기 시작했어요. 요 전날 밤 시사회를 한 후 질의응답 시간을 가졌는데, 모든 질문이 "보일 씨께서는"으로 시작하더라고요. 전에는 그러지 않았거든요. 물론 그런 것들이 저 또한 변화시키겠죠.

이런 변화를 긍정적으로 이용하려고 해요. 그래서 약간의 자선사업도 했죠. 인지도가 올라가서 기부금을 모으는 데 큰 도움이 되니까요. 그리고 이번 영화를 만드는 데도 이용했어요. 이런 영화는 정상적으로는 결코 만들 수 없거든요. 투자를 받기 힘든 영화니까요. 아무것도 없이 영화를 만들어야 한다면 하고 싶은 걸 할 수 없게 될 테고요. 그래서 〈슬럼독 밀리어네어〉의 성공을 이용해서 투자를 받았죠.

얼마나 오랫동안 이 영화를 만들고 싶었던 건가요?

사건이 일어났을 때 처음 듣고는 그때부터 관심이 있었어요. 정말로 호기심을 불러일으켰죠. 놀랄 정도로 제 마음을 낚아챘어요. 그러고는 2006년에 애런의 책 『127시간』이 영국에서 출간됐을 때 읽었어요. 그때 영화화를 위해 그와 접촉했는데, 내가 원하는 방식으로는 만들고 싶어하지 않았어요. 좀 더 다큐멘터리 같은 것으로 만들고 싶어했죠. 자신이 직접 출연해서 사건에 대해 말하는 식으로요. 자기가 쓴 책이니까 당연하죠. 애런은 많은 강연을 하고 다녔어요. 마이크로소프트에서 3000명의 임원들에게 왜 절대 포기해서는 안 되는지에 대해 강연을 한 적도 있죠.

휴대폰을 항상 가지고 다니라고 강연했겠죠?

아니죠. 그곳에서는 신호가 잡히질 않아요. 그리고 배낭의 무게를 최소화하기 위해서도 휴대폰은 가지고 다니지 않아요.

그럼 '좋은 칼을 가지고 다닐 것'은 강연 주제로 어땠을까요?

그렇죠. 다음번엔 번듯한 칼을 가져가라. 어쨌든 2006년에는 그와 합의할 수 없었어요. 그렇게 헤어졌죠. 그가 겪은 일이니까 당연히 그의 의견을 존중해야 했어요. 하지만 제 마음속에서 떠나질 않았어요. 그의 이야기를 어떤 식으로 영화에 표현할지에 대한 좋은 아이디어가 있었으니까요. 일종의 일인칭 시점으로 그가 탈출하기 전까지는 관객들도 그와 함께 갇혀 있어야 한다는 게 아이디어였어요. 말 그대로 그와 함께 경험을 하는 거죠.

스포일러에 대해서 질문하고 싶은 게 있어요. 그가 어떻게 탈출했는지는 이제 거의 상식처럼 되어버린 상황인데도 감독님은 여전히 사람들이 구구절절 말하고 다니는 것을 꺼리시나요?

그럴 수는 없죠. 픽션을 만든다면 그럴 수도 있겠지만요. 〈크라잉 게임〉처럼요. 그 영화에서는 히치콕 스타일로 사건을 밝혀놓고는 평론가들에게는 말하지 말아달라고 간청을 했다고 해요. 결국엔 평론가들이 발설하고 말았지만요. 어찌 되었건 픽션에서나 가능하지, 실화에서는 애당초 불가능한 일이에요.

영화의 기억상실증적인 면에 기대는 수밖에 없어요. 결과를 뻔히 알면서도 영화를 보러 가면 "맙소사, 그가 죽으면 어떡하지?" 하게 되죠. 그가 살아남는다는 걸 잘 알고 있으면서도요. 말이 안 되는데, 그게 영화의 비논리적인 측면 중 하나예요.

그리스 비극도 같은 경우라고 봐요. 사람들은 이야기가 어떻게 끝날지 이미 알고 있죠.

그러면서도 여전히 따라가게 되잖아요. 아주 절박하게 느끼면서요.

사고 당시 애런이 찍은 비디오들도 보셨다고요.

애런은 그 비디오들을 많은 사람에게 보여주지 않았어요. 우리가 비디오를 볼 때도 상당히 까다롭게 굴어서, 왠지 비참하고 끔찍한 장면들이 있을 거라고 생각했죠. 그런데 그렇지 않았어요. 감정을 잘 통제해서 담담하게 찍은 장면뿐이더라고요. 물론 그의 사고방식 때문이었겠죠.

'어머니에게 마지막 메시지를 남기고 싶지는 않아. 죽은 채로 발견되고 싶진 않으니까. 어머니는 내가 우는 장면이나 볼 수 있을 거야.' 그는 이런 식으로 생각하면서 스스로를 통제하고 냉정을 유지하려고 노력했어요. 그런데 카메라를 항상 같은 곳에 놓고 찍어서 배경은 변하지 않은 채 매일매일이 점프컷으로 되어 있었어요. 화면에 나오는 애런만 변해가죠.

그의 얼굴에 생기는 변화는 정말 무서워요. 살이 빠지는 것과는 차원이 달라요. 인간은 물 없이 이틀 정도만 버틸 수 있다고 해요. 음식 없이는 운이 좋으면 60일을 버티지만요. 이틀 동안 물을 못 마시면 정말로 끔찍한 몰골이 되죠.

자기 소변을 마시는 것은 정말 극단적인 행동이에요. 자기 피를 마시는 것도요.

그렇죠. 그는 맛을 보기 위해 자신의 피를 핥는데, 피가 철분으로 가득해서 무척 건조했죠. 오히려 입을 더 마르게 만들었어요. 그리고 소변에 대해서는 그가 모르던 게 있어요. 소변은 마시지 말고 뒤로 넣는 게 더 좋아요. 훨씬 효과적이죠. 바다에서 조난당했던 어떤 가족이 그렇게 했어요. 70년대 영국인 가족인데, 그중 여자 한 명이 간호사였어요. 그녀는 액체 종류는 몸에 직접 넣는 게 더 효과적이라는 것을 알고 있었어요. 소변은 입을 태우거든요. 그렇게 좋은 방법은 아니에요.

참 좋은 정보입니다. 그런데 비디오가 나오는 장면을 보니까 베르너 헤어조크의 〈그리즐리 맨〉이 생각나더군요. 물론 그 영화는 해피엔딩이 아니지만요.

〈그리즐리 맨〉은 엄청난 영화예요, 그렇죠? 헤어조크를 만난 적이 있는데 놀라운 사람이에요. 저는 〈악질경찰〉도 무척 좋아해요. 훌륭한 작품 아닌가요? "다시 한 번 쏴. 그는 죽었어. 아니야, 안 죽었어. 아직 영혼이 춤추고 있잖아." 정말 대단해요.

자신의 팔을 절단하는 장면도 애런이 찍었던가요?

아니요, 아니요. 맙소사, 찍지 않았어요. 모든 것을 녹화하고 싶은 충동이 인간의 본성이긴 해요. 애런도 물론 그 선봉에 서 있죠. 우리도 혹시나 그가 찍었을까 하고 바랐어요. 하지만 메시지만 찍었더군요.

영화에 묘사된 것만 해도 저한테는 충분해요. 두 개의 튀어나온 고무줄 같은 것들은 뭐죠? 신경인가요?

네, 책에 묘사한 부분은 믿기 어려울 정도예요. 실제로 경험해보지 않고는 쓸 수 없는 것들이죠. 어떤 작가도 그렇게 묘사할 수는 없어요. 그 신경들은 두 개의 뼈로 보호되어 아주 안전해 보이는 곳에 위치해 있어요. 거기에는 다른 신경들도 많지만, 이 두 개의 주 신경이 그에게는 가장 큰 난관이었어요.

애런이 경험한 것들은 신화적인 의미에서 벌을 받는 것과 비슷해 보여요. 산과 바위를 넘어 자유로워지고 싶은 인간의 욕망은 결국 바위 속에 갇혀 벌을 받게 되죠. 시지프스 이야기와 거의 흡사해요.

시지프스, 프로메테우스, 그리고 바위에 갇힌 베케트_{아일랜드 출생의 프랑스}

^{소설가이자 극작가}이기도 하죠. 제임스는 항상 사무엘 베케트 같다고 하더라고요. 이건 말도 안 되는 짓이니까요. 이 사람은 항상 등반을 해요. 최고의 등반가이고, 자신만만한 성취자죠. 초장거리 마라톤을 뛸 정도로 몸이 아주 탄탄한 사람이에요. 하지만 대자연의 모래알일 뿐인 하찮은 바위 하나가 그를 꼼짝 못하게 만들죠.

그는 자만심 때문에 벌을 받는 거예요.

결국에는 그렇게 되죠. 애런도 자기 자신에 대해서 많은 것을 깨달았다고 해요. 그런데 현실에서는 고난의 여정이 탈출로 끝난 게 아니었어요. 미디어가 그를 스타로 만들어버렸으니까요. 그 때문에 또 다른 고난이 시작됐죠. 미디어의 관심이 사라졌을 때 무척 힘들었다고 해요. 그 뒤 지금의 아내를 만났죠. 고난의 여정은 결국 그녀 덕분에 끝난 거예요.

문명으로 돌아오고 나서도 계속 조난을 당한 상태였군요?

그런 걸 충분히 생각해볼 만한 기회조차 없었다고 생각해요. 돌아오자마자 바로 책을 쓰기 시작했고, 미디어는 책이 나오기만 간절히 기다렸으니까요. 18개월 동안 그런 일들로 정신없이 지내다가 다시 지난 경험을 반추한다는 게 얼마나 어려운 일이겠어요. 우울했을 거예요. 도대체 이게 다 무슨 의미인지도 모르겠고. 나중에 다시 만났을 때 그는 2006년 처음 만났을 때와는 무척 달라져 있었어요. 이미 많이 변했더군요. 그도 인정하는 부분이에요.

그는 마치 비디오 문화를 에둘러 비난하듯이 조난 상태에서도 비디오를

찍어댑니다. 심지어는 자신의 팔에 안녕을 고하듯이 그것도 비디오로 찍어놓고요. 그런 건 지어낼 수 없어요. 그 비디오들을 보고 있으면 무언가를 비판하기 위해 지어낸 일이 아니라는 것이 확실해져요. 어떤 드라마 작가도 제정신을 가지고선 "그는 팔을 자르고 사진을 찍는다"라는 지문을 생각해낼 수 없을 거예요. 결코 가능한 일이 아니니까요. 그는 정말 모든 것을 기록해놨어요. 책에는 잘린 팔의 사진도 들어 있죠. 열두 명이 달려들어 그 돌을 옮기고는 잘린 팔을 빼냈어요. 그 사진은 정말 쳐다보기도 힘들더라고요. 그러고는 팔을 화장해서 그를 위한 개인적인 행사 때 재를 뿌렸다고 해요.

애런은 그 바위에 대해서 어떤 애정을 드러내더군요. 마치 운명의 돌이었다는 듯이요.

네, 결국에는 그렇게 느낀 것 같아요. 그것이 우리가 사물을 이해하는 방식이에요. 분명히 자연의 입장에서는 아주 임의적인 일이었겠죠. 자연은 의식을 가지고 있지 않으니까요. 애런은 단지 운이 나빴던 것뿐이고요. 그러나 인간은 이성적인 존재라서 그것이 우리에게 어떤 의미인지 생각해요. 애런은 자신이 무언가 깨닫는 데 필요한 계기였다고 받아들이죠. 이런 교훈 없이는 자신을 완전히 이해하는 것이 불가능할 테니까요.

재미있게도 감독님의 작품들은 뭄바이처럼 인구가 아주 많은 지역과 사막처럼 인구가 가장 적은 지역들 사이를 오락가락하는 듯해요. 마치 개인으로 남길 바라는 욕망과 군중 속에 들어가고 싶은 욕망이 충돌하는 것처럼요. 이 영화가 주는 교훈은 다른 이들의 존재를 받아들이라는 것인가요?

받아들이는 건 아니죠. 이미 우리는 모두 연결되어 있어요. 자신을 분리해내려 해도 자석처럼 다시 잡아당기죠. 저는 그 사실을 열정적으로 믿고 있어요. 가식적으로 보이지 않게 설명하기는 어렵네요. 하지만 정말로 믿고 있어요. 사방에서 그 증거를 보게 되니까요. 도시가 점점 커지는 것도 그 이유예요. 도시가 작아진다는 뉴스는 들어본 적이 없어요. 시골이라면 모를까.

중서부의 몇몇 도시들은 작아지고 있어요. 디트로이트나 다른 곳들은요.

네, 하지만 무리 속에서 사는 것이 인간의 본능이죠. 도시에 모여 사는 것도 마찬가지 이유에서고요. 영화도 이론적으로는 일종의 현실도피로 볼 수 있겠지만, 실제로는 그렇지 않아요. 영화는 기본적으로 다른 도시에 사는 다른 사람들에 관한 이야기예요. 우리는 다른 도시에 사는 사람들을 보러 영화관에 가죠. 흥미로운 주제라고 생각해요. 이 영화도 그런 걸 다루고 있는 것 같아요.

사람들은 애런을 예외적인 용기를 가진 특출한 개인으로 받아들여요. 저는 그게 맞는지 모르겠어요. 조난당하기 전까지는 그런 사람이었을 수도 있죠. 실제로 그랬고요. 완전히 자신감 충만한 사람이었죠. 사막에서 초장거리 마라톤을 뛸 정도로 육체적으로 강인한 사람이었으니까요. 그러나 그는 이 모래 한 알을 움직일 수 없었어요. 마지막에 그를 구출하는 것은 자신의 능력이 아닌 다른 것들이었어요.

하지만 다른 사람의 도움 없이 스스로 탈출했죠. 물론 나중에 사람들을 만나 구조되긴 하지만요.

네, 그렇지만 그 사람들이 없었다면 성공하지 못했을 거예요. 너무 지처 있었거든요. 우리도 그 바위 협곡을 등반해봤는데 정말 너무 가파르더군요. 그랜드캐니언을 오르는 것 같았죠.

어쨌든 제가 얘기하고 싶은 건, 그가 한 행동들은 우리도 다 할 수 있다는 거예요. 그런 의미에서 그는 우리를 대표하는 사람이지, 우리랑 분리된 사람이 아니에요. 이 영화가 우리도 같은 일을 할 수 있다는 것을 보여주었으면 좋겠어요. 죽었을 수도 있고, 그 협곡에서 올라오지 못했을 수도 있지만, 어쨌든 우리도 똑같이 행동했으리란 거예요. 우리를 묶어주는 그 생존 본능은 정말로 강력해요. 가장 예외적인 상황도 뚫고 나올 수 있게 해주죠.

그가 어머니의 전화에 응답을 하지 않아서 조난을 당한다는 게 재미있으면서도 애처로운 설정이라고 생각했어요.

맨 처음부터 애런에게 말했어요. 이 영화는 당신 이야기를 우리가 이야기하는 거라고요. 제임스와 저는 "내가 묶은 신발 끈은 그게 아니고 저건데"라는 식으로 작업 내내 간섭해서는 안 된다고 분명히 말했어요. 그런 행동은 배우들을 방해할 뿐이니까요.

나는 프랭코가 연기를 통해 그 경험을 직접 해보길 원했어요. 그러면 애런도 영화를 보고 나서 본인의 경험에 충실한 영화라고 느끼게 될 테니까요. 프랭코가 처한 상황은 애런이 처했던 상황이니, 프랭코는 애런이 한 방법대로 난관을 헤쳐나가야 했을 거예요. 우리는 애런에게 결국에는 당신의 이야기를 다시 돌려주겠노라고 약속했어요. 어떤 식으로든 당신의 소중한 경험을 수치스럽게 만들거나 망치지 않겠다고 말했죠.

그에게 최종 결정권을 주진 않았나요?

시나리오를 보여주고 그의 의견을 들었어요. 어떤 의견들은 반영했고, 어떤 것들은 그러지 않았죠. 그리고 기술 시사를 할 때 그를 불렀어요. 그는 변장을 하고 왔죠. 영화로 본다는 것은 자신의 경험과는 또 달라요. 오직 자신만이 겪었고 자신만이 기억하고 있는, 그리고 자신만이 왜곡할 수 있는 경험을 영화를 통해 본다는 것은 어떤 느낌일까요?

모든 기억은 그것에 대해 이야기함으로써 왜곡됩니다. 왜냐하면 자신도 모르는 사이에 기억을 꾸미고 살짝 바꾸게 되거든요. 저는 이 직업을 통해서 그 사실을 잘 알게 되었어요. 영화 홍보를 마치면 시작할 땐 몰랐던 어떤 다른 영화를 만들었다는 것을 깨닫게 되죠. 영화에 대해서 이야기하면서 말을 붙이고 다른 것들을 자꾸 집어넣으니까요. 이 일을 어떡해야만 할까요?

기술 시사를 하는 동안 애런을 지켜보았어요. 영화의 어떤 부분에서는 눈물을 펑펑 흘리고, 어떤 부분에서는 거의 적대적으로 거부하더군요. 마치 그런 일은 일어나지 않았다는 듯요. 나중에 그도 그런 태도를 인정했어요. 그는 지금까지 이 영화를 네다섯 번 정도 보았죠.

마치 반복해서 꾸는 악몽 같은 것이겠군요. 이전 체험을 반복하면서 마음의 상처를 치료하는 것 같네요.

네, 분명히 그는 자신이 경험한 것을 평생 계속해서 이야기할 거예요. 닐 암스트롱처럼요. 자신을 가두는 일종의 감옥이 되겠죠. 그 경험을 빼면 자기 자신은 아무 의미 없는 사람처럼 느껴질 테니까요.

그는 여전히 자신의 이야기에 갇혀 있는 셈이군요.

지금은 부인과 아이 때문에 달라졌다고 생각해요. 그들은 자신의 이야기와는 관계없어요. 실제로 새로운 이야기가 시작된 거예요. 사람들이 말하듯이 아이가 생기면 본인조차 이 새로운 인생 이야기의 한 부분이 되죠. 본인이 죽는다고 이 이야기는 끝나지 않아요. 옳은 말이에요. 그에게도 확실히 도움이 될 거라고 믿어요.

애런이 영화를 보고 감동받은 이유 중 하나가 제임스 프랭코의 연기 때문일 거라는 생각이 드네요. 프랭코의 연기에 대해서 말씀해주시겠어요? 그리고 생각하고 계신 다음 작품에 대해서도요.

제임스 프랭코는 재미있는 친구예요. 하루의 반 정도는 약에 취한 것 같기도 하고, 자고 있는 것 같기도 하죠.

정말로요? 〈파인애플 익스프레스〉의 이미지가 실제 모습인가요?

아니에요. 그런 이미지를 실생활에서 하나의 가면으로 사용하고 있죠. 실제로는 아주 활동적이고, 머리 회전이 무척 빨라요. 그래서 광고나 할리우드를 위해 약에 취한 듯한 모습을 일부러 이용하는 거예요. 약간 거리를 두다가 필요할 때는 그런 이미지를 가져다 쓰고 필요 없을 때는 밀쳐버리죠.

스튜어트 버치라는 친구를 아는데, 영국의 뛰어난 감독이에요. 그는 사람들을 정말로 당황스럽게 만들어요. 엉망진창이지만 정말 뛰어나기도 해요. 겉으로 엉망인 척 굴어서 자기가 원하는 것을 얻어내고 말죠.

프랭코는 모든 것을 빨아들여요. 그리고 같이 일하기 아주 훌륭한 사람이고요. 그가 역할에 다양함을 불어넣으리라 기대하고 캐스팅을 했어요. 그런 게 아주 중요하다고 생각했거든요. 말 그대로 변화할 수 있는 사람이 필요했어요. 그런 혹독한 경험을 하는 내내 같은 모습이라면 말도 안 되니까요. 결국 그는 해냈죠. 나중에는 목소리마저 변했거든요.

역자, 대니를 만나다

크리스마스 이브 전날의 환상 인터뷰

2011년 12월 23일 금요일 오후 6시 23분

전화가 걸려왔다.

아이와 함께 친정에 간 아내가 자고 오겠다는 내용이다.

수화기를 내려놓는 순간 밀려오는 마음의 평화란.

산뜻한 저녁 공기를 맞으며 편의점에 간다.

별 하나에 냉동 떡볶이와

별 하나에 꿀꽈배기 한 봉지와

별 하나에 한없이 투명한 사이다와

별 하나에 말보로 라이트

이제 영화 한 편만 있으면, 바늘구멍만 하던 천국의 문이 활짝 열리리니.

어떤 영화가 좋을까?

〈좋은 친구들〉은 그만큼 봤으면 됐고, 〈히트〉는 조금 물리네.

『대니 보일』이라는 간소한 제목의 인터뷰집이 떠올랐다.

엉성한 번역이지만 워낙 내용이 좋은 책이라.

〈28일 후〉에 관한 인터뷰에는 석연치 않은 점이 있었지.

17,500포인트를 결제하고 영화를 내려받았다.

좀비들로부터 잠시 벗어난 생존자 가족이 고속도로를 달린다.

〈In Paradisum〉(천국으로)

포레의 레퀴엠 마지막 곡이 흐른다.

그래 여기야.

인터뷰에서 아무도 거론하지 않던 바로 그 지점.

『대니 보일』을 꺼내 뒤적인다.

괴물들에 관한 영화가 아니에요. 바로 현재의 우리들에 관한 영화
라고요! (『대니 보일』 149쪽)

역자   저는 이 장면이 영화에서 가장 아름답고도 중요한 장면이라
고 생각해요.

대니   부끄럽습니다.

역자   영화에 좀비는 몇 번 나오지도 않아요.

대니   한 번만 나와도 충분합니다.

역자   좀비 같은 인간들만 없다면 천국이 따로 없을 텐데, 그런 걸
표현하시고 싶었던 거예요.

대니   ……

역자 집에 혼자 있을 때 밀려오는 마음의 평화 같은 게 잘 표현된
것 같아서 아주 좋았어요. 인간이란 동물을 별로 신뢰하지
않으시죠?

대니 침팬지도 별로 신뢰하지 않습니다. 아이들은 좋아합니다.

세 명의 자식이 있는데, 셋이 모두 저를 쳐다보며 "누가 가장 좋은
데?" 하는 것과 비슷해요. 그러면 가장 관심을 못 받은 것 같은 아이
를 바라보게 되고, 그 애의 어깨를 감싸 안죠. (같은 책 218쪽)

역자 아빠도 결국 좀비가 돼요. 딸아이만 남겨놓은 채. 가슴이 조
금 아팠어요.

대니 매우 가슴 아픈 일입니다.

역자 좀비-아빠란 캐릭터는 다음 작품 〈밀리언즈〉에도 등장하죠.

대니 모두가 좀비입니다.

역자 엄마, 아빠, 형, 전부 다요. 주인공 아이만 빼고.

돌아가시고 안 계시지만, 이 영화는 부모님께 보내는 일종의 사랑의
제스처예요. (같은 책 195~196쪽)

역자 좀비들로 가득 찬 세상을 아이 혼자 살아간다는 건 너무 힘
든 일이에요.

대니 다른 방법이 없습니다.

역자 아이도 커서 좀비가 되면 어쩌죠?

대니 좀비를 이겨내기 위해서는 힘과 지혜와 용기가 필요합니다.

역자   힘과 지혜와 용기를 어디서 얻을 수 있나요?

대니   삶을 성찰할 수 있어야 합니다.

역자   그것은 어떻게 가능하죠?

대니   바로 사랑입니다.

시나리오를 읽기 시작했을 때 이것을 영화로 만들리라는 걸 알았어요. (…) 마치 집 잃은 개가 당신을 쫓아 집까지 따라오는 것과 같아요. 그 개는 이미 마음을 먹었어요. "지금부터는 당신이 나를 돌봐줘야겠어."(같은 책 302쪽)

역자   아이는 결국 1,800만 인도 좀비들과 싸워서 승리해요. 신화에 나오는 영웅처럼요.

대니   살아남기 위해서는 영웅이 될 수밖에 없습니다.

역자   그럼 우리 아이도 영웅이 되어야 하나요?

대니   〈슬럼독 밀리어네어〉는 신화입니다.

역자   아이는 커서 어느 날 산악 도보여행을 가는데……

대니   〈127시간〉으로 넘어갔습니까?

영화들 사이의 연관성에 대해서도 생각을 안 해요. 그냥 찍는 영화에 집중하려고 해요 (…) 그런데 만약 연관성이 생긴다면……(같은 책 247쪽)

역자   청년이 된 아이는 다시 한 번 시험에 빠져요.

대니   청년은 이미 좀비가 되었습니다.

역자 이제 아이는 자기 자신과 싸워야 하나요?

대니 그 방법밖에 없습니다.

역자 자기 자신을 지키기 위해서도 영웅이 되어야 하나요?

대니 역시 사랑입니다.

역자 자기 자신에 대한 사랑인가요?

대니 그리움입니다.

역자 누구를 그리워하나요?

대니 누군가를 사랑하는 마음입니다.

역자 그러면 이 영화도 신화인가요?

대니 아닙니다. 그건 실화입니다.

1956년 10월 20일 영국 래드클리프의 맨체스터 근교에서 아일랜드계 영국인 노동자인 아버지 프랭크 보일과 아일랜드 발리나슬로 출신의 어머니 사이에서 출생.

1968년 인근 볼튼의 쏜리살레시오대학Thornleigh Salesian College에 입학.

1970년 가톨릭 신부가 되길 바라는 어머니의 뜻에 따라 위건 근처의 신학교에 지원하기로 결심하지만, 지원하기 바로 전 콘웨이 신부의 만류로 포기한다. 그 후 연극에 관심을 갖기 시작한다.

1975년 쏜리살레시오대학 수료.

1978년 웨일즈에 있는 뱅거대학교를 졸업하고, 조인트 스톡 극단에서 일하기 시작한다.

1982년 로열 코트 극장의 예술감독으로 임명.

1983년 캐스팅 담당 게일 스티븐스와 연애를 시작한다.

1985년 로열 코트 극장의 부극단장으로 임명. 맏딸 그레이스 출생.

1987년 〈로킹엄 숏〉의 제작자로 TV 경력을 시작한다. 〈스카우트〉와 〈대신에 밀로의 비너스〉를 처음으로 연출.

1989년 BBC 방송국에서 계속 일한다. 알란 클라크의 〈엘리펀트〉 제작, 〈원숭이들〉과 〈닭장〉 연출, 〈나이트워치〉 제작과 연출.

1990년 〈모스 경감〉 시리즈의 에피소드 「프리메이슨의 수수께끼」 연출. 큰 아들 가브리엘 출생.

1991년 2001년 방송국으로 돌아오기 전까지 마지막 TV영화가 된 〈더 큰 정의를 위하여〉 연출.

1992년 〈모스 경감〉 시리즈의 에피소드 「케루빔과 세라핌」 연출. 둘째 딸 케이틀린 출생.

1993년 〈로우 씨네 처녀들〉 시리즈의 3편의 에피소드 「레아의 이야기」 「조안나의 이야기」 「한나의 이야기」 연출. 〈스크린플레이〉의 에피소드 「하느님도 그다지 현명하지 않다」 연출.

1994년 첫 번째 장편영화 〈쉘로우 그레이브〉 개봉.

1996년 〈트레인스포팅〉 개봉. 영국과 해외에서 흥행에 성공하여 영국 영화 산업
의 부활을 알린다.

1997년 케빈 앨런이 연출한 웰시의 영화 〈트윈 타운〉을 앤드루 맥도널드와 공
동 제작. 첫 번째 '할리우드 영화' 〈인질〉을 개봉하지만 흥행에 참패한다.

2000년 지금까지 가장 많은 제작비가 든 두 번째 할리우드 영화 〈비치〉 개봉. 레
오나르도 디카프리오가 출연했음에도 불구하고 흥행에는 또다시 실패.

2001년 BBC 방송국으로 돌아와 두 편의 TV영화 〈스트럼펫〉과 〈천국에서 알몸
으로 청소하기〉 연출.

2002년 단편 〈외계인 삼각관계〉를 연출하지만 개봉하지는 못한다. 〈28일 후〉를
연출, 예상 밖의 흥행 성공으로 '좀비영화' 붐에 일조한다. 20여 년간 함
께 지내온 게일 스티븐스와 결별. 하지만 세 명의 자식들이 쉽게 왕래할
수 있도록 가까운 곳에 거주하기로 하고, 스티븐스는 보일의 캐스팅 감
독으로 계속 일한다.

2005년 가족영화 〈밀리언즈〉 연출. 보일은 영화를 부모님께 헌정한다.

2007년 다국적 배우들이 출연한 공상과학영화 〈선샤인〉을 연출. 〈28일 후〉의
속편 〈28주 후〉 개봉. 보일은 이 영화에 제작 책임자 겸 이름이 언급되
지 않은 제2제작진 감독Second Unit Director으로 참여한다.

2008년 〈슬럼독 밀리어네어〉 개봉. 워너 인디펜던트가 배급을 포기하고 폭스 서
치라이트가 새로운 배급사가 된다. 골든글로브 4개 부문, 영국 아카데
미 11개 부문, 오스카 10개 부문에 후보로 오른다.

2009년 2월 22일, 〈슬럼독 밀리어네어〉가 아카데미 최우수각본상, 최우수영화
상, 최우수감독상을 포함해 총 8개 부문에서 수상한다. 보일은 다음 작
품으로 〈127시간〉을 발표한다. 5일 동안 바위에 끼인 채 조난당한 사람
이 자신의 팔을 자르고 탈출에 성공한다는 내용. 등반가 애런 랄스턴의
실화를 바탕으로 한 영화.

2010년 영국 국립극단U.K. National Theatre의 〈프랑켄슈타인〉을 연출하기 위해
다시 연극으로 돌아갈 것을 발표.

필모그래피

단편 영화

2002

외계인 삼각관계 Alien Love Triangle
제작사 : 피그먼트 필름즈
프로듀서 : 앤드루 맥도널드
라인 프로듀서 : 벳시 댄베리
감독 : 대니 보일
각본 : 존 호지
촬영 : 브라이언 투파노
미술 디자인 : 앤드루 맥알파인
세트 디자인 : 안나 피노크
편집 : 타리크 앤워
음악 : 사이먼 보즈웰
출연 : 케네스 브래너(스티븐 체스터먼), 앨
    리스 코너 (사라), 커트니 콕스(앨리스),
    헤더 그레이엄(엘리자베스)
카메라/상영시간 : 컬러/30분

장편 영화

1994

쉘로우 그레이브 Shallow Grave
제작사 : 채널4 필름즈, 피그먼트 필름즈,
    글래스고 영화기금
프로듀서 : 앤드루 맥도널드
제작 책임자 : 앨런 스콧
감독 : 대니 보일
각본 : 존 호지

촬영 : 브라이언 투파노
미술 디자인 : 케이브 퀸
미술 감독 : 조이 매클라우드
편집 : 마사히로 히라쿠보
음악 : 사이먼 보즈웰
출연 : 케리 폭스(줄리엣 밀러), 크리스토
    퍼 에클리스턴(데이비드 스티븐스), 이
    완 맥그리거(알렉스 로), 켄 스콧(맥콜
    형사), 키스 알렌(휴고), 콜린 맥크레디
    (카메론)
카메라/상영시간 : 35mm, 와이드스크린
    (1.85 : 1), 컬러/92분

1996

트레인스포팅 Trainspotting
제작사 : 채널4 필름즈, 피그먼트 필름즈,
    노엘게이 픽처스
프로듀서 : 앤드루 맥도널드
공동 프로듀서 : 크리스토퍼 피그(크레디
    트에 언급 안 됨)
감독 : 대니 보일
각본 : 존 호지(어빈 웰시의 소설을 각색)
촬영 : 브라이언 투파노
미술 디자인 : 케이브 퀸
미술 감독 : 트레이시 갤러커
편집 : 마사히로 히라쿠보
출연 : 이완 맥그리거(렌턴), 이완 브렘너
    (스퍼드), 조니 리 밀러(식보이), 케빈 맥

키드(토미), 로버트 칼라일(베그비), 켈
리 맥도널드(다이안), 피터 뮬란(스와
니), 제임스 코스모(렌턴 아버지), 에일
린 니콜라스(렌턴 어머니), 수전 비들러
(앨리슨), 폴린 린치(리지), 셜리 헨더슨
(게일), 스튜어트 맥쿼리(개빈/미국 관
광객), 어빈 웰시(마이키 포레스터)
카메라/상영시간 : 35mm, 와이드스크린
(1.78:1), 컬러/94분

1997
트윈 타운 Twin Town
제작사 : 어젠더, 에임이미지 프로덕션, 피
그먼트 필름즈, 폴리그램 픽쳐스
프로듀서 : 피터 맥앨리스
제작 책임자 : 대니 보일, 앤드루 맥도널드
감독 : 케빈 앨런
각본 : 케빈 앨런, 폴 더든
촬영 : 존 매디슨
미술 디자인 : 팻 캠벨
미술 감독 : 데이브 애로스미스, 진 커
편집 : 오럴 노리에 오티
음악 : 마크 토머스
출연 : 리어 아이판스(줄리언 루이스), 리
스 아이판스(제레미 루이스), 도리언 토
머스(그레이오), 더그레이 스콧(테리 월
시), 버더그 윌리엄스(미세스 모트), 로
니 윌리엄스(미스터 모트), 휴 케레딕(패

티 루이스), 레이첼 스코지(앤디 루이
스), 디 봇처(진 루이스), 매리 앨런(올리
브), 폴 더든(택시기사), 데이비드 헤이먼
(다지), 케빈 앨런(TV 진행자)
카메라/상영시간 : 35mm, 와이드스크린
(1.85:1), 컬러/99분

1997
인질 A Life Less Ordinary
제작사 : 채널4 필름즈, 폴리그램 픽쳐스
프로듀서 : 앤드루 맥도널드
라인 프로듀서 : 마가렛 힐리어드
애니메이션 프로듀서 : 소피 번
감독 : 대니 보일
각본 : 존 호지
촬영 : 브라이언 투파노
미술 디자인 : 케이브 퀸
미술 감독 : 트레이시 갤러커
편집 : 마사히로 히라쿠보
음악 : 데이비드 아놀드
출연 : 이완 맥그리거(로버트 루이스), 카
메론 디아즈(셀린 내빌), 홀리 헌터(오렐
리), 들로이 린도(잭슨), 댄 헤다야(가브
리엘), 이안 맥니스(메이휴), 프랭크 카니
그(테드), 멜 윙클러(프랜시스 '프랭크'
내빌), 스탠리 투치(엘리엇 츠바이클),
앤 컬리모어 데커(바이올렛 엘드레드 게
스테튼), K. K. 도드스(릴리), 토니 샬롭

(알), 크리스토퍼 고램(월트), 이안 홈(내
빌), 모리 체이킨(토드 존슨), 티모시 올
리펀트(하이커)
카메라/상영시간 : 35mm, 아나모픽 와이
드스크린(2.35 : 1), 컬러/103분

2000
비치 The Beach
제작사 : 피그먼트 필름즈
프로듀서 : 앤드루 맥도널드
공동 프로듀서 : 컬룸 맥두걸
감독 : 대니 보일
각본 : 존 호지(알렉스 갈란드의 소설을 각
색)
촬영 : 다리우스 콘지
미술 디자인 : 앤드루 맥알파인
미술 감독 : 리키 에어, 수카르타눈 '카이'
쿨라디, 로드 맥린, 벤 스콧
편집 : 마사히로 히라쿠보
음악 : 안젤로 바달라멘티
출연 : 레오나르도 디카프리오(리처드), 다
니엘 요크(허슬러), 파차라완 파타라키
자노(호텔 직원), 비르지니 르도엥(프
랑수아즈), 기욤 카네(에티엔느), 로버
트 칼라일(대피), 피터 영블러드 힐스(제
프), 제리 스윈들(새미), 페터슨 조셉(키
티), 젤다 틴스카(소냐), 빅토리아 스머
핏(웨더걸), 다니엘 칼타지로니(언하이

제닉스), 피터 제비서(그레고리오), 라
스 아렌츠-한센(벅스), 틸다 스윈튼(살),
리디야 조빅(미란다), 새뮤얼 거프(기타
맨), 스테판 카일봄(크리스토), 주카 힐
투넨(칼), 매그너스 린드그렌(스텐)
카메라/상영시간 : 35mm 아나모픽, 아나
모픽 와이드스크린(2.35 : 1), 컬러/119분
언어 : 영어, 프랑스어, 스웨덴어, 태국어,
세르보크로아티아어

2002
28일 후 28 Days Later…
제작사 : DNA 필름즈, 영국영화진흥위원
회
프로듀서 : 앤드루 맥도널드
라인 프로듀서 : 로버트 하우
감독 : 대니 보일
각본 : 알렉스 갈란드
촬영 : 앤서니 도드 맨틀
미술 디자인 : 마크 타이데슬리
미술 감독 : 마트 디그비, 로드 고어우드,
패트릭 롤페
편집 : 크리스 길
음악 : 존 머피
출연 : 킬리언 머피(짐), 나오미 해리스(셀
레나), 노아 헌틀리(마크), 크리스토퍼
던(짐의 아버지), 엠마 히칭(짐의 어머
니), 알렉산더 들라미어(브리지스), 킴

맥개리티(브리지스의 딸), 브렌던 글리슨(프랭크), 메건 번즈(한나), 루크 마블리(클리프턴 일병), 스튜어트 맥쿼리(파렐 상사), 리치 하넷(미첼 상병), 레오 빌(존스 일병), 주니어 레이니언(벨 일병), 레이 판타키(베드포드 일병), 크리스토퍼 에클리스턴(헨리 웨스트 소령)

카메라/상영시간 : 비디오(PAL), 8mm, 35mm, 와이드스크린(1.85 : 1), 컬러/113분

2004
밀리언즈 Millions

제작사 : 파테 픽쳐스, 영국 영화진흥위원회, BBC 필름즈, 미션 픽쳐스, 인사이드 트랙 2, 인지니어스 필름 파트너스

프로듀서 : 그레이엄 브로드벤트, 앤드루 하웁트만, 데미안 존스

제작 책임자 : 프랑수아 이버날, 카메론 맥크라켄, 던컨 레이드, 데이비드 M. 톰슨

제작 보조 : 케이티 굿선

공동 프로듀서 : 트레이시 시워드

감독 : 대니 보일

각본 : 프랭크 코트렐 보이스

촬영 : 앤서니 도드 맨틀

미술 디자인 : 마크 타이데슬리

미술 감독 : 데니스 슈네그

편집 : 크리스 길

음악 : 존 머피

출연 : 알렉스 에텔(데미안), 루이스 맥기본(앤서니), 제임스 네스빗(로니), 데이지 도노반(도로시), 크리스토퍼 풀포드(그 남자), 피어스 퀴글리(지역 경찰관), 제인 호가스(엄마), 앨런 암스트롱(성 베드로), 엔조 킬렌티(성 프란시스), 나세르 메마르지아(성 요셉), 캐스린 포그슨(성 클레어), 해리 커크햄(성 니콜라스), 코넬리우스 매카시(곤자가), 콜라데 아그보케(앰브로시오), 레슬리 필립스(레슬리 필립스), 제임스 퀸(부동산업자), 마크 체터튼(교장), 토비 월튼(데미안의 담임선생님), 프랭크 코트렐 보이스(성 탄도 선생님), 군나르 윈버그(엘리), 크리스티안 루벡(제롬), 가이 플래너건(성자 넘버3), 필리파 하워스(트리샤), 빌리 힐랜드(키건), 존 누전트(그레이엄), 스티브 가르티(테리), 앨리스 그리스(마리아), 데일 스트렁거(페어클러프)

카메라/상영시간 : 35mm, 와이드스크린(1.85 : 1), 컬러/98분

2007
선샤인 Sunshine

제작사 : DNA 픽쳐스, 인지니어스 필름 파트너스, 무빙 픽쳐스, 영국 영화진흥위원회

프로듀서 : 앤드루 맥도널드

공동 프로듀서 : 버나드 맥도널드

감독 : 대니 보일

각본 : 알렉스 갈란드

촬영 : 알윈 H. 퀴힐러

미술 디자인 : 마크 타이데슬리

미술 감독 : 게리 프리만, 스티븐 모라한, 데니스 슈네그, 데이비드 워렌

편집 : 크리스 길

음악 : 존 머피

출연 : 클리프 커티스(설), 치포 청(아카루스 목소리), 킬리언 머피(카파), 양자경(코라존), 히로유키 사나다(카네다), 로즈 번(캐시), 베네딕트 웡(트레이), 크리스 에반스(메이스), 트로이 가리티(하비), 마크 스트롱(핀배커), 팔로마 배자(카파의 누이), 아치 맥도널드(아이), 실비 맥도널드(아이)

카메라/상영시간 : 35mm, 65mm, 아나모픽 와이드스크린(2.35:1), 컬러/107분

28주 후 28 Weeks Later…

제작사 : 폭스 아토믹, DNA 필름즈, 영국 영화진흥위원회, 피그먼트 필름즈, SOGECINE, 코언 필름즈

프로듀서 : 엔리케 로페즈 라빈, 앤드루 맥도널드, 알론 라이히

제작 책임자 : 대니 보일, 알렉스 갈란드

감독 : 후안 카를로스 프레스나딜로

제2제작진 감독 : 대니 보일(크레디트에 언급 안 됨)

각본 : 로완 조페, 후안 카를로스 프레스나딜로, 엔리케 로페즈 라빈, 제수스 올모

촬영 : 엔리케 셰디악

미술 디자인 : 마크 타이데슬리

미술 감독 : 패트릭 롤페, 데니스 슈네그

편집 : 크리스 길

음악 : 존 머피

출연 : 로버트 칼라일(돈), 캐서린 맥코맥(앨리스), 로즈 번(스칼렛), 제레미 레너(도일), 해롤드 페리노(플린), 이드리스 엘바(스톤), 사히드 아메드(제이콥), 가필드 모건(제프), 에밀리 비컴(캐런)

카메라/상영시간 : 16mm, 35mm, 디지털 비디오(DV), 와이드스크린(1.85:1), 컬러/99분

2008

슬럼독 밀리어네어 Slumdog Millionaire

제작사 : 셀라도르 필름즈, 필름4, 파테 픽처스

프로듀서 : 크리스천 콜슨

제작 책임자 : 테사 로스, 폴 스미스

공동 제작 책임자 : 프랑수아 이버날, 카메론 맥크라켄

제작 보조 : 이바나 맥키논

공동 프로듀서 : 폴 리치

라인 프로듀서 : 타브레즈 누라니

감독 : 대니 보일

공동 감독 : 러블린 탄단

각본 : 사이먼 뷰포이(비카스 스와루프의
소설 『Q&A』를 각색)

촬영 : 앤서니 도드 맨틀

미술 디자인 : 마크 디그비

미술 감독 : 아비쉑 레드카

편집 : 크리스 디킨스

음악 : A. R. 라만

출연 : 데브 파텔(자말 K. 말릭), 사우라브
슈클라(스리니바스 형사), 아닐 카푸르
(프렘), 라젠드라나스 줏시(디렉터), 제
네바 탈와(비전 믹서), 프리다 핀토(라티
카), 이르판 칸(경찰관), 아자루딘 모하
메드 이스마일(가장 어린 살림), 아유시
마헤시 케데카르(가장 어린 자말), 지라
반자라(공항 경비원), 쉐이크 왈리(공항
경비원), 마헤시 만즈레카(자베드), 산치
타 초드하리(자말의 어머니), 히만슈 타
이아지(미스터 난다), 샤립 하쉬미(프라
카쉬), 비렌드라 차터지(슬럼가 남자),
페로즈 칸(아미타브 밧찬), 수닐 쿠마르
아그라왈(미스터 치), 비렌더 쿠마르(불
붙은 남자), 데베쉬 라왈(블루 보이), 루
비나 알리(가장 어린 라티카), 안쿠르 비
칼(마만), 타이커(퍼누스), 치라그 파마

르(어린 아르빈드), 파르자나 안사리(라
티카의 친구), 타나이 크헤다(청소년기
자말), 아슈토쉬 로보 가지왈라(청소년
기 살림), 시데쉬 파틸(나이 든 아르빈
드), 탄비 가네쉬 론카(중간 나이 라티
카), 마드허 미탈(나이 든 살림)

카메라/상영시간 : 35mm, 디지털 비디
오(HDTV), 아나모픽 와이드스크린
(2.35:1), 컬러/120분

언어 : 영어, 힌두어

텔레비전

1987

로킹엄 슛 The Rockingham Shoot

제작사 : BBC 북아일랜드

프로듀서 : 대니 보일

감독 : 키에런 허키

각본 : 존 맥개헴

촬영 : 필립 도슨

출연 : 보스코 호건(라일리), 나이얼 토이
빈(캐넌), 마리 킨(미세스 라일리), 토니
로어(마술사), 올리버 맥과이어(경사),
이안 매켈리니(존 라일리), 힐러리 레이
놀즈(매리 암스트롱), 존 올로한(가르다
멀린스), 제라드 맥솔리(가르다 케이시),
리비 스미스(첫 번째 선생님), 카멜 맥도
넬(두 번째 선생님), 로넌 윌멋(몰로이),

딕 홀랜드(화이트), 윌리엄 워커(콜린스), 존 키스(사냥터지기), 토니 콜먼(더블린 탐정 1), 마이클 고믈리(더블린 탐정 2)

스카우트 Scout

제작사 : BBC 북아일랜드

프로듀서 : 대니 보일

감독 : 대니 보일

각본 : 프랭크 맥기네스

출연 : 레이 맥애널리(파머), 스티븐 리아(마샬), 콜린 코너(체리), 마이클 리브만(도드), 제라드 오헤어(터킹턴), 로이드 허치슨(쉴즈), 제레미 채프먼(키브니), 폴 라이더(오툴)

대신에 밀로의 비너스 The Venus de Milo Instead

제작사 : BBC

감독 : 대니 보일

각본 : 앤 데블린

출연 : 브리지드 에린 베이츠(미세스 호그), 로건 크래니치(미스터 스콧), 제넌 크로울리(미세스 그레이), 아인 커스버트슨(학교장), 장 클로드 데레(프랑스인 사업가), 토니 도일(배달원), 실비 파브르(프랑스인 사업가의 아내), 앤 해슨(미스 블랙), B. J. 호그(화가), 트루디 켈리

(미세스 매킬베인), 에인 매카트니(미세스 맥멀렌), 루스 맥기건(트레이시), 마크 멀홀랜드(경찰관), 레일라 웹스터(미세스 파크), 브렌다 윈터(미세스 위샤트)

상영시간 : 60분

1989

엘리펀트 Elephant

제작사 : BBC 북아일랜드

프로듀서 : 대니 보일

감독 : 알란 클라크

각본 : 버나드 맥라버티

촬영 : 필립 도슨, 존 워드

편집 : 돈 오도노반

출연 : 게리 워커, 빌 해밀턴, 마이클 포일, 대니 스몰, 로버트 J. 테일러, 조 콜리, 조 맥기, 패트릭 콘런, 앤드루 다운스, 테리 도일, 마이클 리브만, 개빈 블루머, 배리 브렌트, 폴 네미어, 샘 도일, 버트 머레이, 팀 로안, 케니 해리스, 패디 록스, 켄 매킬로이, 해미시 파이프, 트레버 무어, 윌리엄 워커, 브라이언 기펜, 빌리 디, 마이클 필드하우스, 윌리엄 맥알리스터, 알란 크레이그, 스티븐 포터, 데이비드 맥데이드, 마크 오도넬

카메라/상영시간 : 16mm, 컬러/38분

나이트워치 The Nightwatch

제작사 : BBC 북아일랜드

프로듀서 : 대니 보일

감독 : 대니 보일

각본 : 레이 브레넌

촬영 : 필립 도슨

편집 : 로저 포드허치슨

편집 : 돈 오도노반

출연 : 제임스 코스모(제임스 스미슨), 토니 도일(존 힐리), 마이클 피스트(필립 하워드), 돈 펠로우즈(폴 알란드), 레슬리 그랜덤(데이비드 스몰맨), 잉게 이펜버그(창녀), 제프 반 헬리건(주프 도더러)

카메라/상영시간 : 컬러/50분

원숭이들 Monkeys

감독 : 대니 보일

출연 : 매닝 레드우드(존 들로리언), 윌리엄 홋킨스(제임스 호프만), 해리 딧슨(베네딕트 J. 티사), 클라크 피터스(윌리엄 모건 헤트릭), 밥 셔먼(존 빈첸자/발레스트라), 마사 티메쉬(존 들로리언의 비서)

닭장 The Hen House

제작사 : BBC 북아일랜드

프로듀서 : 로버트 쿠퍼

감독 : 대니 보일

각본 : 프랭크 맥기네스

편집 : 로이 샤먼

출연 : 시네이드 쿠삭(릴리), 토니 도일(매클로스키)

상영시간 : 60분

1990

모스 경감 Inspector Morse

(에피소드 : 「프리메이슨의 수수께끼 Masonic Mysteries」)

제작사 : 제니스 엔터테인먼트, 센트럴 인디펜던트 텔레비전

프로듀서 : 데이비드 라셀레스

제작 책임자 : 테드 차일즈

제작 보조 : 존 데이비스

감독 : 대니 보일

각본 : 콜린 덱스터, 줄리안 미첼

촬영 : 폴 윌러

미술 디자인 : 테리 오클랜드스노우

미술 감독 : 스티븐 스콧

편집 : 로버트 C. 디어버그

음악 : 배링턴 필롱

출연 : 존 소우(모스 경감), 케빈 와틀리(루이스 형사), 마들렌 뉴턴(버릴 뉴섬), 이안 맥디어미드(휴고 드 브리스), 셀레스틴 랜들(산드라 마친), 롤랜드 올리버(기관사), 존 아서(짐 운반꾼), 제임스 그라우트(스트레인지 감독관), 리처드 케인(바텀리 경감), 스티븐 엘리엇(거들먹거

리는 경찰관), 리처드 휴(컨스터블 디어
든 형사), 아인 커스버트슨(데스먼드 맥
너트), 마크 스트롱(PC 마이크 버터워
스)

1991
보다 더 큰 정의를 위하여 For the Greater Good

제작사 : BBC
감독 : 대니 보일
각본 : G. F. 뉴먼
촬영 : 나이젤 월터스
편집 : 클레어 더글러스
출연 : 존 아서(교도관 대변인), 에일린 벤
스킨(교도소 심리학자), 코니 부스(나
오미 발리올), 차스 브라이어(서클리 교
도관), 피터 셀리어(클라이브 허프 경찰
관), 조나단 컬렌(조지 로브스), 마이클
컬버(크리스토퍼 세인트 플레이스 경),
로이 도트리스(찰스 트루먼 경찰관), 줄
리안 펠로우즈(네빌 마샴), 데이비드 헤
어우드(데이비드 웨스트), 브라이언 헤
이스(본인), 데이비드 헨리(원내 총무),
버나드 호스펄(수상)
상영시간 : 총 150분(에피소드 3편)

1992
모스 경감 Inspector Morse

(에피소드 : 「케루빔과 세라핌 Cherubim
& Seraphim」)
제작사 : 제니스 엔터테인먼트, 센트럴 인
디펜던트 텔레비전
프로듀서 : 디어드리 키어
제작 책임자 : 테드 차일즈
감독 : 대니 보일
각본 : 콜린 덱스터, 줄리안 미첼
촬영 : 피터 그린하프
미술 디자인 : 모리스 케인
편집 : 케빈 레스터
음악 : 배링턴 필룽
출연 : 존 소우(모스 경감), 케빈 와틀리(루
이스 형사), 리자 워커(비키 윌슨), 제이
슨 아이작스(데스먼드 콜리어 박사), 샬
럿 채튼(마릴린 가렛), 찰리 케인(찰리
패짓), 안나 챈슬러(샐리 스미스), 프레
디 브룩스(재코 레버), 소카 쿠삭(조이
스 가렛), 에드위너 데이(그웬 모스), 셀
리아 블레이커(간호사), 맷 테더(캔 루
이스), 글렌 미드(웨인 가렛), 필립 조셉
(키스 가렛), 아이슬라 블레어(제이니 윌
슨), 크리스토퍼 벤저민(필룽 교수), 제임
스 그라우트(스트레인지 감독관), 존 전
킨(홀로이드 경감)

1993
로우 씨네 처녀들 Mr. Wroe's Virgins

(에피소드 3편 : 「레아의 이야기 Leah's
Story」 「조안나의 이야기 Joanna's Story」
「한나의 이야기 Hannah's Story」 「마사
의 이야기 Martha's Story」)

제작사 : BBC

프로듀서 : 존 채프먼

제작 책임자 : 마이클 웨어링

제작 보조 : 로절린드 울프스

감독 : 대니 보일

각본 : 제인 로저스

촬영 : 브라이언 투파노

미술 디자인 : 존 콜먼, 캐서린 켈리, 루스
켈리, 제인 로저스

편집 : 마사히로 히라쿠보

음악 : 브라이언 이노, 로저 이노

출연 : 조나단 프라이스(존 로우), 캐시 버
크(마사), 미니 드라이버(레아), 케리 폭
스(한나), 프레디 존스(토비아스), 캐서
린 켈리(레이첼), 루스 켈리(레베카), 모
야 브래디(다이나), 리아 윌리엄스(조안
나), 니콜라스 우드슨(모지즈 수사), 스
테판 에스크리트(새뮤얼 워커), 파인 타
임 폰테인(페인 수사), 토니 헤이가스(한
나의 아버지), 미셸 홈스(애니), 크리스
브레일스포드(레아의 아버지), 대니 데
이비스(칼렙), 마크 사우스워스(레아의
군인)

카메라/상영시간 : 35mm, 1.33:1, 컬러/총

240분(에피소드 4편)

스크린플레이 Screenplay

(에피소드 : 「하느님도 그다지 현명하지
않다 Not Even God Is Wise Enough」)

제작사 : BBC

프로듀서 : 콜린 러들로우

감독 : 대니 보일

각본 : 바이 반델토머스

출연 : 콜린 파렐

2001

스트럼펫 Strumpet

제작사 : BBC, 데스티니 필름즈

프로듀서 : 마틴 카

감독 : 대니 보일

각본 : 짐 카트라이트

촬영 : 앤서니 도드 맨틀

편집 : 크리스 길

음악 : 존 머피

출연 : 조쉬 콜(레코드 엔지니어), 데이비
드 크렐린(커디), 스티븐 다코스타(페
리), 크리스토퍼 에클리스턴(스트레이
맨), 아멘다 페어클러프(스트럼펫의 어
머니), 제나 G(스트럼펫), 그래엄 홀리
(프로듀서), 조나단 라일랜드(파커 대
령), 스티븐 월터스(녹오프), 버나드 리
글리, 애덤 제인(팀)

카메라/상영시간 : 디지털 비디오(DV), 컬

러/72분

천국에서 알몸으로 청소하기 Vacuuming
Completely Nude In Paradise

제작사 : BBC, 데스티니 필름즈

프로듀서 : 마틴 카

제작 책임자 : 힐러리 새먼, 데이비드 M. 톰
슨

제작 보조 : 데스 휴즈

감독 : 대니 보일

각본 : 짐 카트라이트

촬영 : 앤서니 도드 맨틀

미술 디자인 : 존 콜먼

미술 감독 : 에머 오설리번, 수 포우

편집 : 크리스 길

음악 : 존 머피

출연 : 티모시 스폴(토미 레그), 마이클 베
글리(피트), 캐티 카바나(쉴라), 캐롤린
애슐리(우키), 앨리스 배리(로나), 테리
배리(테드), 줄리 브라운(접수원), 제임
스 카트라이트(드 키드), 로레인 체셔(핫
팟), 키스 클리포드(시드니), 데이비드
크렐린(미스터 론), 제임스 포스터(짐꾼),
산드라 거프(스페인 사람), 레니 크루핀
스키(곰보), 로드니 리치필드(목구멍),
캐롤린 페그(보니 린), 매기 태그니(스톤
칙스), 미리암 왓킨스(클레이우먼)

카메라/상영시간 : 디지털 비디오(DV), 컬
러/76분

뮤직비디오

1996

러스트 포 라이프 Lust For Life

제작사 : 팔로마 픽쳐스

감독 : 대니 보일

촬영 : 브라이언 투파노

편집 : 존 말러맨, 데이비드 부스

가수 : 이기 팝